Faust

Der Nationalsozialistische Deutsche Studentenbund

J. Uhnide
IX /78

Geschichte und Gesellschaft
Bochumer Historische Studien

Herausgegeben von

Géza Alföldy, Ferdinand Seibt und
Albrecht Timm

in Verbindung mit

Siegfried Bahne, Alfred Friese, Wilhelm Haussig,
Hans Mommsen, Dietmar Petzina, Helmut Plechl, Hans Roos,
Franz-Josef Schmale, Eberhard Schmitt, Emanuel Turczynski,
Rudolf Vierhaus

Anselm Faust

Der Nationalsozialistische Deutsche Studentenbund

Studenten und Nationalsozialismus in der Weimarer Republik

Band 2

Pädagogischer Verlag Schwann Düsseldorf

© 1973 Pädagogischer Verlag Schwann Düsseldorf
Alle Rechte vorbehalten · 1. Auflage 1973
Umschlaggestaltung Ralf Rudolph
ISBN 3-7895-0152-2

Inhaltsverzeichnis

VI. Die »Eroberung«
der Deutschen Studentenschaft

1. Neue nationalsozialistische Erfolge – neue Krawalle

Walter Lienau hatte zuletzt in der DSt-Politik des Studentenbundes noch
ausgleichend gewirkt.[1] Das Wintersemester 1930/31 aber eröffnete er in
der Bewegung mit dem programmatischen Artikel »Kampf um die Deutsche Studentenschaft«.[2] Siegesbewußt prophezeite er bis zum nächsten
Studententag eine nationalsozialistische Mehrheit in den Selbstverwal-
tungsorganen. So mancher alte Kämpfer werde seinen Platz räumen
müssen: Bis jetzt habe der NSDStB sich lediglich um Einfluß bemüht, nun
sei das Ziel weiter gesteckt: »Jetzt geht es um die Macht in der DSt.«
Keine Spur mehr von der scheinbaren Konzilianz des vergangenen Semesters; der NSDStB war angetreten, die Hochschulen zu erobern; jetzt
endlich sollte es gelingen. Der Optimismus, den man öffentlich zur Schau
trug, erwies sich freilich als nur zu berechtigt. Die Erfolgsserie des Studentenbundes riß auch bei den Studentenschaftswahlen des Wintersemesters 1930/31 nicht ab, die Siegesmeldungen häuften sich. Mitte November machte Die Bewegung mit der Schlagzeile auf: »Erlangen ist unser!
Wir werden Deutschland sein!«[3]
Bereits die ersten Wahlen im Semester hatten also mit einem Triumpf
geendet: War im Jahr zuvor die absolute Mehrheit erreicht worden, so
nun die Zweidrittel-Majorität. Erlangen hielt seine Spitzenposition unan-
gefochten. Schon eine Woche später meldete Die Bewegung: »Ein Boll-
werk nach dem anderen fällt!«[4] Gemeint waren die Münchner Hochschulen, wenngleich hier vergleichsweise bescheidene Erfolge zu verbuchen
waren: an der Universität genau ein Drittel der Sitze, an der Technischen
Hochschule nur wenig mehr. Aber schon zwei Nummern später kündete
die Überschrift vom »Vormarsch«: An der Technischen Hochschule Berlin hatte man ebenfalls die Zweidrittel-Mehrheit geschafft, in Breslau
war man nur knapp darunter geblieben.[5] Und so ging es das ganze Semester über weiter. 50 Prozent und mehr bekam der NSDStB in Gießen,
Greifswald, Jena, Leipzig und Rostock, um die 40 Prozent in Braunschweig, Karlsruhe, Kiel und Darmstadt. Spürbar konservativ gewählt
wurde an den Technischen Hochschulen Stuttgart und Hannover

(12,5%), wo allerdings parteipolitische Listen verboten waren und der Studentenbund mit seiner Liste nationalistischer Studenten in der Propaganda gehandikapt war,[6] und außerdem an den katholisch geprägten Hochschulen Bonn (27,7%) und Würzburg (33,3%). Im ganzen eine eindrucksvolle Bilanz für den NSDStB; und der Erfolgstrend hielt auch im Sommersemester 1931 an: Fast bei sämtlichen Wahlen (Göttingen, Halle, Königsberg, Marburg) wurde die 50-Prozent-Marke knapp erreicht bzw. überschritten. Nur das katholische Freiburg blieb mit 28 Prozent zurück. Anfang Dezember hatte Schirach seinen Kreisleitern noch nahegelegt, mit brisanten Anträgen erst nach Weihnachten aufzuwarten. »Eine Sache, die heute noch in einem Asta oder Kreistag abgelehnt wird, kann morgen schon eine sichere Mehrheit finden.«[7]

Wie man eine solche Mehrheit zu handhaben gedachte, hatte die Erlanger Fraktion bereits vor einem Jahr demonstriert. Sie inszenierte mit einem Astabeschluß das durchsichtige Manöver, die Geschäftsordnung dahingehend zu ändern, daß mit Zweidrittel-Mehrheit Asta-Mitglieder ausgeschlossen werden konnten, die für »unwürdig« befunden wurden, die Interessen der Studentenschaft zu vertreten. (Allerdings blieben die Sitze der betreffenden Fraktion vorbehalten.)[8] Prompt hielt die Mehrheit den einzigen republikanischen Vertreter für »unwürdig«; ein Verfahren, das man sicher auch bei seinem Nachfolger wiederholt haben würde, hätte nicht der Rektor auf Klage des Republikanischen Studentenbundes den Beschluß aufgehoben.[9] Das konnte aber die Nationalsozialisten nicht hindern festzulegen, wo nach ihrer Meinung nun die Prioritäten der Studentenschaftsarbeit zu liegen hatten: Sie wiesen einen republikanischen Antrag zurück, der Mensa einen Geldbetrag zur Verbesserung des Essens zu überweisen, mit der Begründung, der Asta habe »vor allem politische und vaterländische Pflichten und Aufgaben« zu erledigen.

Ähnliches geschah in Heidelberg. Dort setzte man den Etatposten für soziale Aufgaben um über 50% herunter und richtete stattdessen ein »Wehramt« ein. Man finanzierte lieber einen Fackelzug, als den halb so hohen etatmäßigen Betrag für den Tuberkulose-Fonds auszubezahlen.[10] Wie schrieb doch ein Mitglied des Studentenbundes, dem die soziale Not des Volkes angeblich so sehr am Herzen lag, bei einer anderen Gelegenheit? Die Mensa sei eine »jüdische Schiebung«. Die Universität habe dem Geist zu dienen, und »nicht der ordinären Massenabfütterung«.

»Der deutsche Student braucht nicht länger den Bettelstudenten zu markieren, damit der Jude seine Geschäfte dabei macht und in Luxus lebt. Der Bettelstudent ist eine Einrichtung für Pollaken, aber nicht für Deutsche. Zum Studieren braucht der deutsche Student Geld mit vollem Recht, vor allem zum Trinken und Saufen ...«[11]

In Jena gab das Amt für politische Bildung seine Mittel nur noch für genehme Redner aus; jedenfalls waren sie ihm »zu schade, um einem

8

Sozialdemokraten als Honorar zu dienen«, wie es den Antrag eines sozialistischen Astavertreters, der einen Redakteur des Vorwärts zu einem Vortrag einladen wollte, beantwortete.[12] Bezeichnend für die gesamte Entwicklung in den Studentenvertretungen dürfte die Ermahnung des Heidelberger Rektors Prof. Meister sein, die Studentenschaftsämter sollten in erster Linie nach dem Gesichtspunkt der Eignung besetzt werden. Kein Kommilitone dürfe nur deshalb zurückgesetzt werden, weil er eine andere Weltanschauung habe als die jeweilige Mehrheit. »Ich gebe dem Wunsche Ausdruck, daß der jetzige, der Billigkeit nicht entsprechende Zustand geändert wird«.[13] Mag diese Äußerung auch Unverständnis für die demokratischen Regeln in einer Selbstverwaltungskörperschaft bezeugen, so ist sie doch zugleich Ausdruck der Sorge, die das rücksichtslose Vorgehen der Nationalsozialisten auch in der Dozentenschaft auslöste. Denn von den Auseinandersetzungen und Krawallen, die mehr denn je die deutschen Hochschulen überzogen, wurden auch die Professoren tangiert, sei es in ihrer Eigenschaft als Funktionsträger in der akademischen Selbstverwaltung, sei es, daß sie ganz persönlich, als Lehrende und Forschende, betroffen waren. Alle Vorfälle waren vorbereitet, bis in die Einzelheiten hinein geplant, und der NSDStB war stolz auf seine Terrormethoden:

»...Und dann kam die Rücksichtslosigkeit – die Brutalität – die Demagogie. Jawohl, ihr zartbesaiteten Edelgewächse eines feuchtwarmen Treibhauses, wir Nationalsozialisten haben aus unserem Herzen nie eine Mördergrube gemacht. Wir haben wenigstens die Offenheit, es laut zu bekennen, daß wir rücksichtslos sind.«[14]

Von den völkischen Korporationen war da wenig Widerstand zu erwarten. Ganz im Gegenteil gaben auch bei ihnen die Radikalen den Ton an, die fragen konnten, ob es denn überhaupt irgendeinen Zweck habe, »auf die fremden Anmaßungen und Herausforderungen einzugehen« (womit selbstverständlich die demokratischen Parteien gemeint waren). Die Antwort lieferten sie gleich mit: Den Studenten stünde »der offene Kampf, wenn er auch bisweilen die üblichen Formen etwas verlassen sollte, besser zu Gesichte ... als das meist fruchtlose Verhandeln und Parlamentieren«.[15]

Die verschiedenen »Fälle«, »Skandale«, »Provokationen«, »Zwischenfälle« und wie man sonst noch diese Vorgänge zu bezeichnen beliebte, häuften sich denn auch in einem Maße, daß eine auch nur einigermaßen vollständige Schilderung den Rahmen dieser Darstellung bei weitem sprengen würde. In Berlin kommt es seit November 1930 zu wiederholten Schlägereien zwischen Nationalsozialisten und Kommunisten. Im Juni 1931 wird die Universität für einige Zeit geschlossen.[16] In Erlangen erregt man sich über den Film »O alte Burschenherrlichkeit«, einen kitschigen Alt-Heidelberg-Streifen, in dem eine reiche amerikanische Studentin befreundete Kommilitonen von einem unsinnigen Duell abhält. Das wollen sich die Waffenstudenten natürlich nicht gefallen lassen – und der NSDStB sieht keine Veranlassung, sie zurückzuhalten. Mit Gewalt verlangt und erreicht man die Absetzung des Films, zumal man Anstoß daran nimmt, daß sich »deutsche Studenten hergeben, um einer Amerikanerin zu gefallen, englisch zu singen, was bei der vaterländischen Einstellung der deutschen Studenten als bewußte Irreführung des Publikums angesehen werden« müsse.[17]

In Greifswald kommt es zu Kundgebungen gegen zwei republikanische Professoren, die sich mit juristischen Schritten gegen die Verleumdung eines Studenten gewehrt hatten,[18] in Kiel nimmt man den jüdischen Theologieprofessor Otto Baumgarten aufs Korn, der während des Krieges in einer Broschüre den Alldeutschen die Mitschuld am Kriegseintritt der USA angelastet hatte.[19] In den beiden letztgenannten Fällen handelt man sich aber nur Disziplinar- und Gerichtsverfahren ein.

Im »roten« Heidelberg setzt sich der NSDStB besonders häufig und heftig mit den sozialdemokratischen Studenten auseinander. Nachdem es im Sommer 1930 zunächst bei einer Versammlung mit dem 2. SPD-Vorsitzenden Crispien (»der Mann, der kein Vaterland kennt, das Deutschland heißt«) zu Schlägereien kommt,[20] passiert ebensolches bei einer Veranstaltung mit dem Sozialdemokraten Carlo Mierendorff, dem Pressechef der hessischen Regierung (der sich im Dritten Reich dem Kreisauer Kreis anschloß):

»Die Versammlung fand ein vorschnelles Ende dadurch, daß bei einer sich entspinnenden Schlägerei der Saal von der Polizei geräumt wurde. Eine Untersuchung gegen die angeblich schuldigen Nationalsozialisten mußte als erfolglos niedergeschlagen werden. Wo in diesem Fall die Schuld zu suchen ist, dürfte ich wohl der Entscheidung jedes einzelnen überlassen. Wir sehen sie auf Seiten der sozialistischen Studentengruppe, die sich einen in derartig schlechtem Rufe stehenden Redner herangeholt hat und damit den ausgesprochenen Zweck der Provokation verfolgte.«

Die Bewegung spielt hier auf einen Vorfall an, der damals schon einige Jahre zurücklag, den die Heidelberger Nationalsozialisten aber gleichwohl nicht vergessen hatten, zumal ihr verehrter Physikprofessor Lenard beteiligt war. Er hatte nämlich 1922, als die Reichsregierung am Nachmittag der Beerdigung des ermordeten Walter Rathenau Trauerbeflaggung und Arbeitsruhe angeordnet hatte, demonstrativ seine Vorlesung gehalten und in seinem Institut arbeiten lassen, bis es von einer Gruppe republikanischer Studenten und Arbeiter unter Anführung Mierendorffs gestürmt wurde. Die ganze Angelegenheit endete mit einem Verweis Lenards und Gefängnisstrafen für Mierendorff und seine Freunde.[21]

Die Universität Königsberg entwickelt sich neben den Berliner Hochschulen zu einem der beständigsten Unruheherde, wobei die besondere Atmosphäre durch die exponierte geographische Lage der Stadt und die unerschrockene Haltung der Universitätsbehörde, die sich nicht scheut, Polizei zur Hilfe zu holen, geprägt wird. Die Krawalle hören praktisch bis 1933 nicht mehr auf.[22] Als dritter chronischer Krisenpunkt zeichnen sich die Münchner Hochschulen aus. Im November 1930 kommt es während einer Veranstaltung des Republikanischen Studentenkartells zu einer heftigen Schlägerei.[23] Große Aufregung gibt es anläßlich einer »Kundgebung gegen den polnischen Terror«, deren Hauptrede der TH-Professor Graf Du Moulin-Eckart im Lichthof der Universität halten soll, der dann aber verzichtet, da der Universitätsrektor sich vorsorglich Angriffe gegen die Reichsregierung verbittet.[24] Im Januar läßt man einen Vortrag Friedrich Holländers, des Direktors des jüdischen Centralvereins, auffliegen[25] und auch der Staatsrechtsprofessor Hans Nawiasky[26] ist bereits in die Schußlinie geraten. In Bonn inszeniert der NSDStB lautstarke Proteste um die Plazierung eines Kriegerdenkmals,[27] sprengt eine Versammlung der sozialistischen Studenten durch Tränengas und stört eine andere mit Professor Meusel aus Aachen nach einem Bericht Hans Hildebrandts folgendermaßen:

»Auf eine Anzahl kleiner Zettel hatte ich bestimmte Uhrzeiten geschrieben, die ich nun den einzelnen Kameraden mit der Weisung, diese Zeiten genauestens einzuhalten, übergab. Wir nahmen dann in einem Hörsaal Platz, und zwar so, daß wir immer mitten in den einzelnen Bankreihen unseren Platz einnahmen ... Um 8 Uhr c.t. hatte der Vortrag begonnen. Um 1/29 Uhr erhob sich mitten im Saal nicht eben leise ein Kamerad, begab sich durch die ganze Bankreihe – die Sitzenden zu einem Erheben veranlassend – hindurch und verließ mit einem energischen Schließen der Türe den Saal. Der Redner war schon sichtlich nervös geworden, was aber nicht daran hinderte, daß knapp 5 Minuten später zwei Kameraden in verschiedenen Ecken des Saales in ähnlich akustischer Weise den Saal verließen ... Nun verließen ganze Rudel das Lokal und auch ich selbst begab mich mit hinaus. Herr Professor Meusel soll bemerkenswert rasch seinen Vortrag zu Ende geführt haben.«[28]

Der Studentenbund fühlte sich sehr siegessicher, was seinen Grund auch in der Verschiebung der Machtverhältnisse in der DSt-Führung hatte, denn inzwischen war eine ganze Reihe neuer Kreisleiter gewählt worden. Bisher war Walter Lienau der erste nationalsozialistische Leiter eines DSt-Kreises gewesen. Im Winter 1930/31 aber wirkte sich die neue Kreiseinteilung des Studentenbundes, die ja auch im Hinblick auf die Deutsche Studentenschaft eingeführt worden war, zusammen mit den Wahlergebnissen sofort auf die Position der von den örtlichen Studentenschaften gemeinsam gewählten DSt-Kreisleiter aus. Bereits im Dezember hatte es ein weiterer Nationalsozialist geschafft: Gerhard Krüger im Kreis IV (Mitteldeutschland), und zwar – im Gegensatz zu Lienau – ohne Hilfe der Korporationen und mit einer großen Mehrheit.[29] Im Februar 1931 wurden dann der Marburger Theo Nolte DSt-Kreisleiter V (Westdeutschland) und cand. ing. Harald Askevold (WSC und NSDStB) Kreisleiter VI (Südwestdeutschland). Im März folgten Pg. cand. ing. Theodor Blahut in Österreich, im Sommersemester Horst Krutschinna im Kreis I (Altpreußen), Reinhold Schulze im Kreis II (Norddeutschland) und Walter Raschert in Berlin. Mit 8 von 10 Kreisleitern und insgesamt 8 von 13 Hauptausschußmitgliedern war also auch in diesem so wichtigen Gremium der Deutschen Studentenschaft, das den Vorstand zwischen den Studententagen zu kontrollieren hatte, die nationalsozialistische Mehrheit im Juni 1931, also kurz vor dem Studententag, gesichert.[30]

Freilich, ganz aus eigener Kraft hätte der NSDStB diese Positionen nicht besetzen können. Die Korporationen halfen kräftig mit durch Koalitionen, Wahlabsprachen und durch NSDStB-Mitglieder auf ihren eigenen Listen. Aber auch dort, wo streng getrennt gewählt worden war, trieb man häufig gemeinsame Politik, und so vermochte der Studentenbund noch mehr Einfluß zu gewinnen, als er ohnehin schon besaß. Die Verbändevertreter konnten oder wollten nicht erkennen, daß sie einer Bewegung Vorschub leisteten, die im Grunde ihre Gleichschaltung schon beschlossen hatte. Wenn man dem NSDStB tagtäglich Schützenhilfe leistete, so geschah das natürlich als konsequente Verwirklichung der Korporationsprogramme, die auf aktive Liquidierung der demokratischen Staatsform ausgerichtet waren. Folgerichtig wurde jeder einschlägige Vorstoß der Nationalsozialisten lebhaft begrüßt und unterstützt.

Sehr deutlich läßt sich diese verhängnisvolle Partnerschaft in Thüringen beobachten. Seit Januar 1930 war der Nationalsozialist Dr. Wilhelm Frick dort Volksbildungsminister. Im Mai berief er gegen den geschlossenen Widerstand der Jenaer Hochschullehrerschaft den »Rassenforscher« Hans F. K. Günther auf den extra neu gebildeten Lehrstuhl für soziale Anthropologie. Die Jenaer Studentenschaft hatte nichts eiligeres zu tun, als dem NSDAP-Minister zu applaudieren und Günther »aufs herzlichste« zu begrüßen, ohne sich aber, wie sie betonte, in den Streit zwischen Hochschule und Regierung einmischen zu wollen. Dabei hatte der NSDStB im Asta lediglich 3 von 11 Sitzen inne, trotzdem aber stellte er mit Walter Schöttler den 1. Vorsitzenden. Ohne Hilfe der in der Großdeutschen Studentenschaft zusammengeschlossenen Korporationen wäre das schlecht möglich gewesen.[31] Und auch, als Rektor und Senat die Stellungnahme des Asta als satzungswidrig mißbilligten, blieb die nationalistische Front in der Studentenvertretung geschlossen. Lediglich der Vertreter des sozialdemokratischen Deutschen Studentenverbandes machte da nicht mit; er erhob Einspruch gegen die Astapolitik. Sofort beschloß die Mehrheit, beim Rektor die Einleitung eines Disziplinarverfahrens zu beantragen – was dieser indes ablehnte. Der Konflikt wurde schließlich auf Kosten der Universität beigelegt. Frick versprach, in Zukunft das gesetzliche Berufungsverfahren einzuhalten, dafür akzeptierte die Hochschule den neuen Ordinarius, außerdem wurden die Verfahren gegen führende NSDStB-Mitglieder eingestellt. Dieser Sieg mußte gefeiert werden; die Gelegenheit ergab sich bei Günthers Antrittsvorlesung. Einen Tag zuvor veranstalteten etwa 700 SA-Männer, teilweise von auswärts zur Verstärkung herangeholt, Schülergruppen, eine Abteilung Stahlhelm und ein Trupp Studenten in Zivil einen Fackelzug zu des Professors Wohnung. Zur Antrittsvorlesung selbst erschienen Hitler und Göring höchstpersönlich, neben ihnen selbstverständlich auch Frick, Geheimrat Konopath (der Führer des Nordischen Ringes), Hans-Severus Ziegler (stellvertretender Gauleiter von Thüringen und ehrenamtlicher Berater Fricks für Kultur- und Theaterangelegenheiten), schließlich Professor Schultze-Naumburg (nationalsozialistischer Architekturexperte und ebenfalls mit Hilfe Fricks vor kurzem zum Direktor der Weimarer Bauhochschule avanciert). Der Andrang war derart, daß die Aula, in der die Vorlesung stattfand, polizeilich gesperrt werden mußte. Beim Erscheinen Hitlers, der zusammen mit Rektor Heussi und Frick den Saal betrat, verwandelte sich die Veranstaltung in eine Massenversammlung. Man begrüßte Hitler mit dem »Deutschen Gruß« und einem dreimaligen Heil.[32]

Die ganze Affäre verfehlte natürlich nicht ihre Wirkung auf die Studenten der anderen Hochschulen. Während bei den gegebenen Mehrheitsverhältnissen die Einladung der Erlanger Klinkerschaft an Günther kaum überraschend gewesen sein dürfte,[33] so konnte ein entsprechender Beschluß etwa des Würzburger Asta vom Juli 1931 nur durch die geschlossene Befürwortung des Waffenrings gefaßt werden,[34] und ähnliches gilt für den Beschluß des Asta der TH München, in dem der NSDStB nur mit 6 von 30 Sitzen vertreten war: Hier verband man eine Dankadresse an Frick mit der Forderung, an allen deutschen Hochschulen Rassenlehrstühle einzurichten.[35] Aber warum sollten sich auch die örtlichen Korporationsvertreter zurückhalten, wo doch die Delegierten auf höchster Ebene so eindeutig Stellung bezogen. Denn auch der noch keineswegs übermäßig von Nationalsozialisten durchsetzte 13. Deutsche Studententag 1930 in Breslau äußerte sich positiv: Er sah in der Schaffung von Rassenlehrstühlen eine »begrüßenswerte Fortentwicklung unserer Hochschulen in ihrer Eigenschaft als deutsche Erziehungsstätten«.[36]

So trennte die Verbände vom NSDStB weniger als sie mit ihm verband, und im Grunde waren es nur Tradition, Eigenständigkeitsgefühl und Elitebewußtsein, die die meisten Verbände voneinander unterschieden und die auch ein vollständiges Zusammengehen mit dem NSDStB verhinderten. Mangelnde Tradition zweier nach dem Weltkrieg gegründeter Verbände dürfte denn auch deren feste Koalition mit dem Studentenbund erleichtert haben. Über Ernst Anrich und seine Hochschulgilde Ernst Wurche ist schon berichtet worden.[37] Als zweiter – und letzter – Verband schloß sich dem NSDStB die Deutsche Wehrschaft an, ein kleiner, extrem völkischer Verband, der seine Hauptaufgabe im Widerstand gegen die deutsche Abrüstung sah.[38] Die geringe Mitgliederstärke und die damit verbundenen wirtschaftlichen Schwierigkeiten ließen nach einem potenten Partner suchen. Außer den darüber entstehenden Streitigkeiten trug zum inneren Verfall der Organisation wesentlich die Freimaurerfrage bei, über die sie sich schließlich 1929 spaltete.[39] Die nun vollzogene Wendung zum ausgesprochenen Kampfverband führte bereits Anfang 1930 zum »Kameradschaftsverhältnis« mit dem NSDStB.[40] Nachdem man sich innigste Zusammenarbeit zugesichert hatte, fiel der DW die Aufgabe der Interessenvertretung des NSDStB im Allgemeinen Deutschen Waffenring zu, wofür sie »weitgehendst ideel & personell« unterstützt werden sollte.[41] Damit war dem Studentenbund ein wichtiger Einbruch in die schlagenden Verbände gelungen. Denn wenn die Wehrschaft auch zu schwach war, um die ADW-Politik wirklich im nationalsozialistischen Sinne beeinflussen zu können, so war sie doch als Verbindungsglied gut zu gebrauchen.

Die einen wurden geschluckt, die anderen suchte man abzuwürgen. So widerfuhr es dem Deutschen Hochschulring, der zunehmend an Bedeutung verloren hatte. Aus der Hochschulpolitik war er mit der Radikalisierung der einzelnen Verbände weitgehend ausgeschieden, seine Listen tauchten nur noch gelegentlich bei den Studentenschaftswahlen auf. Dafür hatte er sich mehr und mehr auf nationalistische Schulung verlegt, seinen Wehrlagern kam eine Monopolstellung in der Studentenschaft zu, die meisten Verbände schickten ihre Aktivitas dorthin. Politisch schwankte der Hochschulring, als überkorporativer Zusammenschluß in seinen Stellungnahmen noch mehr als die Verbände behindert, zwischen DNVP[42] und NSDAP[43], beanspruchte aber gleichzeitig politische Neutralität, was ihn der radikalisierten Studentenschaft wenig attraktiv erscheinen ließ. Der nationalsozialistische Studentenbund blieb gegenüber dem Hochschulring zunächst in abwartender Reserve. In der üblichen Manier wog er das, was war, ab gegen das, was sein könnte: Der Hochschulring sei unprofiliert, er verstehe es nicht, die wirklich wichtigen Fragen der Zeit aufzugreifen, außerdem lähmten die internen Kämpfe seine Aktivität. Aber in seiner politischen Zurückhaltung sah man auch Vorteile, indem nämlich der HR Kreise erreichen könne, die dem NSDStB vorerst noch unzugänglich blieben. Man kannte keine Hemmungen, dem HR die ihm zugedachte Rolle auch öffentlich beizumessen: nämlich die des Eisbrechers. »Er bildet also einen auch für uns wichtigen Ausgangspunkt für die politische Erfassung der Kommilitonen.«[44] Und wenig später sah man den Hochschulring eine Linie verfolgen, die man als »wertvoll« bezeichnen zu können glaubte.[45] Das war nicht nur Augenwischerei, man meinte es tatsächlich so. Schirach gab die Parole aus, die Nationalsozialisten sollten im HR fleißig mitarbeiten.[46] Aber Koalitionen schienen ihm nur so lange zweckmäßig, als sie seinem Studentenbund etwas einbrachten. Die »auch völkischen« Gruppen waren ihm stets fragwürdig. Die Verbände taten gut daran, jenen Satz aus dem Akademischen Beobachter im Gedächtnis zu behalten:

»Unerbittlich werden wir unseren einsamen Weg gehen, bis das Ziel zur Wirklichkeit wurde (sic): die nationalsozialistische Studentenschaft.«[47]

Eine Zeitlang mochte der Hochschulring brauchbar sein, um den NSDStB hoffähig zu machen und seine Kontakte zu den großen Verbänden zu intensivieren. Als die Korporationen aber nicht mehr umhin konnten, sich selbst direkt mit den Nationalsozialisten auseinanderzusetzen, weil die im Begriffe waren, die Schlüsselpositionen in der Studentenschaft zu okkupieren, da konnte man auf den Deutschen Hochschulring verzichten. Völlig überraschend veröffentlichte Die Bewegung einen Tag vor Weihnachten 1930 den »Befehl« des Reichsführers, sämtliche NSDAP- und NSDStB-Mitglieder hätten sofort aus dem HR auszutreten.[48]

»Es kommt heute nicht allein auf Schulungslager usw. an, so wertvoll diese auch sein mögen, sondern es muß darüber hinaus die deutsche Jugend in einer großen und einheitlichen Organisation zusammengefaßt werden, die politische Macht bedeutet. Der Hochschulring deutscher Art hat bewiesen, daß er diese Aufgabe nicht erfüllen konnte. Er hat, ohne wesentliches zu erreichen, wertvolle Kräfte gebunden, die zweckmäßig für die Aktivierung und Schulung der Studentenschaft im nationalsozialistischen Sinne einzusetzen wären . . .«

Wie immer erstrebte Schirach in erster Linie zahlenmäßige Macht, und deshalb war der HR nicht nur überflüssig, sondern auch gefährlich.[49] Interessant in diesem Zusammenhang ist, daß gerade zu jener Zeit genau diese Frage im NSDStB heftig umstritten war.[50] Die Ausführung des Befehls klappte nicht nach Wunsch. Schirach hatte übersehen, daß die Mitgliedschaft im HR meist korporativ war, daß also, um den Ring zu schwächen, die Nationalsozialisten in ihren Verbindungen Stimmung für einen Rückzug machen mußten, und das war nicht so einfach. Die Korporationen waren also »aufzuklären«, das brauchte seine Zeit.[51] Aber die einschlägigen Verhandlungen wurden dann bald zum Abschluß gebracht, der Niedergang des Hochschulrings war nicht mehr aufzuhalten. Wieder war ein Hindernis auf dem Weg zur Machtübernahme beiseite geräumt worden.[52]

Den Korporations-Verbänden selbst war durch schlichten Befehl freilich nicht beizukommen. Die Studentenbundsmitglieder vor die Entscheidung einer Option zu stellen, wäre riskant gewesen – aber auch unnötig, denn Schirach wollte etwas anderes: die Gewinnung neuer Mitglieder oder doch zumindest Sympathisanten. Und zu diesem Zweck eignete sich nichts besser als die Fortsetzung der verbändefreundlichen Politik. Die

Früchte hatten sich bereits eingestellt – sichtbar in den positiven Artikeln der Verbandszeitschriften und dem anhaltenden Wählerstimmenzuwachs, der zum Teil von den Korporationen kam. Noch aber fühlte man sich im Winter 1930/31 seiner Macht nicht sicher, noch gedachte man – trotz allen öffentlich gezeigten Selbstbewußtseins – sich nach möglichst vielen Seiten abzusichern, um das anvisierte Ziel der Übernahme der DSt in absehbarer Zeit zu erreichen. Deshalb mußte der NSDStB noch näher an die Korporationen heran und ihre vielfach geäußerten Bedenken vor dem nationalsozialistischen Totalitätsanspruch zu zerstreuen versuchen. Erst dann würde dem vollen Einbruch in die Reihen der Verbindungsstudenten nichts mehr im Wege stehen.

Der NSDStB erreichte sehr schnell, was er wollte – und konnte bei diesem seinem Streben auf das Entgegenkommen der Verbände zählen. Auf dem Waffenstudententag im Januar 1931 in Erfurt fanden einschlägige Verhandlungen statt, die anschließend fortgesetzt wurden und wenige Wochen später in einer »Vereinbarung« mündeten.[53] Der NSDStB war mit diesem »Erfurter Abkommen« von den Verbänden des Allgemeinen Deutschen Waffenrings offiziell als gleichberechtigt und vertragswürdig anerkannt worden – eine Tatsache, die zwar nicht im Text steht, dem Studentenbund aber wohl wichtiger war als alle fixierten Bestimmungen. Dafür mußte er allerdings eine Gegenleistung bringen: Die Versicherung nämlich, daß er »den Bestand der unterzeichneten Verbände als für das deutsche Hochschulleben wesentlich anerkennt und demgemäß unangetastet lassen wird.« Den Waffenstudenten diese Versicherung zu geben, dürfte dem NSDStB nicht schwergefallen sein, gehörte sie doch in sein Standardrepertoire gerade gegenüber den schlagenden Verbänden, während die anderen ohnehin nicht in die Verhandlungen mit einbezogen waren. Im ganzen gesehen ist das Abkommen ein Friedensvertrag. Gegenseitig sicherte man sich Koexistenz zu bei möglichst enger Zusammenarbeit in Fragen der Hochschulpolitik und der Ehrenangelegenheiten, die den Waffenstudenten wie immer besonders am Herzen lagen. Zur Koordination des gemeinsamen Vorgehens und zur Schlichtung von Zwistigkeiten trat ein Verhandlungsausschuß ins Leben, »unfruchtbare Gegnerschaft« sollte es nun nicht mehr geben. Der ADW ging in seinem Entgegenkommen so weit, daß er sich auch vom Hochschulring und seinen Wehrlagern zu distanzieren begann. Stattdessen wurde mit den »gesamten studentischen Verbänden und wehrwilligen Gruppen« im Juni 1931 das Akademisch Wissenschaftliche Arbeitsamt (AWA) gegründet mit der seinem neutralen Namen wenig entsprechenden Aufgabe, »den gesetzlich erlaubten akademischen Wehrsport auf überparteilicher Grundlage aufzubauen, einheitliche Übungsvorschriften zu erlassen und die politischen Verhandlungen mit dem Ziel der Sicherung und Förderung der Arbeit zu führen«.[54]

Aber nicht erst die Folgezeit erwies, daß die Waffenverbände mit ihrer Unterschrift die eigene Schwäche besiegelten. Schon jetzt war deutlich, auf welcher Seite die Vorteile lagen. Während der ADW nicht merkte, daß er nur eine Station seines Rückzugsgefechts konstatierte, während er glaubte, einen Gegner gebändigt zu haben – und alles bei der Überzeugung, in den großen politischen Perspektiven gehe man ohnehin eins –, vergaß er, daß der Dynamik eines politischen Kampfverbandes eben nur kämpferische Mittel und nicht Verträge entgegenzusetzen sind, die für den Partner nur ein williges Stück Papier darstellen.[55] Die Waffenstudenten, und damit mehr als die Hälfte der gesamten korporierten Studentenschaft[56] hatten nun freie Bahn für ihr Votum zugunsten des NSDStB und seiner Listen; die Verbändespitzen waren auf Kooperation eingestellt. Zusammen mit den Erfolgen bei den Wahlen war somit der Weg geebnet für die Proklamation der nationalsozialistischen Herrschaft über die DSt.

2. Die »Machtergreifung«: der 14. Deutsche Studententag 1931

Über den wachsenden Einfluß des NSDStB in den Gremien der Deutschen Studentenschaft ist bereits das nötigste gesagt worden.[57] Man kann festhalten, daß sich die studentische Gesamtorganisation manchen Kritikern und Hoffnungen zum Trotz konsolidiert hatte. Fast alle größeren Studentenverbände standen hinter ihr – mit Ausnahme natürlich der demokratischen und jüdischen.

Ende Januar 1930 hatte Carl Heinrich Becker das preußische Kultusministerium zugunsten Adolf Grimmes (SPD) räumen müssen. Dieser ermächtigte die preußischen Rektoren, örtlich umfassende Studentenschaften anzuerkennen; ein Vorstoß, der nach Versuchen in Bonn und Berlin allerdings bald wieder aufgegeben wurde.[58] Ende März präsentierte der Wiener Universitätsrektor Graf Gleispach im Einvernehmen mit dem Sozialminister und späteren Kardinal Innitzer für seine Universität ein Studentenrecht auf volksrechtlicher bzw. deutscharischer Grundlage. Danach sollte sich die Studentenschaft in Nationen gliedern, Hörer »gemischter Abstammung« hatten eine gemischte Studentenschaft zu bilden. Grundlage der Zugehörigkeit war das Bekenntnis zu einer Studentennation, gegen das diese allerdings Einspruch erheben konnte. Die deutsche Studentennation wurde Deutsche Studentenschaft genannt.[59] Auf Grund dieser beiden neuen Aspekte hatte der Breslauer Studententag 1930 besonders auf Drängen der katholischen Verbände den Vorstand Hans-Heinrich Schulz (KSC) und Hanns Gierlichs (CV)[60] beauftragt, wieder die Möglichkeiten eines neuen Studentenrechts zu sondieren, doch die Besprechungen blieben Episode: In Berlin hatte man kein Interesse mehr.[61]

Von diesem abrupten Scheitern und dem Vormarsch der Nationalsozialisten nicht unbeeindruckt, suchte der DSt-Vorstand im Frühjahr 1931 sich über seinen Rückhalt bei den Verbänden Klarheit zu verschaffen. Zunächst nahm er Kontakt zu den katholischen auf, da diese seiner Politik besonders kritisch gegenüber standen.[62] Bei der Besprechung im März betonte er seinen Willen zur parteipolitischen Neutralität und appellierte an die katholische Hilfe gegen die Radikalisierung. Allerdings berichtete er auch von der neuesten Entwicklung des NSDStB, daß nämlich dieser ein Bekenntnis zur studentischen Gemeinschaftsarbeit abgelegt habe und sich bei seiner Mitarbeit nach dem Grundsatz der Verhältnismäßigkeit richten wolle, was er durchaus auch einhalte.[63]

Beschlüsse wurden nicht gefaßt. Die sollten mehrere Wochen später, am 25. April 1931, kommen, als der DSt-Vorstand sämtliche wichtigen Verbände zu einer Aussprache nach Berlin geladen hatte (30 erschienen).[64] Die Sitzung endete mit einer Solidaritätserklärung für Arbeit und Ziele der DSt, einschließlich deren großdeutschen Aufbaus. Ab jetzt wollte man endgültig auf die staatliche Anerkennung verzichten. Es sah nach großer Einigkeit aus, selbst der NSDStB hatte sich angeschlossen, doch Kartellverband, Unitas-Verband und später Hochland-Verband sprangen ab – für viele völlig überraschend. Mit folgender bemerkenswerter Begründung verweigerten sie der DSt die Gefolgschaft: Solange die DSt, die »absolute parteipolitische Neutralität peinlichst« wahren und sich auf Aufgaben »rein studentischer und national-kultureller Art« beschränken müsse, nicht eindeutig von der »Anwendung des arischen Prinzips« abgehe und solange sie kein loyales Verhältnis zum »heutigen Staat« hergestellt habe, könne sie von ihnen nicht unterstützt werden.[65] Damit hatten drei Gruppen die völkische Front sehr deutlich aufgelockert. Aber das Reservoir, das die DSt besaß, war noch überwältigend groß – zumal der NSDStB seinen destruktiven Kurs aufgegeben zu haben schien, denn im Juli 1931 kam es noch einmal im Hauptausschuß der DSt zu einer Aussprache über das Verhältnis des NSDStB zur Studentenschaft. Das Protokoll verzeichnete eine »grundsätzliche Einigung«.[66]

Groß kann der Konsens nicht gewesen sein, der Studentenbund jedenfalls rüstete zum entscheidenden Sturm auf die höchsten Ämter. Bereits Ende März war festgelegt worden, wer auf dem kommenden Studententag gewählt werden sollte. Auf taktische Manöver wollte man verzichten, ein Nationalsozialist mußte 1. Vorsitzer werden. Der Gedanke an einen Strohmann wurde nach kurzer Debatte fallengelassen, schnell entschied man sich für Walter Lienau, er hatte sich als Kreisleiter VII und als Referent für Hochschulpolitik im NSDStB genügend exponiert. Auf seinen Wunsch – ein Waffenstudent und ebenfalls Nationalsozialist sollte es sein – wurde Gerhard Krüger, ebenfalls in Studentenbund und DSt ausreichend bekannt, als Zweiter nominiert. Den anderen Stellvertreterposten überließ man den Verbänden.[67] Zur Teilnahme am Studententag wurde verpflichtet, was nur irgend Rang und Einfluß besaß. Alle nationalsozialistischen Funktionäre hatten von ihren Tagungsgeldern einen Teil an den NSDStB abzuführen. Wegen der schlechten Erfahrung der letzten Jahre gab es keine schriftlichen Anweisungen; zu oft waren Informationen an Leute gelangt, die sie nichts angingen. Befehlsausgabe war am Vorabend der Tagung.[68]

Der Vorstand der Deutschen Studentenschaft war über die personellen Wünsche des Studentenbundes nicht im unklaren gelassen worden; und wie die Mehrheitsverhältnisse lagen, konnte er ihnen nur wenig entgegensetzen. Fritz Hilgenstock, zur Zeit Ältester in der DSt und wohl einer der erfahrensten Köpfe unter den damaligen Studentenpolitikern, fuhr dieserhalben sogar nach München und versuchte bei Hitler, die Ansprüche auf nur einen einzigen Vorstandsposten zurückzuschrauben. Doch die Mission scheiterte; Hitler ließ nicht mit sich handeln. Hilgenstocks Berufung auf das »Erfurter Abkommen«, wonach man sich bei der Ämterverteilung ohne »einseitige Ausnützung des Wahlausfalls« einigen wollte,[69] war zwecklos.[70]

In diesem Augenblick kam den bedrängten Verbändeexponenten in der DSt-Führung die Zuspitzung der katastrophalen wirtschaftlichen Entwicklung des Reiches zupaß. Am 11. Mai 1931 war die Österreichische Kreditanstalt zusammengebrochen, am 18. Juni der Nordwollekonzern, am 13. Juli stellte die Danatbank ihre Zahlungen ein, tags darauf schlossen alle deutschen Banken ihre Schalter. Die DSt-Leute erkannten ihre Chance: Nachdem sie sich von den verschiedensten politischen Instanzen den Ernst der Lage hatten bestätigen lassen (auch bei Hitler erkundigten sie sich), sagten sie den auf den 16. Juli in Graz angesetzten Studententag 48 Stunden vor Beginn »mit Rücksicht auf die trostlosen wirtschaftlichen und politischen Verhältnisse« ab: Die Bankensperre gefährde die Finanzierung der Tagung, außerdem sei in einer »derartig verantwortungsschweren Stunde« die Anwesenheit der Studentenschaftsführer an ihren Hochschulen »selbstverständliche Notwendigkeit und dringendste Pflicht«; man befürchte Unruhen.[71] Wieweit diese Begründung nur vorgeschoben war, steht dahin. Die Nationalsozialisten dachten natürlich nicht daran, auf die Krönung ihrer jahrelangen Agitationsbemühungen länger, als ihnen nötig schien, zu warten. Ihre Methode, den Vorstand unter Druck zu setzen, war ausgesprochen simpel: Soweit sie nicht ohnehin schon in Graz waren, reisten sie schleunigst dorthin; man wollte vollendete Tatsachen schaffen. Doch so einfach ließ sich der Vorstand nicht beeindrucken. Nach einer Serie kostspieliger Telegramme und Telephonate blieb dem Hauptausschuß nichts anderes übrig, als sich nach Berlin zu bemühen. Dort nun freilich mußten Schulz und Gierlichs sich der Mehrheit beugen.[72] Selbst der Hinweis auf die Befugnisse des Hauptausschusses, bei Verhinderung der Studentenschaften den neuen Vorstand selbst zu wählen, fruchtete nichts: Der propagandistische Effekt war den Nationalsozialisten nicht weniger wichtig als die Tatsache der Wahl selbst. Die Tagung mußte deshalb unter allen Umständen stattfinden, und 'so wurde es, verbunden mit einer scharfen Rüge an den Vorstand, auch beschlossen.

Der 14. Deutsche Studententag,[73] der dann mit dreitägiger Verspätung vom 19. bis 22. Juli im Programm auf die wesentlichsten Punkte beschränkt über die Bühne ging, stand unverkennbar im Zeichen der bevorstehenden Wahlen. Obwohl es im NSDStB-Führerring eine starke Fraktion gegeben hatte, die Zurückhaltung mit Demonstrationen nationalsozialistischer Machtentfaltung empfahl,[74] und Lienau solches auch der DSt versprochen hatte, hinderte das nun Schirach keineswegs, sich wie der Allgewaltige in Person aufzuführen. Seine zwei ständigen SS-Ehrenwachen etwa aber ernteten eher allgemeines Kopfschütteln denn die erwartete Ehrfurcht.

Mehr hinter den Kulissen, aber die öffentliche Tagung deutlich überschattend, kämpften die Verbändevertreter um größeren Einfluß in der künftigen Führungsspitze. Nachdem ihnen klar geworden war, daß der Studentenbund von seinem Anspruch auf zwei Vorstandsposten nicht abrücken würde, konzentrierten sie sich auf die Ablehnung Gerhard Krügers, der ihnen nicht zu Unrecht wesentlich gefährlicher erschien als Lienau. In den Verhandlungen allerdings brachten sie vor, da ihr eigener Kandidat der bewährte Vorsitzer Hanns Gierlichs (Freistudent)[75] sei, werde es bei der Wahl Lienaus und Krügers keinen Vertreter des Waffenstudententums mehr im Vorstand geben. Lienau und Krüger (zumindest der letztgenannte war gerade aus taktischen Gründen nominiert) waren ihnen sozusagen nicht Waffenstudenten genug, denn beide hatten ihre Korporationen verlassen. Krüger sollte deshalb durch den weniger bekannten (und profilierten) Harald Askevold (NSDStB und WSC) ersetzt werden. Aber Schirach blieb hart: Er lasse grundsätzlich keinen Kameraden fallen; der gesamte NSDStB stehe geschlossen hinter Krüger. Doch trotz dieser starken Worte mußte er dann klein beigeben, denn die Verbände ließen sich keineswegs einschüchtern, sondern stellten die Existenzfrage: Zurücknahme Krügers oder Auszug der Korporationen aus der DSt. Wie ernst diese Drohung auch immer gemeint war: Auf die Führung einer erneut dezimierten Studentenvertretung legte Schirach natürlich wenig Wert. Da war die Preisgabe Krügers das kleinere Übel; er wurde mit dem Referat für Politische Bildung abgefunden.

Aus dem Verlauf der Tagung verdient lediglich noch der hochschulpolitische Bericht des scheidenden Vorsitzers Hans-Heinrich Schulz hervorgehoben zu werden. Er wußte natürlich nur zu gut, daß der Tausch zweier Figuren im Grunde wenig bedeutete. Aber ihm blieb nichts anderes übrig, als die Tradition der DSt und das Verantwortungsbewußtsein der Nationalsozialisten zu beschwören:

»Will die Deutsche Studentenschaft wirklich ihren Aufgaben gegenüber dem deutschen Volke gerecht werden, muß sie eine breite Plattform bilden, auf der nicht nur eine Gruppe zu Wort kommt. Erkennen die in der Deutschen Studentenschaft gebundenen Kräfte diese Aufgabe nicht mehr, so wird die Organisation, die wir von den Besten unseres Volkes, von den Frontstudenten, anvertraut erhielten, aufhören, eine Deutsche Studentenschaft zu sein. Damit würde der wertvolle Gedanke der studentischen Selbstverwaltung endgültig zerstört werden. In dem Augenblick, in dem eine politische Partei der Deutschen Studentenschaft ausschließlich ihren Stempel aufdrückt, wird man von einer Deutschen Studentenschaft nicht mehr sprechen können.«[76]

Der NSDStB hatte also sein Ziel erreicht. Nach nur fünfjährigem Bestehen war mit der einstimmigen Wahl Walter Lienaus zum 1. Vorsitzer sowie Askevolds und Gierlichs zu seinen Stellvertretern die nationalsozialistische Mehrheit in der Dachorganisation der deutschen Studenten auch der breiteren Öffentlichkeit dokumentiert.

Der Teilerfolg bei den Vorstandswahlen versöhnte die Verbände mit dem im ganzen doch recht unerfreulichen Ergebnis natürlich kaum. Selbst die VDSt und die DL konnten nicht umhin, die Fähigkeiten der neuen Verbandsherren zu bezweifeln.[77] Die Kösener dagegen lobten die Gründlichkeit der geleisteten Arbeit.[78] Im allgemeinen zeigte man leichten Optimismus: Der NSDStB, zum erstenmal in dieser Verantwortung, im Blickpunkt nun der gesamten Studentenschaft, würde selbst ein Interesse an einer alle zufriedenstellenden Entwicklung haben, zumal die Beurteilung seines Verhaltens automatisch auf die Partei übertragen würde. Außerdem konstatierte man einen gewissen Zwang des Apparats, dem wohl auch die neuen Führer über kurz oder lang erliegen würden. Immerhin konnte man sich noch auf genügend Gemeinsamkeiten berufen: Die Bejahung von Arbeitsdienst und Wehrhaftigkeit, darüber hinaus den gemeinsamen Nationalismus. Auch in der Ablehnung des Parlamentarismus fand man eine gemeinsame Grundlage, die sich jedoch alsbald als brüchig erweisen sollte.[79] Die Aufrechterhaltung, bzw. Wiedergewinnung des maßgeblichen Einflusses in der DSt war denn auch die größte Sorge der Verbände, gegen die »neue« politische Linie hatte man weniger einzuwenden, denn die war ja nur allzu sehr die eigene. Nur der KV sah sich zu einem scharf ablehnenden Kommentar veranlaßt.[80]
Der NSDStB dagegen hatte Grund, laut zu triumphieren. In der bekannten Großspurigkeit erklärte er das Ereignis zu einem »Markstein der deutschen Geschichte des 20. Jahrhundert«.[81] Hans Schoelkopf spürte in der Deutschen Zukunft Langemarck wieder lebendig werden: Die Deutsche Studentenschaft bedeute »verstärkten Kampf gegen das Preußen von heute. Gegen alle Interessenfexerei innerhalb und außerhalb der Studen-

tenschaft. Überhaupt gegen alles Undeutsche in und um uns. Das bedeutet Kampf für ein wahres Preußen, für unsere Ostmark, für den deutschen Menschen schlechthin.« Zunächst aber mußten die Nationalsozialisten erst einmal ihre Aufmerksamkeit wieder den Verbänden zuwenden. Am 15. August hatten nämlich Deutsche Burschenschaft, Weinheimer Senioren-Convent und Deutsche Landsmannschaft (die Turnerschaften hatten noch gar nicht ratifiziert) das »Erfurter Abkommen« mit dem NSDStB zum 1. November gekündigt. Man war verärgert über den Verlauf der Tagung; die Abmachungen hatten das eigensüchtige Verhalten der Nationalsozialisten nicht verhindern können. Man suchte also nach Neuregelungen, einen endgültigen Bruch sollte die Kündigung nicht bedeuten.[82]

3. Zwischenspiel Lienau

Bevor der NSDStB sich aber um die Verbände kümmern konnte, mußte er die eigenen Reihen wieder auf Vordermann bringen, denn zumindest die Frontlinie war in Unordnung geraten. Walter Lienau hatte, kaum zurück in München, Heß aufgesucht und die Absetzung Schirachs verlangt. Die Wirkung des Auftretens seines Reichsführers sei »einfach vernichtend« gewesen. Außerdem habe er bei der Besetzung des Vorstandes so ungeschickt taktiert, daß der schließlich ausgehandelte Kompromiß allgemein als »Fallenlassen« Krügers angesehen worden sei.[83]
Über das Auftreten im Braunhemd war es schon vorher zu Streitigkeiten gekommen. Lienau war mit seiner Empfehlung, die Verbände nicht unnötig zu provozieren und deshalb möglichst zivil aufzutreten, von Stäbel, Krüger und Eberhard von Künsberg[84] unterstützt worden. Sie wollten den Verbänden keinen formalen Anlaß geben, die Tagung zu verlassen.[85] Schirach aber hielt sich in der Meinung, die Arbeiter (sic!) würden eine solche Taktik gar nicht verstehen, nicht an die Abmachung. Hatte er also mit seinem dünkelhaften Auftreten gleichzeitig den NSDStB lächerlich gemacht und die Verbändevertreter verärgert, so hatte er noch dazu Wortbruch begangen – etwas, das Lienaus Auffassung von studentischem Verhalten nun genau zuwiderlief. Reichlich unmöglich gemacht war nach seiner Auffassung auch Krüger, der zwar einen ebenfalls nicht unwichtigen Posten bekommen hatte, aber doch eben zurückgezogen werden mußte, wenn man es schon nicht »fallenlassen« nennen will. Die Verbände jedenfalls nannten es so, und das war für Lienau das entscheidende. Kurz: Schirach bedeute für den Studentenbund »eine unendliche Gefahr für die Zukunft«. Er stellte deshalb gegen seinen Reichsführer einen Ausschlußantrag.[86]
Doch Lienaus Chancen standen schlecht. Zwar konnte er auf die Sympathien Künsbergs zählen, aber Gerhard Krüger, Oskar Stäbel und Heinrich Lüer, die vor dem Studententag seinem Mäßigungskurs beigepflichtet

hatten und auf die er jetzt hoffte, zogen nicht mit. Vielmehr hatte Stäbel nichts eiligeres zu tun, als seinem Reichsführer alle wirklichen und scheinbaren Neuigkeiten zu hinterbringen.[87] Ursprünglich wollte Lienau Hitler die ganze Angelegenheit persönlich vortragen, doch Heß wollte oder konnte ihn nicht vorlassen.[88] Und siegessicher hatte ihn Schirach auch vor einem solchen Schritt gewarnt: Er müsse sich darüber im klaren sein, daß er sein ganzes Renommé beim Chef verspiele.[89] Der schlau taktierende Reichsführer hoffte auf die Disziplin seiner obersten Funktionäre; sie würden ihn gegen diese Meuterei nicht im Stich lassen. Und das taten sie auch nicht. Auf ein Rundschreiben Schirachs, in dem sie zur Stellungnahme aufgefordert wurden, kamen augenscheinlich hauptsächlich günstige Antworten.[90] Inzwischen aber war Schirachs Stellung noch erheblich gestärkt worden: Durch seine Ernennung zum Reichsjugendführer war es wohl kaum möglich, ihn noch als Reichsführer des NSDStB abzusetzen.

Die Angelegenheit zog sich trotz Lienaus Drängen hin. Mittlerweile war er selbst an ihrer Beendigung interessiert, denn das Wintersemester begann und damit seine Amtszeit als DSt-Vorsitzer. Außerdem war doch einiges an die Öffentlichkeit gedrungen, das konnte seine Position nur schwächen. Anfang November endlich hatte er eine Aussprache mit Schirach und arrangierte sich mit ihm. Aber die Ausgangsbasis für seine bevorstehende DSt-Tätigkeit war nun geschwächt. Unwahrscheinlich, daß Schirach diesen Affront so bald vergessen würde; viel wahrscheinlicher, daß Lienau seine Abhängigkeit dann würde zu spüren bekommen, wenn er Hilfe am nötigsten brauchte. Und diese Situation sollte sich nur zu schnell einstellen.

Unmittelbar nach der Kündigung des »Erfurter Abkommens« hatten neue Verhandlungen eingesetzt: Beide Seiten wollten es nicht auf einen endgültigen Bruch ankommen lassen. Krüger, Lienau und Stäbel, der seit einiger Zeit als NSDStB-Verbänderreferent fungierte, setzten sich mit dem in Erfurt gewählten Verhandlungsausschuß der Verbände zusammen und paraphierten am 4. November ein neues Gesamtabkommen.[91] Wie sehr dem NSDStB daran gelegen war, mit den Korporationen ins Reine zu kommen, zeigt das Entgegenkommen in einem entscheidenden Punkt. Das erste Abkommen hatte über die Richtlinienkompetenz, nach der ein korporierter Nationalsozialist in hochschulpolitischen Fragen zu handeln hatte, nichts ausgesagt. Man kann voraussetzen, daß diese vom NSDStB beansprucht wurde.[92] Jetzt aber hieß es: »Aktive Angehörige der unterzeichneten Verbände unterstehen in ihren studentischen Verpflichtungen der Beschlußfassung ihrer Konvente.«[93] An der Bedeutung dieser Formulierung konnte es keinen Zweifel geben: Der NSDStB hatte die Befehlsgewalt über einen Teil seiner Mitglieder in einem wichtigen Gebiet preisgegeben.

Doch der Friede trog. Noch am Tage der Ratifikation sahen einige Verbändevertreter Veranlassung, sich gegenüber Stäbel – Lienau und Krüger waren bereits abgereist – kritisch über den neuen DSt-Vorsitzer auszulassen. Man vereinbarte ein gemeinsames Gespräch. Tatsächlich zeichnete sich der neue Vorstand durch Inaktivität und Unfähigkeit aus. Bereits Mitte September hatte Schirach seinen beiden Pg. eine Marschroute skizziert, nach der die DSt in Zukunft geführt werden sollte.[94] Ausgehend von der Tatsache, daß ein Durchschnittsstudent kaum genaue Vorstellungen über die studentische Selbstverwaltung besaß, bezeichnete er es als die vordringlichste Aufgabe, jetzt, wo die Organisation weitgehend nationalsozialistisch war, den Studenten bewußt zu machen, was es mit der DSt auf sich habe. Überhaupt müsse die Studentenschaft viel mehr aktiviert werden, dabei habe aber der Vorstand der »aktivistischste Teil« der gesamten Studentenschaft zu sein. Zurückhaltung in der neuen Verantwortung, wie die Verbände es erhofften, dürfe es nicht geben:

»Die großen Grundzüge des Nationalsozialismus müssen gerade an so exponierter Stelle demonstrativ und unerbittlich vertreten werden. Die Amtsführung des neuen Vorstandes muß – ohne Gelegenheit zum Einschreiten zu bieten – eine fortgesetzte Provokation und Kampfansage für dieses System bedeuten.«

Das erforderte aber auch – und Schirach vergaß nicht, das seinen Kameraden einzuschärfen – eine technisch einwandfreie Erledigung der anstehenden Aufgaben. Lienau jedoch ließ sich Zeit. Zu Semesterbeginn hätte er Gelegenheit gehabt, sein Programm wirksam darzulegen: Der traditionelle Artikel des Vorsitzers zum neuen Semester, seit je als eine Art Regierungserklärung angesehen, stand an. Ganz entgegen seiner sonstigen Gewohnheit, publizistische Möglichkeiten auszunützen, ließ er sich von seinen Mitarbeitern wochenlang bitten, bis er endlich in 40 Minuten einen Artikel herunterdiktierte, der an Aussagelosigkeit seinesgleichen suchte.[95] Auf eineinhalb Druckseiten sah er sich nicht in der Lage, mehr zu sagen, als daß sich in der DSt einiges ändern werde.
Doch auch praktisch hätten sich einige Ansatzpunkte energischen Eingreifens und prononcierter Demonstration nationalsozialistischer Politik ergeben. Der »Fall« Dehn in Halle war geradezu prädestiniert, den Hintergrund eines zielbewußten Auftretens abzugeben. Lienau und Krüger aber mißachteten zwei dringende Telegramme aus Halle, Lienau erschien erst, als alles schon vorbei war und es nichts mehr zu entscheiden gab.[96] Eine andere Möglichkeit bot die Erhöhung der Hochschulgebühren in Preußen zum Wintersemester 1931/32. Die Ablehnung dieser Maßnahme des preußischen Kultusministeriums kam aus der gesamten Studentenschaft. Für Nationalsozialisten mußte das ein besonders empfindlicher Punkt sein, betonten sie doch die Ungerechtigkeit der Hochschulgebühren expressis verbis in ihrem Programm. Aber Lienau sah wiederum keine

24

Veranlassung, etwas zu unternehmen. Mit Ausnahme eines schriftlichen Protests, der überdies noch von Gierlichs und Welte verfaßt wurde, verhielt er sich passiv, obwohl etwa Gierlichs einen allgemeinen Zahlstreik vorschlug.[97] Während Lienau also in der DSt-Zentrale die erwünschte Aktivität vermissen ließ, zeigte er unnötigen Eifer im Kampf gegen die Verbände. Es war, als hätte er Schirachs Anweisung nur zur Hälfte gelesen. Er stürzte sich in Provokationen, lieferte aber schlechte Arbeit. Noch als die Verhandlungen über die Erneuerung des »Erfurter Abkommens« liefen, hatte er einen Artikel für die November-Nummer der Sturmfahne, das Organ des NSDStB-Kreises IV (Leiter: G. Krüger) verfaßt. Unter dem Pseudonym L. Retlaw (lies: Walter L.) ritt er eine wilde Attacke gegen die »Taktik mancher eisgrauer wie überlebter Hochschulpolitiker«, die versuchten, den NSDStB durch die NSDAP zu beseitigen.[98] Offensichtlich war Lienau verärgert über spitze Bemerkungen der Verbändevertreter, die Wind von den internen Auseinandersetzungen im NSDStB bekommen hatten. Er glaubte zu einem scharfen Gegenangriff stark genug zu sein:

»Korporierte Kameraden, wehrt Euch mit allen Mitteln gegen die zum Teil freimaurerischen Kreise, die Eure Korporationen in einen von uns und Euch nie gewollten Konflikt bewußt zerren wollen ... Haben wir bisher gekämpft, uns im studentischen Leben durchzusetzen, dann stehen wir jetzt vor der Aufgabe, die Position zu halten und dabei gründlichst auszubauen. Die Führung uns, die Ausführung den anderen, wenn es denn nicht anders gehen soll!«

Die Reaktion der Verbände ließ nicht lange auf sich warten; Hilgenstock fühlte sich zu Recht als »eisgrauer Hochschulpolitiker« angesprochen. Mitte November noch schrieb Lienau selbstsicher an Schirach, es sei zu einem »pfundigen Krach« mit Hilgenstock gekommen. Er warte darauf, »daß jetzt die Kartellträger so anschwirren«.[99] Nun, als die Kartellträger wirklich kamen, blieb Lienau nichts als der Rückzug; er hatte seine Stellung überschätzt. Auch in München merkte man mittlerweile, was in Berlin vor sich ging. In dieser Situation konnte auch die Reichsleitung sich keine verbändefeindliche Politik leisten. Lienaus Amtszeit neigte sich unweigerlich ihrem vorzeitigen Ende zu. Schirach sah keinen Anlaß, ihn zu halten, er hatte ihm genug Ärger bereitet. Hilgenstock (DB) erschien bei Lienau in Begleitung seiner Kollegen vom Erfurter Verhandlungsausschuß Helmuth Gerloff (WSC), Dr. Johannes Heinricht (KSC), Dr. Hans Sikorski (VDSt) und anderen, von nationalsozialistischer Seite waren noch Gerhard Krüger und Oskar Stäbel da. Lienau versicherte, es habe ihm ferngelegen, »die Verbände in ihrer Gesamtheit, einen einzelnen Verband oder eine einzelne Person durch diesen Artikel zu beleidigen« und veröffentlichte diese Erklärung auch in der Dezember-Nummer der Sturmfahne.[100] Doch das half ihm nichts mehr.

Für das ursprünglich in kleinem Rahmen vorgesehene Gespräch über die Situation in der DSt-Geschäftsstelle wurde nun der Teilnehmerkreis erheblich erweitert; die Krise war nicht mehr zu verheimlichen; in irgendeiner Form mußte eine Entscheidung getroffen werden.

Auf der Sitzung am 1. Dezember kamen die Vorwürfe in geballter Form. Außer Hinweisen auf Lienaus Untätigkeit in den verschiedenen Fällen wurde als besonders untragbar empfunden, daß er offen sein Mißtrauen gegenüber der Ehrlichkeit einiger DSt-Mitarbeiter geäußert, außerdem in der Geschäftsstelle abfällig über Schirach gesprochen habe.[101] Lienau erhielt daraufhin »aus internen Gründen«[102] den Befehl zurückzutreten. Mit den Verbänden einigte man sich auf die Wahl von Gerhard Krüger, als Gegenleistung sollte der ehemalige Vorsitzer Hans-Heinrich Schulz (KSC), seit Graz Amtsleiter für Wirtschaftsfragen und die Langemarckspende, den vor einiger Zeit durch Rücktritt freigewordenen dritten Ältestenposten übernehmen (neben Hilgenstock und Welte).[103] Eine Woche später, am 8. Dezember, trat der Hauptausschuß der DSt zusammen. Allen Beteiligten war klar, daß die Wahl nach Wunsch der Nationalsozialisten verlaufen würde. An ihrer Mehrheit (9 : 2) war nicht zu rütteln.[104] Die Wahl Krügers ging vereinbarungsgemäß glatt über die Bühne,[105] statt Schulz aber wurde mit allen neun nationalsozialistischen Stimmen (gegen Welte und Schade, der den Kreis IX vertrat. Hilgenstock war abwesend.) Walter Lienau zum Ältesten gekürt, dem damit die Befähigung zugesprochen wurde, die Arbeit der DSt zu überwachen, die er selbst so schlecht geleitet hatte, daß sogar Schirach die Argumente der Korporationen anerkennen mußte.[106]

Natürlich schob man sich jetzt gegenseitig die Schuld am Eklat zu. Die Nationalsozialisten behaupteten, sie hätten Schulz nicht wählen können, denn dann wäre die unmögliche Situation eingetreten, daß der Älteste Schulz den Amtsleiter für Wirtschaftsfragen Schulz kontrollierte. (Außerdem hatte Schulz gewagt, die Politik des NSDStB zu kritisieren.) Also habe man Lienau wählen müssen, da die Verbändevertreter trotz Kenntnis der Sachlage und dringender Aufforderung, einen anderen Kandidaten zu benennen, auf Schulz beharrt hätten.[107] Woraufhin die Angegriffenen konterten, es sei abgemacht gewesen, über die Konsequenzen der Schulzschen Wahl erst später zu reden.[108] Wie immer die Wahrheit auch aussehen mag, die Verbändevertreter jedenfalls machten die Nationalsozialisten umgehend auf die möglichen Folgen ihres Verhaltens aufmerksam. Die waren dann aber ganz anderer Art, als die Korporierten sich das wahrscheinlich vorgestellt hatten: Der NSDStB kündigte nämlich bereits zwei Tage später einer Reihe von Verbänden das eben erst erneuerte »Erfurter Abkommen«.[109] Die Verbände wiederum ließen sich nicht lange bitten und zogen ihre Vertreter aus der DSt-Spitze zurück: Fritz Hilgenstock (DB) und Konrad Welte (CV) als Älteste, Hanns Gierlichs als

Vorsitzer, Walter Kraak (Wingolf) als Leiter des Nachrichtenamtes und H.-H. Schulz als Leiter des Wirtschaftsamtes.

Doch der Zwist währte nicht lange, beide Seiten waren um Ausgleich bemüht – freilich aus verschiedenen Motiven: Die Nationalsozialisten, weil sie glaubten, alleine – noch – keine tragfähige Basis in der Studentenschaft zu besitzen; die Verbände, weil sie die DSt nicht den Nationalsozialisten überlassen wollten – wobei allerdings zu fragen ist, ob sie so ganz selbstlos nur das Wohl der Studenten und ihrer Organisation im Auge hatten, oder ob nicht der eine oder andere Altfunktionär sich nur schwer von den Schalthebeln der Studentenpolitik trennen mochte.[110] Bereits Ende Dezember machte Krüger dem ehemaligen DSt-Vorsitzer Dr. Erich Hoffmann (KSC) das Angebot, Ältester zu werden. Zwar lehnte Hoffmann indigniert ab (»Ich bin sehr erstaunt . . .«),[111] doch hatte etwa Konrad Welte die Notwendigkeit der Kontaktnahme längst erkannt: Der Studentenbund sei die einzige Stelle, die die tatsächliche Macht besitze, die Entscheidung der letzten Sitzung zu revidieren.[112]

Der NSDStB bekam nun Hilfe von höchster Stelle; und die war wohl auch nötig. Der Konflikt Lienau-Schirach war ja längst nach außen gedrungen; man wußte also bei den Verbänden genau, daß Lienaus Rücktritt nicht allein auf sein Versagen in der DSt zurückzuführen war. Es mag sogar sein, daß man den Verbänden diese Information absichtlich zugespielt hat, um so den Eindruck abzuschwächen, der NSDStB sei vor ihnen zurückgewichen. Auf alle Fälle bestand die Gefahr, daß die hochschulpolitischen Gegner sich aus der studentenbundsinternen Zwietracht Vorteile ausrechnen könnten. Dem galt es vorzubeugen. Kurz vor Weihnachten »verfügte« deshalb Hitler öffentlich, Widerstand gegen die Maßnahmen des NSDStB bedeute Widerstand gegen die Partei selbst.

»Mitglieder der Partei, die sich an diesem Kampf beteiligen, schließen sich von selbst aus der Partei aus . . . Ich verbiete den Parteigenossen bei Androhung ihres Ausschlusses aus der N.S.D.A.P. auf anderen Listen als auf denen des N.S.D.St.B. zu kandidieren oder – falls sie schon auf solchen Listen gewählt sind – gegen den N.S.D.St.B. zu wirken. Die hochschulpolitischen Maßnahmen des N.S.D.St.B. werden von mir restlos gedeckt.«[113]

Damit war es den Verbänden unmöglich gemacht, zwischen Studentenbund und Partei zu differenzieren. Gleichzeitig wurden sie vor die Alternative gestellt, die Einigung zu suchen, oder ihre nationalsozialistischen und auch die nur nationalsozialistisch denkenden Mitglieder zu verlieren. Der NSDStB hatte sich endgültig vom Einigungsgedanken des »Erfurter Abkommens« abgewandt. Die hochschulpolitische Richtlinienkompetenz lag nun wieder ausschließlich bei ihm. Die Korporationen sollten sich entscheiden. Entweder für oder gegen den NSDStB, einen mittleren Weg, »feige bei Seite« stehen, gab es nicht.[114] Die Verbindung, die das ignoriere, gehe »vor Schütt«.[115] Bevor es so weit war, hatten Schirach und Lienau, um die Zweifel an der inneren Geschlossenheit des NSDStB auszuräumen, der Hitler-Verfügung die gemeinsame »Erklärung« beigefügt, daß zwischen ihnen »keinerlei persönliche oder sachliche Differenzen irgendwelcher Art« bestünden; man werde auch weiterhin vertrauensvoll zusammenarbeiten.[116]

Somit war die Grundlage geschaffen für neue Verhandlungen mit den Verbänden. Wie üblich sollten Anfang Januar (am 9./10.) Sitzungen des Waffenringes und des Erlanger Verbände-Abkommens (EVA) stattfinden. Deshalb lud Krüger die Verbände für den 8. zu einer Besprechung am Tagungsort Goslar ein. Er dementierte jetzt, daß Lienau im Dezember vom DSt-Vorsitz abberufen worden sei; sein Rücktritt sei freiwillig geschehen. Er, und noch mehr Lienau griffen dafür in heftigster Form vor allem Hilgenstock und Gierlichs an.[117] Doch da beide Seiten zum Einlenken bereit waren, versicherten die Verbände, »daß ihre Haltung zur DSt in keiner Weise von irgendeiner Feindschaft gegenüber dem NSDStB oder der NSDAP« bestimmt sei,[118] was den Nationalsozialisten die Gelegenheit zu der Antwort gab, ihnen habe bei den vergangenen Auseinandersetzungen jede böse Absicht gegenüber den Verbänden ferngelegen.[119] Damit war die Bahn frei für konkrete Vereinbarungen: Lienau sollte nun doch als Ältester zurücktreten und Schulz endlich gewählt werden. Die Verbändevertreter (außer Schulz) nahmen dafür ihre Arbeit sofort wieder auf.

Für die Reichsleitung bedeutete die Preisgabe Lienaus kein großes Opfer. Außer seiner Opposition gegen Schirach hatte er auch in der DSt-Spitze dem Nationalsozialismus mehr geschadet denn genützt. Durch den Rücktritt vom Vorsitzeramt war sein Verhalten zunächst »gesühnt«. »Als Ältesten der DSt halten wir Lienau und denken nicht daran, irgendwelche ultimative Forderungen der Verbände anzuerkennen. Die Abberufung eines Nationalsozialisten erfolgt nach unserem Standpunkt nur dann, wenn seine Führung eine solche wünscht, nicht aber, wenn seine Gegner dies verlangen.« Das war Schirachs Auffassung im Dezember.[120] Deshalb also auch die gemeinsame Erklärung, die den Eindruck schönster Eintracht erwecken sollte. Intern aber las sich die Sache ganz anders, denn »streng vertraulich« verbreitete Schirach, »daß der Führer der Bewegung gesagt hat, daß Walter Lienau wegen seines schwer parteischädigenden Verhaltens später aus der NSDAP ausgestoßen werden muß, augenblicklich aber zu decken ist, da die Angriffe gegen ihn von 3. Seite erfolgen«.[121] Jetzt stand Lienau einer Einigung nur noch im Wege, es gab also keinen Grund mehr, ihn länger zu stützen. Schirach gab ihm also den Befehl, »unverzüglich von Dir aus« das Ältestenamt niederzulegen. Als Begründung solle er angeben, daß er sich völlig aus der Hochschulpolitik zurückziehen, vielmehr das väterliche Gut bewirtschaften wolle. »Ich erbitte Vollzugsmeldung innerhalb 3 Tagen ...«[122] Lienau leistete dem Befehl Folge. Er hatte inzwischen selbst gemerkt, daß niemand mehr auf seine Mitarbeit Wert legte.[123]

4. Die Festigung der Macht

a) Die Ausschaltung der Verbände

Nun schien die Bahn frei zur endgültigen Verständigung. Aber so einheitlich wie es aussah, war das Lager der Korporierten nicht. Die Kösener übten einmal mehr Zurückhaltung – Hoffmann hatte es bereits demonstriert. Sie hielten sich aus den Verhandlungen heraus, erklärten vielmehr, satzungsgemäß mischten sie sich nicht in die inneren Angelegenheiten von NSDStB und DSt, und verleugneten so kurzerhand ihren Corpsbruder H.-H. Schulz (Hildesco Guestphalia), eine der Hauptfiguren im Rangeln um die Schlüsselpositionen.[124] Für den Wingolf betonte Walter Kraak, einer der im Dezember zurückgetretenen Amtsleiter, der NSDStB wolle die DSt als Propagandainstrument im politischen Tageskampf mißbrauchen, sie als Kampftruppe des Nationalsozialismus einsetzen, während den Verbänden daran gelegen sei, das Ständische herauszustellen, an den Aufgaben der Hochschule mitzuwirken, die Studentenschaft im Kampf für ein großdeutsches Reich zu engagieren. Aus diesen Differenzen rühre der Widerstand der Korporationen.[125] So deutlich wollte es freilich keiner sehen. Die Landsmannschaften spielten die Gegensätze herunter zur Auseinandersetzung zwischen zwei studentischen Generationen – was sie u. a. auch waren.[126] Und selbst bei der Beurteilung durch den erfahrenen Fritz Hilgenstock überwog der Optimismus.[127] Eine besondere Rolle, rechts vom NSDStB, spielte seit langem der VC der Turnerschaften.[128] Jetzt stimmte er gegen das Ergebnis der Verhandlungen, nachdem seine Offerte, die übrigen Verbände beiseite zu lassen und allein mit dem NSDStB eine Koalition einzugehen, von Krüger abgelehnt worden war.[129] Drohend fragte er, wie lange die Nationalsozialisten noch mit den »liberalen Kräften« zusammenarbeiten wollten.[130]

Die Nationalsozialisten allerdings zeigten durch ihr Verhalten, daß diese Zusammenarbeit – jedenfalls wie die Verbände sich eine solche vorstellten – nicht lange währen konnte. Für sie war die Abmachung ein geduldiges Stück Papier. Während zwar Die Sturmfahne den »einmütigen Willen zur Zusammenarbeit« hervorhob,[131] startete die Reichsleitung mittels Rundschreiben an die Verbände erneut Vorwürfe gegen Hilgenstock und Schulz.[132] Gleichzeitig wurde ein Rundschreiben bekannt, das die Korporationen noch tiefer treffen mußte. Krüger ordnete darin nämlich den Aufbau einer Vertrauensleute-Organisation an: In jeder örtlichen Korporation hatte ein Nationalsozialist regelmäßig über die Verbindungsangelegenheiten dem NSDStB Bericht zu erstatten. Außerdem sollte er über die politische Position der jeweiligen Delegierten zu den Verbandstagungen, die traditionell jeden Pfingsten stattfanden, Auskunft geben.[133] Der NSDStB steuerte mit aller Macht auf den Bruch zu. Zunächst aber kommt es am 6. März zu erneuten Verhandlungen; jetzt firmieren die Verbändevertreter als EVA-Verhandlungsausschuß, denn das »Erfurter Abkommen« existiert ja nur noch als Torso. Seine Vorwürfe gegen Schulz (finanzielle Mißwirtschaft) muß Krüger wohl oder übel zurücknehmen. Durch eine Stellungnahme des Vorsitzenden des DSt-Vermögensbeirates, des Berliner Ordinarius für Elektromaschinenbau Max Kloß, haben sie sich als unhaltbar erwiesen. Dennoch beharrt der NSDStB auf seiner Ablehnung.[134] Aber Krüger findet einen neuen Vorwand, die Zusammenarbeit mit den Verbänden zu torpedieren. Ende Februar nämlich faßte der CV Beschlüsse, in denen er seinen Mitgliedern die Zugehörigkeit zu NSDAP und NSDStB untersagte.[135] Das ist natürlich der gefundene Anlaß für die Erklärung, der NSDStB könne den CV nicht mehr als Partner ernsthafter Einigungsverhandlungen anerkennen. Welte, um dessen Position es ja geht, erwidert, er sei nicht als Vertreter des CV, dessen Vorortspräsident er damals ist, sondern als der des EVA anwesend. Im übrigen bestehe die Ablehnung des CV gegenüber dem Nationalsozialismus schon länger, wodurch er sich allerdings von seiner Kooperation in der DSt nie habe abhalten lassen. Gerloff (WSC) ergänzt, die nationalsozialistische Ablehnung richte sich damit gegen alle anwesenden Ausschußmitglieder. Krügers Verlangen, der Ausschuß solle den CV-Beschluß mißbilligen und feststellen, daß er eine Zusammenarbeit zwischen NSDStB und CV unmöglich mache, wird kategorisch abgelehnt mit dem Hinweis, der Ausschuß könne keinen Einfluß auf die Politik des CV nehmen. Jetzt geht Krüger noch weiter; der NSDStB könne mit dem Ausschuß nicht verhandeln, solange der CV im EVA sei. Damit ist die Besprechung gescheitert.

Der EVA-Verhandlungsausschuß stellt nun Gierlichs, Welte, Hilgenstock und Kraak anheim, ihre Ämter in der DSt endgültig niederzulegen.[136] Die nächste passende Gelegenheit für diesen Schritt bietet sich auf der DSt-Hauptausschuß-Sitzung am 19./20. März. Hier hat es Krüger nach Schulz und Welte nun auf Gierlichs abgesehen, der inzwischen wieder in den CV eingetreten ist.[137] Den Anlaß gibt ein Empfang beim Reichspräsidenten. Obwohl Gierlichs überhaupt nicht teilgenommen hat und er im übrigen diese Sache als seine Privatangelegenheit deklariert, behauptet Krüger, er könne mit ihm nicht mehr zusammenarbeiten, da er ihn nicht informiert habe. Mit 6 Stimmen gegen das Votum Weltes und bei 3 Enthaltungen spricht daraufhin der Hauptausschuß dem 2. Vorsitzer das Mißtrauen aus.[138] Das ist für die Verbändevertreter das Signal, nun ihren Rücktritt zu erklären. Der Bruch ist perfekt. Am folgenden Tag begründen die Vier ihren Schritt: Die DSt sei drauf und dran, von ihrem Weg abzugehen. Der NSDStB habe noch immer kein hochschulpolitisches Konzept vorgelegt, und seine Exponenten hätten es aus menschlicher und sachlicher Unzulänglichkeit nicht einmal verstanden, die von den Verbänden vorgezeichneten Linien fortzuführen. »Schlimmer als dies«, so fügen sie bezeichnenderweise hinzu, aber sei die Tatsache, daß der Kampf mit Mitteln geführt worden sei, »die wir als akademischer Auffassung zutiefst zuwider nicht entschieden genug zurückweisen können. Nicht einmal die persönliche Ehre der in diesem Kampf stehenden war vor ungerechtfertigten und durchsichtigen Angriffen sicher.« Gegen eine faire Auseinandersetzung hätte man nichts einzuwenden gehabt, »wenn der NSDStB versucht hätte, seine Vormachtstellung zu einer klaren und zielbewußten Politik im Sinne der Deutschen Studentenschaft zu benutzen«.[139] Den Verbänden war also einmal mehr die Form wichtiger als der Inhalt.

Gerhard Krüger hatte den Bruch gewollt, folglich war er nicht unvorbereitet in die Sitzung gegangen; längst waren Kontakte zu NSDStB-freundlicheren Verbänden geknüpft. Die Verhandlungen mit Klaus Schickert, dem hochschulpolitischen Sachbearbeiter des VC, in Goslar waren zunächst abgebrochen worden. Aber kaum einen Monat später schlug Krüger ihm Gespräche vor und erhielt die Antwort, der VC sei dazu »jederzeit gern bereit«.[140] Aber auch den sympathisierenden Verbänden bereitete die Dezemberverfügung Hitlers bezüglich der inkorporierten Nationalsozialisten Sorge. Bei aller Zuneigung wollten sie doch ein Stück Eigenständigkeit bewahren. Um in die Front der Verbände eine Bresche schlagen zu können, traf der NSDStB deshalb bei ihnen eine Ausnahmeregelung: Die Erfurter Bestimmungen, nach denen die Nationalsozialisten in studentischen Angelegenheiten ihren jeweiligen Konventen unterstellt waren, sollten für sie weiter Gültigkeit besitzen, ebenso wie das gesamte »Erfurter Abkommen«.[141] Das zahlte sich aus. Klaus Schickert wartete bereits vor der Tür, und als der Hauptausschuß seine Gegner los war, wählte er ihn sogleich zum 2. Vorsitzer.[142] Anschließend wurden Gerd Rühle und der Sängerschafter Richard Krödel Älteste. Auf den dritten Ältestenposten setzte der HA wenig später Theodor Schade, ebenfalls vom VC und ehemals DSt-Kreisleiter III.

Die somit notdürftig mit Verbändevertretern dekorierte nationalsozialistische DSt-Spitze schob natürlich alle Schuld auf die Ausgetretenen.[143] Die Kreisleiter wiesen auf ihre meist einstimmige Wahl in den Kreisen hin, durch die der Verdacht einer einseitigen politischen Ausrichtung widerlegt sei. Daß Sängerschaft und Turnerschaften nun in den DSt-Führungsgremien vertreten waren, trug Früchte. Sieben Verbände mit rund 15 000 Mitgliedern veröffentlichten eine Erklärung, in der sie betonten, daß die Rücktritte nicht als Aktion aller Verbände gewertet werden dürfe.[144] Schickert hatte also seine Nützlichkeit unter Beweis gestellt.

Nun endlich war es geschafft: Der NSDStB hatte die Deutsche Studentenschaft, die noch immer stärkste Organisation der Studenten, fast für sich allein. Die Nationalsozialisten, und allen voran Gerhard Krüger, mußten dafür freilich alle ihnen zur Verfügung stehenden Mittel und Fähigkeiten zur Verleumdung und Intrige mobilisieren, und dennoch war es ihnen nicht gelungen, die Verbände auch nur einigermaßen glaubwürdig als die Schuldigen hinzustellen. Aber das kümmerte die im Gefühl ihrer Macht sich sonnenden Herren über die DSt verständlicherweise kaum, und Gedanken über die Folgen machte man sich vorläufig noch wenig. Wäre man zynisch, so könnte man sagen, daß es für den NSDStB gewiß nicht leicht war, die kooperationswilligen und in den meisten Fällen auch ns-freundlichen Verbände endlich los zu werden. Es sollte ja nicht übersehen werden, daß es bei ihnen – von wenigen Ausnahmén abgesehen – keineswegs um eine Feindschaft gegen den Nationalsozialismus ging, daß sie vielmehr im NSDStB einen miserablen Repräsentanten der ihnen so sympathischen Bewegung erblickten.

Mancher Verbandsvertreter war denn auch wahrlich wenig geeignet, den Korporationsstudenten den Weg fort von Nationalsozialismus und völkischer Ideologie zu weisen. So etwa Dipl.-Ing. Fritz Hilgenstock, ehemals Vorsitzer der DSt, dann langjähriger Ältester, außerdem Vorsitzender des Hochschulpolitischen Ausschusses der Deutschen Burschenschaft. Er war 1925 Mitorganisator der Kampagne gegen den jüdischen Professor Lessing.[145] Später schrieb er für die Deutschvölkische Freiheitspartei Broschüren, in denen er die NSDAP als Rom- und Freimaurerhörig angriff. Sie repräsentiere nicht die reine völkische Idee, denn sie sei in »Jesuitismus« und »kapitalistischen Bindungen« verfangen.[146] 1932 schließlich vertrat er – Krüger zufolge – die These, der NSDStB sei überflüssig, da nationalsozialistische Hochschulpolitik ebenso gut über die Korporationen betrieben werden könne.[147] Ein anderes Beispiel ist Dipl.-Ing. Helmut Gerloff, der erprobte WSC-Vertreter. Seine und des Weinheimer SC Verhandlungsbereitschaft werden verständlicher, wenn man weiß, daß er sich im Januar 1933 zur Überraschung vieler als Parteigenosse entpuppte.[148]

Man tut deshalb gut daran, den nun einsetzenden Widerstand der ausgebooteten Verbände nicht zu hoch einzuschätzen. Was sich zunächst im Studentischen Verbändedienst und dann in der Hochschulpolitischen Arbeitsgemeinschaft zusammenschloß,[149] das waren neben den gemäßigten Katholiken wiederum in erster Linie völkische Gruppen, die gegen den Nationalsozialismus nichts einzuwenden gehabt hätten, wenn da nicht der NSDStB gewesen wäre, der unter Anwendung von Methoden, die man als unakademisch empfand, ihren Bestand bedrohte. Aber gerechterweise darf man bei einer kritischen Würdigung des korporationsstudentischen Verhaltens auch den wirklich vorhandenen Idealismus und das ernsthafte Bestreben nicht vergessen – auch wenn es hin und wieder schwerfällt, diesen Kern hinter dem Vorhang nationalistischer Phrasen freizulegen. Wenn Hilgenstock, Gierlichs, Schulz und andere von studentischer Gemeinschaft und akademischer Freiheit sprachen, dann sollte man bei aller Perversion, den diese Begriffe mittlerweile erfahren hatten, dennoch nicht daran zweifeln, daß es diesen Studenten ernst war mit der Suche nach neuen Inhalten der Politik, der Wissenschaft und damit im Grunde ihres eigenen Daseins. Die politischen und ideologischen Auseinandersetzungen, von denen die 20er Jahre in allergrößtem Ausmaß gekennzeichnet waren, berührten die Studenten wahrscheinlich noch stärker als andere Bevölkerungsgruppen, und ebenso waren sie betroffen von der dem allen zugrunde liegenden sozialen Mobilität und Unsicherheit; die Zukunftserwartungen des deutschen Bürgertums der Weimarer Republik waren natürlich in der studentischen Jugend von besonderer Ungewißheit geprägt. Bei aller Abneigung gegen das nationalistische Getöne der völkischen Korporationen kann man also nicht umhin, ihre Bemühungen von der skrupellosen Politik und den Roßtäuschermethoden vieler NSDStB-Führer abzuheben.

Die Manöver der Nationalsozialisten während der soeben geschilderten Monate muß man vor einem konkreten Hintergrund sehen. Die Reichsleitung stand vor einem echten Dilemma: Wollte sie einerseits mit den Verbänden so wenig wie möglich zu tun haben, so blieb sie, so lange die nationalsozialistische Mehrheit in den Studentenschaften nicht hieb- und stichfest war, doch auf diese angewiesen, sollte nicht die DSt ihren Anspruch auf Repräsentation wenigstens des überwiegenden Teils der deutschen Studierenden verlieren – oder der NSDStB seine Vorstandsposten gefährden. Wenn also Schirach im Herbst 1931 mehrmals die Parole »Kampf den Verbandsleitungen« ausgab,[150] so wußte man in der Reichsleitung doch gleichzeitig, daß eben diese Verbände auch nicht grundsätzlich verärgert werden durften. Hier scheint ein wesentlicher Grund für das langwierige Hin-und-Her zu liegen. Erst als sich im Laufe des Wintersemesters abzeichnete, daß der NSDStB seine Position in den Einzelstudentenschaften weiter ausbauen konnte und daß sich außerdem einige unproblematischere koalitionswillige Verbände finden würden, gab man offenbar den Gedanken an eine breite Koalition auf.

Ein weiterer nicht zu übersehender, wenn auch in der Öffentlichkeit kaum angeschnittener Aspekt ist der der Finanzierung der DSt. Seit dem Verlust der staatlichen Anerkennung waren die Studentenschaften auf den guten Willen der Verbände angewiesen; rund die Hälfte der Beiträge floß direkt aus ihren Kassen.[151] Natürlich dachten sie nicht daran, eine Studentenvertretung zu finanzieren, mit deren Politik sie sich nicht identifizieren konnten. Schnell wurde deshalb die finanzielle Situation kritisch; bereits im Januar 1932 wurde aus Breslau gemeldet, wenn es nicht innerhalb eines Monats in der DSt-Spitze zu einer Einigung käme, sei die örtliche Studentenschaft zahlungsunfähig.[152] In der Berliner DSt-Zentrale sah es selbst schlecht genug aus, im Juni saß man bereits auf 13 000 Mark Schulden, wovon etwa die Hälfte umgehend zu begleichen war.[153] 2000 Mark Zuschuß von der NSDAP waren da nur ein Tropfen auf den heißen Stein.[154] Also auch hier dürfte mit der Grund für das Lavieren der DSt-Führung zu suchen sein. Man wußte sehr genau, was die Feindschaft der großen Verbände bedeutete, und versuchte, nach Möglichkeit den Schwierigkeiten zu entgehen. Je länger sich jedoch die Verhandlungen hinzogen, um so verärgerter zeigten sich die von Hilgenstock geführten Verbände. Und die Zahlungen der kleineren in Schickerts Gefolge reichten bei weitem nicht aus. So blieb Krüger denn nichts anderes übrig, als seinen Haushalt drastisch zu kürzen.[155]

Davon abgesehen, standen die Nationalsozialisten vorläufig recht günstig da. Es war ja überhaupt nicht abzusehen, wann die nationalsozialistischen Wahlerfolge einmal nachlassen würden. Während die NSDStB-Listen an den bereits »eroberten« Hochschulen ihren Vorsprung noch weiter ausbauen konnten, zogen im Winter 1931/32 auch bisher weniger erfolgreiche Hochschulgruppen nach.[156]

An der Universität Berlin, wo seit einigen Semestern keine Wahlen mehr abgehalten worden waren, erreichte der NSDStB 65%, in Karlsruhe übersprang er jetzt die 50 Prozent-Marke, in Köln schaffte er sie knapp, an der TH München blieb er nur um weniges darunter. Auf dieser Basis erschien das Zurückdrängen der unbequemen Verbände risikolos.

Die vergangenen Kämpfe zeigten, daß der NSDStB eine Taktik anzuwenden versuchte, nach der er auch schon gegen die DSt vorgegangen war: Nämlich die Spitzenvertreter gegen das Fußvolk auszuspielen mit der Behauptung, sie verträten nicht mehr die allgemeine Meinung. Schirach selbst hatte hier die Richtlinien ausgegeben, der Kampf könne nur geführt werden »durch den Aufbau einer Vertrauensleute-Organisation innerhalb jedes Verbandes, durch Aufhetzung der Verbände gegeneinander und durch Desarmierung der Verbandsleitungen aus ihren eigenen Reihen heraus«. So lautete Krügers Auftrag, als er sein Vorsitzer-Amt antrat.[157] Da man hoffte, mit dieser Taktik Erfolg zu haben, konnte Krüger einem Hochschulgruppenführer versichern:

»Einen Konflikt Korporationen–Nationalsozialismus gibt es nicht, wohl aber einen Konflikt zwischen gewissen, heute noch auf ihrem Posten befindlichen, Verbändeführern, z. B. Hilgenstock.«[158]

b) Der 15. Deutsche Studententag 1932

Die Verbände zu spalten, war weitgehend gelungen. Doch sich auf den Lorbeeren auszuruhen, war nicht nationalsozialistische Art; obendrein konnte man sich das auch gar nicht leisten. Denn inzwischen machte sich aktiver Widerstand bemerkbar; Hilgenstock und seine Freunde stellten sich den opponierenden Verbänden als Studentischer Verbändedienst zur Verfügung. Es war daran gedacht, besonders durch Informations- und Werbearbeit das Ziel einer parteipolitisch neutralen DSt zu propagieren. Eine feste Organisation wollte man nicht schaffen.[159] Eine Klärung der hochschulpolitischen Lage mußten im Mai die traditionellen Pfingsttagungen der Verbände bringen. Der NSDStB-Kreis VII (Bayern) gab zu diesem Anlaß eine »Verbändenummer« seiner Zeitung Deutsche Revolution heraus, und acht Tage vorher lud der DSt-Vorstand die Verbände zu einer großen Besprechung ein, um hier noch einmal für seine Politik Stimmung zu machen. Die – sehr zahlreich erschienenen – Korporationsvertreter sollten in einer Erklärung »das Wollen des Vorstandes der DSt. zu sachlicher Arbeit« anerkennen.[160] Die aber zogen da nicht mit, schon deshalb nicht, weil Krüger seinen neuen Kollegen Schikkert vorgeschoben hatte, dessen windige Taktik in den vergangenen Monaten noch zu gut in Erinnerung war. Die Mehrheit weigerte sich, überhaupt eine Erklärung abzugeben, verschwieg auch nicht, daß der Vorstand auf ihr Vertrauen nicht zählen könne, was allerdings keineswegs mit einer grundsätzlichen Gegnerschaft zum Nationalsozialismus gleichzusetzen sei. Die dann folgenden Jahrestagungen der Verbände zeigten, so die Wingolfsblätter, »daß die Verbände nicht schwach sind und sich nicht schwach fühlen«.[161] Die DSt-freundlichen Verbände freilich erklärten dem neuen Vorstand nochmals ihre Sympathie und wurden jetzt noch verstärkt vom Schwarzburgbund, der seine Korporationen zur Mitarbeit in der DSt verpflichtete.[162]

Das Verhalten dieser Verbände ist auch – aber nicht nur – das Ergebnis der aktiven nationalsozialistischen Unterwanderung. Die Vertrauensleute wurden bereits kurz erwähnt.[163] Dieses System wurde im Frühjahr 1932 zielstrebig aufgebaut, obwohl es vorher schon zahlreiche NSDStB-Kontaktmänner in den verschiedenen Verbindungen gab.[164] Ziel war, in jeder örtlichen Korporation einen Nationalsozialisten sitzen zu haben, der regelmäßig über die Interna berichtete.[165] Wie immer wurde alles gut durchorganisiert, die örtlichen Vertrauensleute faßte man auf Listen zusammen, in der NSDStB-Reichsleitung gab es Referenten für die einzelnen Verbände. Allerdings nahm nicht jeder Verband die mit allen Mitteln versuchte Unterwanderung tatenlos hin. Auf dem Burschentag etwa kam es zum großen Eklat, als nämlich eine »Sonderanweisung« Krügers mit einem bereits formulierten Antrag für die teilnehmenden Parteigenossen bekannt wurde: Die Politik Hilgenstocks sollte verurteilt, dafür der DSt die Bereitschaft zur Zusammenarbeit erklärt werden.[166] Der Burschentag wies diesen Einmischungsversuch scharf und einstimmig zurück; mancher Nationalsozialist wird wohl – um Sanktionen zuvorzukommen – wenigstens nach außen hin klein beigegeben haben. Interessant aber ist, was der offizielle Tagungsbericht weiter über das Verhältnis der DB zum NSDStB schreibt:

»Die Deutsche Burschenschaft bejaht den Nationalsozialismus als wesentlichen Teil der völkischen Freiheitsbewegung. Den Nationalsozialistischen Deutschen Studentenbund mit seiner gegenwärtigen Betätigung und unter seiner gegenwärtigen Führung kann die Deutsche Burschenschaft nicht als Faktor einer gedeihlichen Zusammenarbeit anerkennen. Damit ist dafür gesorgt, daß politische Mißdeutungen vermieden werden. Es wird klar unterschieden zwischen der Hochschulpolitik, die uns zu einer Stellungnahme gegen den NSDStB. nötigt, und der nationalsozialistischen Bewegung.«[167]

Das war klar und unmißverständlich; und man geht nicht fehl, wenn man diese Stellungnahme für repräsentativ für die meisten Verbände (mit Ausnahme der katholischen) erklärt, die dem NSDStB Widerstand leisteten. Dieser kleine Rückschlag aber fiel kaum ins Gewicht. Der NS-Studentenbund stand weiterhin günstig da. Die Mehrheit der Hochschulen war »erobert« und auch im Sommersemester hielt der Trend an: In Göttingen steigerte man sich auf 65%, in Halle büßte man trotz harten Widerstandes nichts ein. Die Deutsche Studentenschaft war in nationalsozialistischer Hand, und damit das auch der letzte Funktionär begriff, hatte man längst Anweisungen gegeben, wie das Verhältnis von Studentenbund und Studentenvertretung zu gestalten sei. Eine Selbständigkeit der nationalsozialistischen Astavertreter hatte es nie gegeben, erst recht nicht jetzt. Jeder Amtsträger mußte den Anordnungen der nationalsozialistischen Dienststellen Folge leisten, auf lokaler Ebene dem Hochschulgruppenführer, auf Kreisebene dem Kreisleiter. Um Pannen zu vermeiden, bedurften »die Anordnungen des D.St. Kreisleiters der Gegenzeichnung bzw. Genehmigung des Kreisleiters NSDStB. und so weiter«.[168] Noch erwünschter war die Personalunion. So etwa nach dem Vorbild Krügers, daß der örtliche Studentenschaftsvorsitzende hochschulpolitischer Referent des Studentenbundes wurde, wenn er nicht ohnehin schon Hogruf war. Die Kontrolle sollte nicht mehr vom Wähler ausgehen (darin erblickte man nur noch eine Formalität), sondern vom NSDStB, und der war sich dessen wohl bewußt, wie Stäbel sich in einer »Verfügung« ausdrückte: »Zur Entlastung der Hochschulgruppenführer geht die gewöhnliche Erledigung unserer hochschulpolitischen Interessen ... über die D.St.-Organisation.«[169]
Solcher Art organisatorisch und ideologisch einen großen Teil der deutschen Studenten mit dem Blick aufs Dritte Reich straff ausgerichtet, stellte der bevorstehende Studententag, sonst meist Schauplatz heißer Kämpfe, dem NSDStB wenig mehr als Probleme der Planung und Taktik. Zu gerne hätte man alle Teilnehmer gezwungen, sich der nationalsozialistischen Regie unterzuordnen, andernfalls sie einfach nicht eingeladen wer-

den sollten.[170] Wegen der juristischen Einwände löste man das Problem anders: Alle nationalsozialistischen Delegierten mußten einen Revers unterschreiben, den Weisungen des NSDStB bedingungslos zu folgen.[171] Damit hatte man sowieso die Mehrheit der Teilnehmer erfaßt. Nachdem ein vorbereitender Ausschuß für die passende Zusammensetzung der einzelnen Arbeitsausschüsse gesorgt hatte,[172] nahm der Studententag selbst die letzten Korrekturen an den Mehrheitsverhältnissen vor: Den unsicheren Studentenschaften Hamburg, Breslau und Frankfurt wurde mit der Begründung der rückständigen Beitragszahlung kurzerhand das Stimmrecht entzogen, während man die Studentenschaften Aachen, Bonn und Köln, wo sich endlich starke DSt-freundliche Bewegungen bemerkbar gemacht hatten, in die Organisation aufnahm.[173] Manche Delegation sorgte auch selbst für die Ausschaltung der Opposition, indem sie den in den Studentenkammern vertretenen Minderheiten – gegen den Usus – das Stimmrecht verweigerte.[174] Diese Maßnahmen zahlten sich aus. Die DSt-freundlichen Verbände waren weit über ihre wirkliche Stärke vertreten, die opponierenden deutlich unterrepräsentiert.[175] Diskussionen gab es kaum, Widerspruch noch weniger. Die Plenarsitzungen glichen einer Befehlsausgabe. Man hielt die propagandistische Wirkung, besonders hinsichtlich der bevorstehenden Reichstagswahlen, für groß.[176]

Nach Graz, wo man für den großdeutschen Gedanken demonstriert hatte, ging der 15. Deutsche Studententag Mitte Juli 1932 in Königsberg über die Bühne als Solidaritätskundgebung für den »bedrohten Osten«. Für den Empfang der Tagungsteilnehmer im Hafen hatten NSDStB und Stahlhelm je eine Ehrenkompanie gestellt. In Marschformation zogen die rund 200 Teilnehmer zur Kaserne, die als Quartier diente; der traditionelle Eröffnungsgottesdienst fiel weg, der Protest des Vertreters einer bayerischen katholisch-theologischen Hochschule wurde nach allen Regeln der Kunst niedergebrüllt.[177] Soldatenspielerei beherrschte die Szene; selbst der nicht unfreundlich gestimmte Vertreter der Deutschen Landsmannschaft konnte nicht umhin, in seinem Bericht ironisch zu bemerken, das sei eben doch ein ungewohnter Anblick, »wenn man bedenkt, daß die einzelnen Hochschulen nicht ihre Sportvertreter, sondern ihre geistigen Führer zum Studententag entsenden«.[178]

Die Nationalsozialisten in der DSt taten der Reputation der Organisation bei Behörden und Öffentlichkeit keinen Abbruch. Zwar hatte das Reichsinnenministerium noch im Dezember 1931 die Deutsche Studentenschaft als »politische Vereinigung« definiert,[179] gleichzeitig aber teilte das Reichswehrministerium (!) der DSt mit, diese Erklärung sei aufgehoben worden.[180] Das liest sich um so seltsamer, als beide Ämter zu dieser Zeit von Wilhelm Groener geleitet wurden, wird allerdings etwas erklärlicher, wenn man weiß, daß der starke Mann im Wehrministerium Kurt von Schleicher hieß, über dessen »jugendfreundliche« Politik noch zu sprechen sein wird.[181]. Jedenfalls schickten beide Häuser, jetzt unter Gayl bzw. Schleicher, dem Studententag Sympathietelegramme,[182] und Gerhard Krüger konnte bei der Eröffnungsansprache eine ganze Menge Prominenz begrüßen, »besonders die Rektoren der Universität und Handelshochschule Königsberg, den Landeshauptmann der Provinz Ostpreußen Dr. Blunk, den Vertreter der Stadt Königsberg, Bürgermeister Weber, den Vertreter des Wehrkreiskommandeurs Oberst von Reichenau, Oberstleutnant von Salmut, ferner von den verschiedenen Professoren die Herren Professoren Schneider – Königsberg, Rothfels – Königsberg, Gerullis – Leipzig, Achelis – Leipzig, den bekannten früheren Rektor der Universität Königsberg, Professor Mitscherlich, der gleichzeitig als Vertreter des Bundes Deutscher Akademiker Nordost erschienen war, ferner den Vertreter des Reichsverbandes der Deutschen Industrie, die Vertreter der alten Wehrmacht und der Offiziersverbände ...«, von denen die meisten auch ein paar freundliche Begrüßungsworte sprachen.[183] Sie alle fanden nichts dabei, der nationalsozialistischen DSt ihren Segen zu erteilen.

Die Verhandlungen des Studententages beginnen mit Schickerts ziemlich nichtssagendem Rechenschaftsbericht des Vorstandes, dann tagen die verschiedenen Ausschüsse, erst die anschließend dem Plenum vorgelegten Ergebnisse und – meist einstimmig angenommenen – Anträge verdeutlichen die neue Richtung der Studentenpolitik der Öffentlichkeit. Andreas Feickert aus Hamburg legt »Richtlinien zur Hochschulpolitik« vor, in denen nun die ständig repetierten Schlagworte von der Volksverbundenheit der Hochschule, der Lebensgemeinschaft der Studenten und Dozenten, von der Freiheit der Forschung und Lehre in den von den nationalen Notwendigkeiten gesetzten Grenzen zur offiziellen Politik avancieren.[184] Im übrigen sei die Zeit der Planung jetzt vorbei, nun heiße es, an die Verwirklichung zu gehen. Konkret schlägt sich das in einzelnen Beschlüssen nieder: Die Leibesübungen etwa, aufgebaut auf einseitigem Leistungssport, gingen einen falschen Weg. Deshalb »Umstellung auf größere Breiten- und Tiefenarbeit, d. h. Erfassung möglichst aller Studierender, denen eine möglichst vielseitige Durchbildung zu geben ist. Die Hauptarbeit ist zu richten auf die Übungen, die den Gemeinschaftssinn, Kameradschaftsgedanken und das Zusammengehörigkeitsgefühl der Studenten stärken.« Oder man erklärt den freiwilligen Arbeitsdienst, der sich immer größerer Beliebtheit erfreut, zur »Vorstufe zur Arbeitsdienstpflicht«. Außerdem installiert die DSt ein eigenes Amt für Arbeitsdienst, Referent wird Andreas Feickert, der sich bereits seit längerem mit diesem Thema beschäftigt. Da die neue Disziplin auch in das Verhältnis von Einzelstudentenschaft und Zentrale einziehen soll, werden jene jetzt schärfer an die Kandare genommen: Monatlich ist ein Bericht abzuliefern, außerdem bekommt der Vorstand das Recht, bei Versäumnissen in der Beitragszahlung die Kassenführung der örtlichen Studentenschaft zu überprüfen und gegebenenfalls »entsprechende Maßnahmen zu treffen« – augenscheinlich ein Versuch, der Finanzmisere irgendwie beizukommen. Aber das ist erst der Anfang der Zentralisierung. Wesentlich weiter geht Gerhard Krüger. Sein Referat über »Hochschulpolitik im Rahmen der Gesamtpolitik« am dritten und letzten Tag der Veranstaltung bildet ohne Zweifel den Höhepunkt der Tagung. Der erste Teil des Vortrags, der sich wenigstens in stilistischer Hinsicht einigermaßen vom üblichen national-sozialistischen Kampfgeschrei abhebt, bringt nichts Neues: Die Zeit der liberalistischen Hochschule ist durch die Forderungen der Jugend endgültig vorüber; das ist der Tenor. Und das bedeutet, getreu dem Titel seiner Rede: Für die Jugend ist Hochschulpolitik aufs engste verbunden mit der völkischen Gesamtpolitik, sie »ist Teil eines Ganzen. Hochschulpolitik ist nach dieser neuen Auffassung der Dienst des Studenten an seinem Volk im Rahmen der Hochschule.«[185] Das heißt etwa für die politische Bildungsarbeit der Studentenschaften: Sie werde »nicht mehr eine Vermittlung von Kenntnis der Haltung der verschiedensten politischen Parteien zu dieser oder jener Einzelfrage sein, sondern nationalpolitische Erziehung . . . in ganz bestimmter politischer, nicht parteipolitischer Richtung« – was ja schon seit längerem praktiziert wird.

Seine Ausführungen über die Neuorganisation der Deutschen Studentenschaft sind ohne Zweifel der mit größter Spannung erwartete und wichtigste Teil seiner Rede. Denn die Abschaffung des verhaßten parlamentarischen Systems ist natürlich das Hauptanliegen des NSDStB. Freilich muß Krüger es noch bei Richtlinien belassen, denn selbstverständlich soll die Umkonstruktion auch die Einzelstudentenschaften mit einbeziehen, und da hofft man auf die Entwicklung in den Ländern, der man nicht vorgreifen will.[186] Aber er ist doch schon sehr konkret:

»In einer Deutschen Studentenschaft, wie wir Studenten sie fordern, wird die Zielrichtung der Studentenschaftsarbeit nicht mehr . . . durch eine parlamentarische Abstimmung des Studententages . . . sondern durch den vollverantwortlichen Führer der Deutschen Studentenschaft festgelegt werden. Als Kontrollorgan neben diesem werden die 3 Ältesten bleiben, jedoch haben sie nur bei Einstimmigkeit das Recht auf Abberufung des Leiters der Deutschen Studentenschaft. Jeder Führer der Studentenschaft wird nach Ablauf seines Amtsjahres (er kann nur einmal wiedergewählt werden) automatisch Ältester . . . Der Hauptausschuß ist nur noch beratendes, nicht abstimmendes Organ. Bei seinem Rücktritt setzt der Führer der Studentenschaft seinen Nachfolger ein, der der Bestätigung durch den Hauptausschuß bedarf. Die Kreisleiter werden vom Führer der Studentenschaft ernannt und abberufen . . . Der Leiter einer Einzelstudentenschaft ernennt bei seinem Rücktritt seinen Nachfolger, jedoch bedarf dieser der Bestätigung durch den Kreisleiter.
Neben dem Führer der Einzelstudentenschaft . . . stehen 2 Älteste als Kontrollorgan. Die vom Führer der Einzelstudentenschaft benannten Amtsleiter bilden die Kammer, die als beratendes Organ fungiert . . . Über jeder studentschaft-

lichen Instanz steht der untergeordneten das Beschwerderecht bei der vorgesetzten Stelle zu. Diese kann jede Maßnahme aufheben und von sich aus eine andere Entscheidung fällen.

... Einmal im Jahr findet, wie bisher, ein Deutscher Studententag statt, der aber nur den Wert einer politischen Kundgebung der Studentenschaft und Schulung der einzelnen Amtsträger hat ...«

Krüger hat, wie er hervorhebt, für dieses Konzept die Billigung der vor kurzem gebildeten nationalsozialistischen Regierung von Mecklenburg-Schwerin. Triumphierend liest er ein entsprechendes Telegramm vor.[187] Mit ihrer Hilfe hofft er, auch die folgenden Punkte in Kürze zu realisieren. Die Studentenschaft soll wieder Einfluß auf die weitgehend in die Hände des Studentenwerks übergegangene Wirtschaftsarbeit gewinnen. Außerdem ist beabsichtigt, ihr die studentische Disziplinargerichtsbarkeit zu übertragen mit dem Recht, sogar Relegationen auszusprechen. Erst in der Berufungsinstanz sollen Dozenten paritätisch mitsprechen dürfen. Die Absicht ist klar: »Es wird Aufgabe der Studentenschaft sein, mit allen Mitteln für eine Ausmerzung geistig und sittlich Auffälliger von der Hochschule Sorge zu tragen.« Doch das ist noch nicht alles. Auch bei der Berufung von Professoren würde man in Zukunft mitreden, zwar nicht über die wissenschaftliche Leistung urteilen, aber, wenn nötig, Veto einlegen gegen einen Professor, »an dessen moralischen und sittlichen und nationalen Qualitäten zu zweifeln« sei. Und als wäre das noch nicht deutlich genug, fügt er hinzu, ein Gumbel, Dehn, Nawiasky[188] würde dann keinen Lehrstuhl mehr bekommen.

Wer es bis jetzt noch nicht glaubte, der hört es nun mit eigenen Ohren: Die Nationalsozialisten besitzen ein umfassendes Programm, die Hochschulen in ihrem Sinne gleichzuschalten. Allein zu diesem Tagesordnungspunkt verzeichnet der Bericht denn auch eine regelrechte, wenn auch kurze Debatte. Dann nehmen die Delegierten einen entsprechenden Antrag mit 155 Ja- und 3 Neinstimmen an; 25 Studenten enthalten sich. Mit diesem Auftrag an Hauptausschuß und Vorstand, im kommenden Jahr den neuen Aufbau vorzubereiten und durchzuführen, vollzieht der Studententag seine eigene Entmachtung. Aber das ist den meisten recht, sie wollen geführt werden, dafür aber an ihren eigenen Hochschulen selbst führen dürfen. Nach der »Machtergreifung« in Graz nun also eine Art »Ermächtigungsgesetz« in Königsberg. Jetzt war nur noch die Frage, ob auch die »Gleichschaltung« gelingen würde.

Am Ende der Tagung stehen die Neuwahlen, Überraschungen gibt es natürlich keine. Aber Gerhard Krüger, der erneut kandidiert, bekommt immerhin mehr Ablehnung (20 Neinstimmen und 15 Enthaltungen) zu spüren als das von ihm propagierte Führerprinzip. Noch schlechter allerdings schneidet Klaus Schickert ab, der die Nominierung eines Gegenkandidaten und dann zusammen mit seinem neuen Vorstandskollegen Hans

Weidauer (NSDStB und ATB) aus Braunschweig[189] 37 Gegenstimmen und 6 Enthaltungen hinnehmen muß. Aber das ist auch schon das äußerste Zeichen von Opposition, das die Anwesenden sich herauszunehmen erlauben.

Die Beurteilung des Studententages durch die Verbände war verständlicherweise nicht einheitlich: Wie vorauszusehen wurden die kritischen Verbände noch kritischer, die koalierenden applaudierten laut, andere erblickten Vorteile in einer Taktik des verschleiernden Abwartens. Im großen und ganzen treffen die Wingolfsblätter aber deutlich daneben mit ihrer Feststellung, die Fronten hätten sich klar abgegrenzt.[190] So meldeten zwar die VDSt Bedenken gegen das Führersystem an, unterstützten aber dennoch den neuen Vorstand. Ihnen kam es mehr auf die gemeinsame Plattform der nationalpolitischen Erziehung an.[191] Auch in der Landsmannschaft überwog die freundliche Tendenz.[192] Reichlich undurchsichtig war die Stellungnahme des Kösener SC. Studentische Verbände könnten große politische Aufgaben nicht erfüllen, dazu seien ihre Mitglieder zu jung, außerdem nur Teil der gesamten Studentenschaft; also bleibe man auch weiterhin politisch abstinent. Allerdings beweise das starke Anwachsen der nationalsozialistischen Bewegung, daß maßgebliche Faktoren der Studentenschaft im besten Sinne politisch geworden seien, deshalb wolle der KSC seine Mitglieder an ihre politischen Pflichten erinnern und auch an Hinweisen nicht sparen, in welchen Gruppen sie diesen am besten nachkommen könnten.[193] Dabei war die Absicht allen Eingeweihten klar: Die Kösener unterstützten den nationalsozialistischen Vorstand, hatten mit Krüger auch schon vor Königsberg enge Fühlung genommen.[194]

Im Mittelpunkt aller Betrachtungen stand Krügers Organisationsplan. Walter Kraak konstatierte für den Wingolf, mit dem Führerprinzip werde eine glatte und unwiderrufliche Diktatur des NSDStB errichtet.[195] Natürlich hatte man die Haken und Ösen des Konzepts genau durchschaut: Das Führerprinzip würde ja nicht nur die nationalsozialistische Herrschaft dort verewigen, wo sie bereits bestand, sondern mittels des Bestätigungsrechts der Kreisleiter auch in Studentenschaften mit weniger deutlichen Mehrheitsverhältnissen der nationalsozialistischen Willkür Tor und Tür öffnen. Die Verbände wußten durchaus, um was es ging. Den Parlamentarismus lehnten sie fast alle ab, ihn aber gegen ein neues System einzutauschen, das sie endgültig ausschalten würde zugunsten des NSDStB, der ja selbst durch demokratische Abstimmungen die Mehrheit erhalten hatte – das wollten sie nun doch nicht. In ihrem Namen wartete Hilgenstock mit spitzfindigen Differenzierungen auf: Die angebotene Variante des Führerprinzips entspreche nicht »deutscher Auffassung«. Vielmehr müsse der Führer sich aus der Gefolgschaft heraus entwickeln, zwischen beiden müsse ein Gegenseitigkeitsverhältnis auf Grund innerer

Überzeugung vorhanden sein. »Preußisches Königstum hatte nichts gemein mit Caesarismus, ebenso wenig aber auch mit Demokratie und Parlamentarismus.«[196] In der Deutschen Burschenschaft favorisierte man einen Aufbau nach dem ständischen, oder auch bündischen Prinzip; die mit beratenden Befugnissen ausgestatteten Organe der Studentenschaft sollten nach der Stärke der Verbände besetzt werden.[197] Das war so deutlich wie durchsichtig: Die mitgliederstarken Korporationen hätten gegenüber dem vergleichsweise kleinen NSDStB die klare Majorität gehabt. Wie aber die Studentenschaftsleitung eingesetzt werden sollte, blieb in den vielen Beiträgen, die etwa in den Burschenschaftlichen Blättern zu diesem Thema erschienen, hinreichend verschwommen. Im Grunde war man sich aber doch wohl bewußt, daß man einer nationalsozialistischen Diktatur den Rückgriff auf das angeblich undeutsche Wahlprinzip vorziehen wollte, wenn man es auch wegen des schlechten Eindrucks nur sehr zögernd aussprach.[198] Aber alle diese Einwände wogen im Augenblick nicht viel. Eindrucksvoll hatte der NSDStB gezeigt, wo die Mehrheit der an der DSt beteiligten Studenten im Sommer 1932 stand. Da bedurfte es einmal mehr des katholischen KV, um das deutlich auszusprechen:

»15 Jahre Verfassungskampf und am Ende eine Diktatur, die alle Jahre eine soldatische Schauübung produziert, aber keine Hochschulgemeinschaft mit allem Reichtum, wie sie gerade aus deutschen Hochschulen wachsen könnte! So sieht die Bilanz heute aus!«[199]

Die Nationalsozialisten saßen im Sattel, Runterfallen war nicht vorgesehen. Wie schrieb doch Goebbels?

»Haben wir die Macht, dann werden wir sie nie wieder aufgeben, es sei denn, man trägt uns als Leichen aus unseren Ämtern heraus. So sieht eine ganze Lösung aus.«[200]

Er sprach Schirach, Krüger und Kollegen aus der Seele.

[1] S. S. 1/105.
[2] D.B., F. 23 (7. 10. 1930).
[3] D.B., F. 29 (18. 11. 1930). Ausgewählte Wahlergebnisse s. Anhang.
[4] D.B., F. 30 (25. 11. 1930).
[5] D.B., F. 32 (9. 12. 1931).
[6] »Hannover«. D.B., F. 31 (2. 12. 1930). Die Beobachtung Brachers, 1964, 149, an den Technischen Hochschulen sei der NSDStB erfolgreicher gewesen als an den Universitäten, kann nicht bestätigt werden.
[7] RL-Rdschr. Nr. 2, 12. 12. 1930. RSF II p 226.
[8] Nach Franze 1971, 94.
[9] »Sitzung des Allgemeinen Studentenausschusses«. Erl. Tagbl., Nr. 131 (6. 6. 1930). Das folgende ebd.
[10] Leisen 1964, 160. Weitere Beispiele bringt Kurt Hirche, Faschismus in der Studentenschaft. Hilfe 37 (1931) 105–109.
[11] Aus einem Heidelberger Flugblatt gegen E. J. Gumbel, 25. 11. 1930, zit. nach Leisen 1964, 209.
[12] Zit. nach Fließ 1959, 573, 645ff.
[13] »Der Heidelberger Rektor«. SAR, Nr. 1 (Jänner 1931).

[14] Störtebecker, Nach der Schlacht! Dt. Rev., F. 3 (8. 12. 1931).

[15] »Die Wiener Universitätsunruhen und die Aufgabe der Dozentenschaft«. BBl., H. 11 (Mitte Juli 1929) 306f.

[16] BBl., H. 3 (Dez. 1930) 63f., H. 10 (Juni 1931) 264f.; D.B., F. 30 (25. 11. 1930), F. 31 (2. 12. 1930); DSt AkCorr., Nr. 28 (14. 11. 1930); VB, Nr. 271 (14. 11. 1930), Nr. 182 (1. 7. 1931).

[17] Erl. Tagbl., Nr. 293 (13. 12. 1930); VB, Nr. 299 (17. 12. 1930); D.B., F. 34 (23. 12. 1930); vergl. Franze 1971, 104ff. Die Initiative ging übrigens vom Verband alter Burschenschafter Berlin aus, der bereits 1925 die Parole ausgegeben hatte, überall, wo der Film liefe, müsse gegen ihn protestiert werden. Wolfgang Henke, Zum Film »O alte Burschenherrlichkeit«. Burschenschaftl. Rundschau. Beiblatt (vertraulich!) zu den BBl., H. 3 (Dez. 1925) 33f. Mit »Stolz und Freude« dagegen begrüßte der NSDStB etwa die Ufa-Produktion »York« mit Werner Kraus, Rudolf Forster und Gustav Gründgens. Pressedienst, Nr. 2 (Jan. 1932).

[18] Hans Schröder, Zur politischen Geschichte der Ernst Moritz Arndt-Universität Greifswald. Uni Greifswald, 1956 I, 53–155, hier 140; BBl., H. 11 (Juli 1931) 265f.

[19] RSF II A 7; BA R 129–216; D.B., F. 29 (18. 11. 1930); Soz. Wille, Nr. 2 (Jan. 1931); Erich Hoffmann, Die Christian-Albrechts-Universität in preußischer Zeit. Uni Kiel 1965, 8–115, hier 78ff.

[20] »Angriff auf Heidelberg«. D.B., F. 9 (1. 7. 1930). Das folgende ebd. Außerdem: »Studenten und Arbeiter gegen den roten Hetzer Mierendorf«. VB, Nr. 39 (16./17. 2. 1930).

[21] Ludwig Wesch, Philipp Lenard. DDS (Juliheft 1936) 311–14; Heiber 1966, 593f.; Hellpach 1949 II, 169ff.

[22] BBl., H. 3 (Dez. 1930) 64f., H. 12 (Aug./Sept. 1931) 295f.; Soz. Wille, Nr. 2 (Jan. 1931); DSt AkCorr., Nr. 15 (10. 7. 1931); D.B., Nr. 22 (6. 11. 1935).

[23] VB, Nr. 274 (18. 11. 1930); Franz 1949, 108f.

[24] VB, Nr. 290 (6. 12. 1930); Franz 1949, 61.

[25] Franz 1949, 112f.

[26] S. S. 2/56f.

[27] Banner der Freiheit 1938, 25; Hikad 1933, 37ff.; D.B., F. 3 (20. 1. 1931), F. 30 (25. 11. 1930), F. 32 (9. 12. 1930); Pressedienst (Juni 1932).

[28] Hikad 1933, 48f.

[29] Krüger 1969. Allerdings tauchten auch gleich Vorwürfe der Manipulation auf, indem etwa die Breslauer Stimmen sämtlich von Nationalsozialisten geführt und nicht proporzgemäß verteilt worden seien. Protokoll der Hauptausschuß-Sitzung vom 7./8. 2. 1931. RSF I 01 p 251.

[30] Im Kreis III wurde Anfang Dezember 1930 der NSDStB-Kreisleiter Lüer gewählt, mußte aber schon nach wenigen Tagen wieder zurücktreten. Vorgänger und Nachfolger war Theodor Schade (VC). Im tschecho-slowakischen Kreis war seit Juni 1931 Theodor Gruber Kreisleiter. Zum Hauptausschuß gehörten noch die drei Ältesten: Der Burschenschafter Fritz Hilgenstock, das Vorstandsmitglied von 1928/29 Ulrich Kersten und der CVer Konrad Welte, Lienaus Vorgänger auf dem bayerischen Kreisleiterposten.

[31] Zu der Auseinandersetzung der Universität mit der Thüringischen Landesregierung besonders Uni Jena 1958/62; für die Studentenschaft Fließ 1959, 446ff.; »Eine Lehrkanzel für Antisemitismus«. SAR, Nr. 7 (Juli 1930); »Der Fall Günther«. BBl. (Juni 1930) 220; »Der Rektor von Jena blamiert sich«. VB, 131 (4. 6. 1930); »Professorendünkel«. VB, Nr. 132 (5. 6. 1930); »Beilegung der Universitätskonflikte«. VB, Nr. 173 (23. 7. 1930).

[32] Obwohl Die Bewegung, F. 13 (29. 7. 1930), die Parole ausgab, jeder nationalsozialistische Student habe nun ein Semester in Jena zu studieren, erlahmte das Interesse an Günthers Vorlesung sehr schnell. Von über 2800 immatrikulierten Studierenden des Wintersemesters 1930/31 besuchten die Vorlesung Rassengeschichte Europas 47 Hörer und das Kolloquium Sozialanthropologische Gedanken 33. Zum Vergleich betrug die Mitgliederzahl des Jenaer NSDStB 36 Studenten. Fließ 1959, 483.

[33] S. S. 1/93.

[34] RSF II A 18.

[35] »Zur Hochschulpolitik«. D.B., F. 11 (15. 7. 1930).

[36] »Beschlüsse des 13. Deutschen Studententages«. Nachrichtenblatt, F. 1 (15. 9. 1930), 13–15.

[37] S. o., Kap. V, 1.

[38] Akademisches Deutschland 1931 II, 353.

[39] 1929 beschloß die DW, bei grundsätzlicher Anerkennung der vaterländischen Einstellung der Logen angehörenden Alt-Wehrschafter den Eintritt der Jung-Wehrschafter in Logen jeder Art zu verbieten. »Pfingsttagungen der Verbände«. BBl., H. 10 (Mitte Juni 1929) 265.

[40] Maßgeblich beteiligt an den Verhandlungen war auf DW-Seite Ingenieur E. Strömsdörfer, der als Student an der Handelshochschule Nürnberg dem Juden- und Freimaurerbekämpfer Julius Streicher zur Hand gegangen war und der im Februar 1931 mit seiner Wehrschaft bei der durch Streicher vorgenommenen Übergabe der ersten Sturmfahne an den NSDStB-Erlangen an führender Stelle mitwirkte. Studenten im Kampf 1938, 27.

[41] Rdschr. an alle Hochschulgruppenführer, 26. 2. 1930, mit dem »Resultat der Besprechungen zwischen NSDStB & DW«. RSF II A 14; »›NS. Studentenbund‹ und ›Wehrschaft‹«. Angriff, Nr. 3 (9. 1. 1930); »Deutsche Wehrschaft und NSDStB.« D.B., F. 1 (8. 1. 1931). Natürlich blieb es nicht bei diesem recht losen Anschluß. Das Beispiel Strömsdörfers machte andernorts Schule; so in Gießen, wo die Lützower Wehrschaft 1932 ihrer Aktivitas satzungsmäßig die Mitgliedschaft bei NSDAP, NSDStB und SA zur Pflicht machte. Brief an die NSDStB-RL, 6. 3. 1932. RSF II A 19; hier auch weitere Korr. zwischen DW und NSDStB.

[42] Dr. Heinrich Sachs, Vorsitzender 1927–29, war Vorstandsmitglied in Hugenbergs Verein zum Schutze der geistigen Güter Deutschlands; im April 1928 hielten der Reichsausschuß der DNVP und der HR gemeinsame Wahlveranstaltungen ab. Gerhard Fließ, Deutscher Hochschulring (DHR) 1920–1933. Fricke 1968 I, 469–75.

[43] Zahlreiche Mitarbeiter des Vorstandes waren NSDAP- und NSDStB-Mitglieder. Schwarz van Berk, Vorsitzender seit 1930, war Pg. Nr. 312753.

[44] Karl Böhmert, Hochschulring und Studentenbund. AB, Nr. 12 (Dez. 1929) 13.

[45] »Vom Ferienlager Freilingen des Deutschen Hochschulringes«. D.B., F. 1 (6. 5. 1930).

[46] Rdschr. der RL des NSDStB, 20. 1. 1930. RSF II A 14; B. v. Schirach an Heugenberg, 17. 7. 1930. RSF II p 350.

[47] Baldur von Schirach, Nürnberg! AB, Nr. 10/11 (Okt./Nov. 1929) 1f.

[48] »Befehl«. D.B., F. 34 (23. 12. 1930); das folgende ebd.

[49] Korresp., Nr. 2 (15. 5. 1931). RSF II 41.

[50] Die Anordnung wurde denn auch nicht kritiklos hingenommen, und spielte eine wichtige Rolle im Konflikt um Sunkel und Anrich, zumal manche Hochschulgruppen intensive Kontakte zum HR pflegten und durch den Befehl Schirachs völlig überrascht wurden. Vergl. das in Kap. V, 1 angegebene Quellenmaterial.

[51] RSF II p 226, 317, II 41. Außerdem machte Schwarz van Berk Schwierigkeiten, der weder seinen Vorstandsposten, noch seine NSDAP-Mitgliedschaft aufgeben wollte. Gegen ihn wurde ein Verfahren vor dem Untersuchungs- und Schlichtungsausschuß der Partei eingeleitet. »I. Ortsverband- und Lagerteilnehmerrundschreiben«, SS 1931, 30. 4. 1931. RSF II p 132.

[52] Eine gewisse Bedeutung erlangte der DHR nochmals im WS 1932/33, als sich die meisten großen Verbände in der Abwehr des NSDStB zusammenfanden und vielfach auf den DHR zurückgriffen; s. u., Kap. VIII.

[53] »Vereinbarung« (o. D.). RSF II p 227; vergl. Anhang, Dokumente. Das folgende ebd.

[54] Droßbach/Hauske 1932, 248f. Leiter wurde Otto Schwab, der auch das – entsprechende – Wissenschaftliche Arbeitsamt der Deutschen Burschenschaft führte. Vergl. George 1969, 68.

[55] Bezeichnenderweise kritisiert der einzige ablehnende Artikel in den Burschenschaftlichen Blättern nicht die Unmöglichkeit eines Abkommens mit dem Nationalsozialismus schlechthin, sondern nur die nivellierenden Tendenzen des NSDStB und die Gefahr für die Selbständigkeit der Korporationen. Werner Zintarra, Um die Stellung der Korporationen zum Nationalsozialismus. BBl., H. 9 (Mai 1931) 210f. Vergl. BBl., H. 4 (Jan. 1931) 89–91.

[56] Im Sommer 1930 gehörten dem ADW ca. 50 000 Studenten an. Insgesamt waren 80 000 korporiert; nach Bleuel/Klinnert 1967, 261. Der Kösener SC zog sich bald aus dem Abkommen mit dem NSDStB zurück.

[57] S. o., Kap. VI, 1.

[58] In Bonn entstand eine hauptsächlich von katholischen Korporationen und dem Wohlwollen der Universität getragene Allgemeine Studentische Arbeitsgemeinschaft (Astag),

deren DSt-feindlicher Kurs auf schärfsten Widerstand des NSDStB und zeitweise des Waffenrings stieß, so daß sie politisch kaum wirksam werden konnte. Pressedienst (Anfang Mai 1932); Hikad 1933, 53ff. An der Universität Berlin versuchte der Rektor, als ersten Schritt einen von allen studentischen Gruppen getragenen Ordnungsdienst aufzustellen. Aber schon das scheiterte. BBl., H. 4 (Jan. 1931) 94; DSt AkCorr., Nr. 29 (26. 11. 1930).

[59] B. Immendörfer, Das neue Wiener Studentenrecht. BBl., H. 8 (Mai 1930) 192f.; Jos. Tzöbl, Studentenordnung der Universität Wien. Ac., Nr. 2 (15. 6. 1930) 33f.; Zorn 1965, 302f.; Stitz 1970, 57f. Das Studentenrecht war nur von kurzer Dauer. Im Juni 1931 wurde es wegen mangelnder gesetzlicher Grundlagen vom österreichischen Verfassungsgericht aufgehoben.

[60] H. Gierlichs trat zwischenzeitig aus dem CV aus, galt aber immer als dessen Exponent. 3. Vorsitzer war cand. mach. Reinighaus (München). Er legte Ende 1930 sein Amt nieder, Nachfolger wurde cand. jur. Wilfried Deschka (Wien), bis dahin DSt-Kreisleiter VIII.

[61] DSt-Rdschr. Br. B., Nr. 346, 17. 10. 1930. BA R 129–13; »Sonderberichterstattung vom 14. Deutschen Studententag«. DSt AkCorr., Nr. 16 (19. 7. 1931) (Gierlichs Vorstandsbericht).

[62] Stitz 1970, 78ff.; vergl. »Der Breslauer Studententag im Urteil der katholischen Verbände«. BBl., H. 2 (Nov. 1930) 40f.

[63] »Bericht über die Besprechung des Vorstandes der Deutschen Studenschaft mit den hochschulpolitischen Vertretern der in der Arbeitsgemeinschaft zusammengeschlossenen Kath. Deutschen Studenverbände am Sonntag, dem 1. März 1931, in Düsseldorf, Hotel Monopol-Metropol«, 1. 3. 1931. RSF I 01 p 251; dass. BA R 129–13. Das Protokoll liest sich, als hätten gesonderte Verhandlungen DSt–NSDStB stattgefunden. Offensichtlich sind die Verhandlungen des vergangenen Jahres (s. S. 1/104f.) und das »Erfurter Abkommen« gemeint.

[64] »Niederschrift der Verbändesitzung vom 25. 4. 31«. BA R 129–13; »Bericht über die Sitzung der studentischen Verbände«. DSt AkCorr., Nr. 9 (13. 5. 1931); »Katholische Verbände und Deutsche Studenschaft«. BBl., H. 8 (Mai 1931) 192; »Sitzung der studentischen Verbände mit dem Vorstand der Deutschen Studenschaft in Berlin«. Ac., Nr. 2 (15. 6. 1931) 34f.

[65] »Sitzung . . .« Ac., Nr. 2 (15. 6. 1931) 34f.

[66] Protokoll der Hauptausschußsitzung vom 20./21. 6. 1931. BA R 129–55.

[67] Protokoll der Führerring-Sitzung vom 29. 3. 1931. RSF II p 224.

[68] Rdschr. der RL des NSDStB, 23. 6. 1931. RSF II A 14.

[69] S. Anhang, Dokumente.

[70] August Fischer, Grazer Studententag. AM, Nr. 1 (Okt. 1931) 19–22; »Der Kampf um die Führung der D.St.«. SAR, Nr. 8 (Okt. 1931); Rdschr. G. Krügers, 28. 4. 1931; Rdschr. der DB »An die Burschenschaften«, o. D. RSF I 04 p 311.

[71] Rdschr. der DSt A 23/1930/31, 15. 7. 1931; A 24/1930/31, 18. 7. 1931. BA R 129–13.

[72] Protokoll der Hauptausschußsitzung vom 16. 7. 1931. BA R 129–55.

[73] Das Protokoll des Studentages ist nicht mehr aufzufinden. Zum folgenden Studentag 1931; »Sonderberichterstattung vom 14. Deutschen Studententag«. DSt AkCorr., Nr. 16 (19. 7. 1931), Nr. 17 (21. 7. 1931); Theodor v. Kohary, Der Grazer Studententag. BBl., H. 12 (Aug. 1931) 293–95; »Anfang oder Ende? Das 13. Jahr der Deutschen Studenschaft beginnt«. Ak.Bl., H. 7 (15. 10. 1931) 204f.; Konrad Welte, Der 14. Studentag in Graz. Ac., Nr. 4 (15. 8. 1931) 90ff.; H. Stadelmann an R. Heß, 5. 8. 1931. RSF II p 227; B. v. Schirach, 1927, 99f., dessen Schilderung allerdings auch in diesem Punkte der wissenschaftlichen Nachprüfung in keiner Weise standhält.

[74] Protokoll der 4. Führerringsitzung vom 29. 3. 1931 und der 5. vom 2. 5. 1931. RSF II p 224.

[75] H. Gierlichs war vorübergehend aus dem CV ausgetreten.

[76] Studentag 1931, 16f.

[77] W. Teutloff, Um die Zukunft der Deutschen Studenschaft. LZ, H. 11 (Nov. 1931) 249–52; K. Schickert, Nachklänge zum Studententag, VCR, H. 7 (1. 10. 1931) 153ff. (mit einer Presseübersicht).

[78] Günther Kraaz, Der 14. Deutsche Studententag in Graz. DCZ, Nr. 5/6 (Aug./Sept. 1931) 141–48.

[79] Walter Kraak, Der 14. Studententag in Graz. WB, F. 8 (15. Aug. 1931) 345–54; Au-

gust Fischer, Die Deutsche Studentenschaft, ihr Weg und ihre Bedeutung. AM, Nr. 5 (Febr. 1932) 189–93.

[80] A. Fischer, Grazer Studententag . . . AM, Nr. 5 (Febr. 1932) 189–93.

[81] Hans R. Schoelkopf, Ein Markstein. DDZ, Nr. 3 (August 1931). Das folgende ebd.

[82] Rdschr. der DB »An die Burschenschaften«, o. D. (Anfang WS 1931/32). RSF I 04 p 311; Rdschr. Nr. 18 der RL des NSDStB, 15. 9. 1931. RSF II p 226.

[83] W. Lienau an R. Heß, 15. 8. 1931. RSF II p 227.

[84] E. v. Künsberg war seit Januar 1931 Nachfolger Lienaus als NSDStB-Kreisleiter VII. Zu Künsberg s. Anhang, Kurzbiographien.

[85] Protokoll der 4. Führerring-Sitzung vom 29. 3. 1931. RSF II p 224.

[86] W. Lienau an R. Heß, 22. 10. 1931. RSF II p 227.

[87] Vergl. Korr. B. v. Schirach/H. Lüer, Okt. 1931–Jan. 1932. RSF II p 226; Korr. E. v. Künsberg mit W. Lienau, Herbst 1932. IfZG MA 533–5051481ff.; Krüger 1969. Unterstützung aus etwas anderer Richtung erhielt Lienau vom Hallischen Studentenschaftsvorsitzenden Hans Börner, dem der angeblich korporationsfreundliche Kurs Schirachs nicht paßte und der bei Schirach »die nötigen Qualitäten« vermißte, »die man von einem Führer der heutigen Zeit verlangen« müsse. H. Börner an W. Lienau. IfZG MA 533–5051077ff.; dort auch weitere Korr.

[88] R. Heß an W. Lienau, 13. 10. 1931. RSF II p 227.

[89] W. Lienau an R. Heß, 15. 8. 1931. RSF II p 227.

[90] Rdschr. B. v. Schirachs, 31. 7. 1931. RSF II p 227.

[91] »Neuentwurf des Erfurter Abkommens zwischen studentischen Verbänden und NSDStB«, 4. 11. 1931. RSF II A 19.

[92] Das empfand auch der Burschentag 1931. Er empfahl deshalb entsprechende Änderungen. »Altherren- und Burschentag 1931«. BBl., H. 10 (Juni 1931) 228–31.

[93] »Neuentwurf . . .« RSF II A 19.

[94] B. v. Schirach an W. Lienau und H. Askevold (Abs.), 15. 9. 1931. RSF II p 227. Das folgende ebd.

[95] Walter Lienau, Zum Semesterbeginn. Nachdruck in: »An die studentischen Verbände«, o. D. (19. 12. 1931). RSF II p 227; dass. BA R 129–26.

[96] S. Kap. VII, 2 b.

[97] »An die studentischen Verbände . . .«. RSF II p 227. Den Gedanken des Zahlstreiks machte sich später G. Krüger zu eigen, führte ihn dann aber doch nicht durch. Gerhard Krüger, Zahlstreik der Studentenschaft. VB, Nr. 64 (4. 3. 1932); dazu BA R 129–13.

[98] L. Retlaw, Der Pfahl im Fleisch. Sturmfahne, Nr. 1 (Nov. 1931); Nachdruck in: »An die studentischen Verbände«. RSF II p 227; zu Lienaus Rücktritt und dessen Vorgeschichte auch Lienaus Denkschriften In eigener Sache, Teil I, 6. 1. 1932; Teil II, 9. 6. 1932 RSF II p 227; vergl. auch die Darstellung bei Stitz 1970, 59ff.

[99] W. Lienau an B. v. Schirach, 16. 11. 1931. RSF II A 19.

[100] »Erklärung«. Sturmfahne, Nr. 2 (Dez. 1931); Nachdruck in: »An die studentischen Verbände«. RSF II p 227.

[101] »An die studentischen Verbände«. RSF II p 227; Lienau machte aus seiner Gegnerschaft zu Schirach keinen Hehl. Helbig 1970. Wie weit etwa Stäbel als Informant über Studentenbundsinterna zum Schaden Lienaus wirkte, ist eine andere Frage. Von Schirach beauftragt, war er bei fast allen Verhandlungen dabei und spielte eine mehr als undurchsichtige Rolle, indem er innerhalb des NSDStB als verbändefeindlich, außerhalb aber als verbändefreundlich auftrat. Krüger 1969.

[102] B. v. Schirach an H. Börner, 15. 12. 1931. RSF II 15; in der Öffentlichkeit sprach man von »persönlichen Gründen«. DSt AkCorr., Nr. 24 (22. 12. 1931).

[103] »An die studentischen Verbände«. RSF II p 227; Sonderrundschreiben der RL, 11. 12. 1931. RSF I 02 C1.

[104] Nationalsozialisten waren: Horst Krutschinna (Kreis I), Reinhold Schulze (II), Axel Schaffeld als Nachfolger Schades (VC) im Kreis III, Walter Schöttler als Nachfolger G. Krügers im Kreis IV, Theo Nolte (V), im Kreis VI Hans Huber als Nachfolger H. Askevolds, im Kreis VII Kurt Ellersiek, der Lienau abgelöst hatte, Theodor Blahut (VIII) und Walter Raschert (X). Der sudetendeutsche Kreis (IX) wurde aus politischen Gründen zeitweise von Berlin aus mitverwaltet. Der NSDStB hatte also mindestens 9 Stimmen gegen die der beiden Ältesten Fritz Hilgenstock (DB) und Konrad Welte (CV).

[105] Protokoll der Hauptausschußsitzung vom 8. 12. 1931. BA R 129–55. Krügers Nachfolger als Referent für politische Bildung wurde später Herbert Weinberger, Schriftleiter der Sturmfahne, Krügers Hausblatt.

[106] B. v. Schirach an H. Lüer, 9. 1. 1932. RSF II p 226. Rudolf Helbig bestätigt 1970, daß die diesbezüglichen Vorwürfe tatsächlich nicht aus der Luft gegriffen waren.

[107] Protokoll der HA-Sitzung. BA R 129–55; Sonderrundschreiben der RL des NSDStB, 11. 12. 1931. RSF I 02 C1.

[108] »An die studentischen Verbände«. RSF II p 227.

[109] Telegramm G. Krüger an H. Gerloff, 10. 12. 1931. RSF II A 19; Sonderrundschreiben der RL des NSDStB, 10. 2. 1932; Rdschr. der RL des NSDStB, 10. 2. 1932. RSF I 02 C1.

[110] Wenn Lienau von »eisgrauen Hochschulpolitikern« sprach, hatte er so Unrecht nicht. Ein auffallend hoher Prozentsatz der Verbändepolitiker hatte bereits sein Studium abgeschlossen und betätigte sich schon seit Jahren studentenpolitisch. Allerdings mag hier auch die akute Berufsnot eine Rolle gespielt haben, die auf ihre Weise den jungen Akademikern die Zeit gab, sich noch weiter mit Studentenpolitik zu beschäftigen. So auch Helbig 1970.

[111] G. Krüger an E. Hoffmann, 20. 12. 1931; Antwort E. Hoffmanns 31. 12. 1931. BA R 129–71.

[112] K. Welte an den DSt-Vorstand, 10. 12. 1931. BA R 129–80.

[113] »Verfügung«. VB, Nr. 352 (18. 12. 1931); dass. Dt. Rev., F. 4 (15. 1. 1932).

[114] Karl-Georg Schäfer, Tradition oder Zukunft? Pressedienst, Nr. 3 (Febr. 1932).

[115] »Waffenstudentische Kampfgruppe«. Dt. Rev., F. 6 (Ende Febr. 1932).

[116] »Erklärung«. VB, Nr. 352 (18. 12. 1931).

[117] Lienau legte zu diesem Zweck eine Denkschrift vor: In eigener Sache, 6. 1. 1932. RSF II p 227. Ein zweiter Teil unter demselben Titel folgte am 9. 6. 1932. ebd. Zu den Verhandlungen G. Rühles Bericht an B. v. Schirach, 13. 1. 1932. RSF II A 19; Fritz Hilgenstock, Die Deutsche Studentenschaft, studentische Verbände und Nationalsozialistischer Studentenbund. BBl., H. 4 (Jan. 1932) 73f.; Walter Kraak, Deutsche Studentenschaft, Nationalsozialistischer Deutscher Studentenbund und studentische Verbände. WB, F. 2 (15. Febr. 1932) 72–75.

[118] Zit. nach W. Kraak, Deutsche Studentenschaft . . . WB, F. 2 (15. Febr. 1932) 72–75.

[119] »Erklärung des NSDStB«, 10. 1. 1932. F. Hilgenstock, Die Deutsche Studentenschaft . . . BBl., H. 4 (Jan. 1932) 73f.

[120] B. v. Schirach an H. Börner, 15. 12. 1931. RSF II A 5.

[121] B. v. Schirach an H. Lüer, 9. 1. 1932. RSF II p 226.

[122] B. v. Schirach an W. Lienau, 9. 1. 1932. IfZG MA 528–5020830.

[123] Am 1. Februar legte er auch sein Amt als Mitglied der Reichsleitung z. b. V. nieder: Er wolle sein Studium fortsetzen. W. Lienau an die NSDStB-RL, 1. 2. 1932. IfZG MA 528–5020831. Nachträglichen Dank hat er aus München nicht geerntet. Immerhin fand sich G. Krüger zu tröstenden Worten bereit: »Du weißt, daß ich in allen Punkten Deinen Standpunkt teile.« Gemeint war die Animosität gegen den Reichsführer. G. Krüger an W. Lienau, 29. 1. 1932. BA R 129–72.

[124] Günther Kraaz, Der Waffenstudententag und die Jahressitzung des Erlanger Verbändeabkommens in Goslar. DCZ, Nr. 12 (März 1932) 333–38.

[125] Walter Kraak, Deutsche Studentenschaft, Nationalsozialistischer Deutscher Studentenbund und studentische Verbände. WB, F. 2 (15. Febr. 1932) 71–75.

[126] M. Lindemann, Studentenschaft und Verbände. LZ, H. 3 (März 1932) 37.

[127] Fritz Hilgenstock, Die Deutsche Studentenschaft, studentische Verbände und Nationalsozialistischer Studentenbund. BBl., H. 4 (Jan. 1932) 73f.

[128] Vergl. H. Michaelsen, Der VC in Blankenburg. VCR, H. 4 (1. 7. 1929) 65f.

[129] F. Hilgenstock, Die Deutsche Studentenschaft . . . BBl., H. 4 (Jan. 1932) 73f.

[130] Klaus Schickert, Entscheidung! VCR, H. 11 (1. 2. 1932) 237f.

[131] »Geschlossene Front der Deutschen Studentenschaft«. Sturmfahne, Januar-Nr. (1932).

[132] »Wissen Sie, was Sie tun, Herr Hilgenstock? Offener Brief an den Vorsitzenden des Hochschulpolitischen Ausschusses der Deutschen Burschenschaft, Herrn Dipl. Ing. Fritz Hilgenstock«, 7. 2. 1932; Rdschr. der RL des NSDStB, 23. 2. 1932. BA R 129–13.

[133] Rdschr. Nr. 6 der RL des NSDStB, 5. 2. 1932; Nachdruck in Fritz Hilgenstock, Burschenschafter, schließt die Reihen! BBl., H. 7 (April 1932) 155–57.

[134] NSDStB-Rdsch. »An die verehrlichen Korporationen«, o. D. (23. 2. 1932). BA R

129–13 (mit Anlagen); NSDStB-Rdschr. »An die verehrlichen Korporationen!«, 10. 3.
1932. RSF II 147; G. Krüger an R. Krödel, 13. 3. 1932. RSF I 04 p 307; Stitz 1970, 61f.

[135] S. S. 1/144.

[136] Es muß allerdings ergänzt werden, daß die Verbändeleute nicht sehr klug taktierten,
indem sie im Laufe des Gesprächs erklärten, beim Scheitern der Verhandlungen eine
Auffangorganisation gegen den NSDStB gründen zu wollen. Krüger griff dieses Stichwort begierig auf und wies unter diesen Umständen eine Zusammenarbeit als »unbillige
Zumutung« zurück. Rdschr. der RL des NSDStB »An die verehrlichen Korporationen!«,
10. 3. 1932. RSF II 147.

[137] Protokoll der HA-Sitzung vom 19./20. 3. 1932. BA R 129–55; Rdschr. der DSt A 29,
22. 3. 1932. BA R 129–26; Rdschr. Nr. 4 der RL des NSDStB, 6. 4. 1932. RSF II p 226;
Rdschr. der RL des NSDStB, 18. 4. 1932. RSF I 02 C2; »Kein Zerfall der Deutschen
Studentenschaft«. DSt AkCorr., Nr. 7 (23. 3. 1932).

[138] Es fehlten Hilgenstock und der KL I; Kreis IX wurde durch Blahut (Kreis VIII)
wahrgenommen; enthalten haben sich Schulze, Huber und Blahut (für Kreis IX); Gierlichs war als Vorsitzer nicht stimmberechtigt.

[139] »An den Vorstand der Deutschen Studentenschaft«, 20. 3. 1932. BA R 129–71; Nachdruck u. a. in: Fritz Hilgenstock, Burschenschafter, schließt die Reihen. BBl., H. 7
(April 1932) 155–57; DSt-Rdschr. A 29, WS 1931/32, 22. 3. 1932. BA R 129–13.

[140] G. Krüger an K. Schickert, 1. 2. 1932; Antwort K. Schickerts, 2. 2. 1932. RSF I 04
p 307.

[141] Rdschr. der RL des NSDStB, 10. 2. 1932. RSF I 02 C1; G. Krüger an den Bundesvor-
stand der Deutschen Landsmannschaft, 11. 2. 1932; G. Krüger an H. Wotschke, 12. 2.
1932. RSF I 04 p 307.

[142] Klaus Schickert tritt im Sommer 1933 vom Vorsitzer-Amt zurück und wird als
Vertreter des Deutschen Nachrichten Büros nach Rumänien entsandt, wo er 1938 ausge-
wiesen wird. 1936/37 Promotion bei Karl Alexander von Müller über »Die Juden im
Leben der Völker.« 1943 wird er Leiter des Instituts zur Erforschung der Judenfrage.
Feickert 1971; Heiber 1966, 602, 719f., 1160; Wulf 1963 a), 298.

[143] DSt-Rdschr. A 29, 22. 3. 1932; Erklärung des HA, 20. 3. 1932. BA R 129–26.

[144] »Erklärung der Verbände«. DSt AkCorr., Nr. 7 (23. 3. 1932). Neben VC und DS
hatten unterzeichnet: Akademischer Ingenieur-Verband (AIV), Naumburger Senioren-
Convent (NSC), Rothenburger Verband Schwarzer Verbindungen (RVSV), Rudolstädter
Senioren-Convent (RSC), Sonderhäuser-Verband Deutscher Sängerverbindungen (SV).
Sonderhäuser Sänger war NSDStB-Mitglied Fritz Schulz, Krügers satzungsmäßig nicht
vorgesehener Stellvertreter. Im Rdschr. des NSDStB, 10. 5. 1932. RSF I 02 C1, wies
Krüger außerdem auf das gute Verhältnis zu WSC, ATB, WV und Gildenschaft hin. Als
ATB-Vertreter übernahm Hans-Karl Leistritz das DSt-Nachrichtenamt.

[145] Messer 1926, 24f.; BA R 129–71; vergl. o., Kap. II, 3a.

[146] Z. B. Argus (d. i. F. H.) 1930. Rudolf Helbig, der mit Fritz Hilgenstock befreundet
war, bezweifelt seine Autorenschaft mit der Begründung, dazu hätte H. nicht die Muße
aufgebracht. Helbig 1970.

[147] 25. Rdschr. des Bundeshochschulinspekteurs, 28. 2. 1933. RSF I 02 C2.

[148] H. Stach an G. Krüger, 24. 11. 1932. IfZG MA 533–5051350; Helbig 1970.

[149] S. S. 2/91.

[150] So B. v. Schirach an H. Börner, 15. 12. 1931. RSF II A 5.

[151] Im WS 1930/31 führten die einzelnen Hochschulen insgesamt RM 21 729 ab, die
Verbände RM 19 542. Es zahlten:

Deutsche Burschenschaft	8 100,–
Vereinigung alter Waffenstudenten (Essen)	241,–
Kösener Senioren-Convent	5 997,40
Weinheimer Verband Alter Corpstudenten	250,–
Wingolf	805,25
Deutscher Waffenring	150,–
Rudolstädter Senioren-Convent	816,75
VC der Turnerschaften	2 035,35
Deutsche Sängerschaft	1 000,–
	RM 19 542,75

Archiv des BStMfUK, Universitäten in genere, Studentenschaften an den bayerischen Hochschulen, Vol. V; vergl. BA R 129–203 und 194. Der Behauptung des Sozialdemokraten Jakubowicz 1929, 354, die DSt habe »ihre Existenz nur mit Hilfe von finanziellen Unterstützungen großer Industriekonzerne (z. B. der I. G. Farbenindustrie) weiterfristen« können, müßte nachgegangen werden.

[152] H. Greiner an G. Krüger, 20. 1. 1932. IfZG MA 533–5051378.

[153] Protokoll der HA-Sitzung vom 4./5. 6. 1932. BA R 129–55.

[154] H. Askevold an die NSDStB-RL, 20. 1. 1932; G. Krüger an die NSDStB-RL, 12. 2. 1932. BA R 129–216.

[155] Zum auf dem Königsberger Studententag verabschiedeten Haushalt vergl. BA R 129–49.

[156] Ausgewählte Wahlergebnisse s. Anhang.

[157] B. v. Schirach an H. Börner, 15. 12. 1931, RSF II A 5.

[158] G. Krüger an W. Beu, 11. 2. 1932. IfZG MA 533–5051325.

[159] So ein Werbeschreiben des Studentischen Verbändedienstes (Abs.), 13. 4. 1932. RSF I 04 p 307; Fritz Hilgenstock, Deutsche Burschenschaft und hochschulpolitische Lage. BBl., H. 9 (Juni 1932) 201f.; weiteres Material BA R 129–26.

[160] »Niederschrift der Verbändesitzung vom 7. 5. 1932«. BA R 129–13; dazu Studentischer Verbändedienst, Bericht über die Sitzung der studentischen Korporationsverbände vom 7. Mai 1932 in Berlin; ebd.; dort weiteres Material. K. Schickert an K. Ellersiek, 6. 5. 1932. BA R 129–80.

[161] Walter Kraak, Zur hochschulpolitischen Lage in der Deutschen Studentenschaft. WB, F. 6 (15. Juni 1932) 278–81; dazu Rdschr. des St. Verbändedienstes, 1. 6. 1932. BA R 129–13.

[162] »Hochschulpolitische Erklärung des Schwarzburgbundes«. DSt AkCorr., Nr. 12 (31. 5. 1932).

[163] S. S. 2/29f.

[164] Vergl. Korresp., Nr. 2 (15. 5. 1931). RSF II 41.

[165] Rdschr. Nr. 3 des NSDStB-KL III, 6. 5. 1932. RSF II 142; G. Krüger an K. Gengenbach, 13. 4. 1932. RSF II 23; auch IfZG MA 533–5051311.

[166] Rdschr. der RL des NSDStB (Abs.), 10. 5. 1932. BA R 129–13; abgedruckt in: F. Hilgenstock, Burschenschaft ... BBl., H 9 (Juni 1932) 201f. Dazu auch Bernhardi 1957, 208.

[167] »Burschentag 1932«. BBl., H. 9 (Juni 1932). Sein Bekenntnis zum Nationalsozialismus verifizierte der Burschentag sogleich durch den Eintritt der DB in den nationalsozialistischen Kampfbund für deutsche Kultur.

[168] RL-»Anordnung betr. Dienstverhältnis zwischen den nationalsozialistischen Vertretern in den Körperschaften der D.St. und den Organisationsstellen des N.S.D.St.B.«, 1. 9. 1931. RSF II p 227.

[169] O. Stäbel, Verfügung für den Kreis VI, 18. 10. 1932. RSF II 142. Daß sich die Nationalsozialisten an den Studentenschaften auch finanziell schadlos hielten, beweist ein Beschwerdebrief des HJ-Oberbereichsführers Ost Hans Brüß an B. v. Schirach (Abs.), 3. 4. 1932. HAStAM, NSDAP-HA 1555. Danach war das studentische Grenzlandamt an der Universität Leipzig völlig in der Hand der HJ; die dessen finanzielle Mittel (3300 RM pro Semester) »restlos« für eigene Zwecke verwandte. Der NSDStB-Kreisleiter Walter Schöttler aber beanspruchte das Geld für den NSDStB. Brüß meinte nun, formal sei Schöttler im Recht, aber immerhin habe die HJ »vorbildlich in der Verwendung öffentlicher Gelder für Parteizwecke gearbeitet«, so daß der NSDStB »die Gelder der Studentenschaft dort beschlagnahmen soll, wo sie brach liegen«. Hochschulpolitische Aktivitäten der HJ konnten andernorts nicht festgestellt werden.

[170] Protokoll der HA-Sitzung vom 4./5. 6. 1932. BA R 129–55.

[171] Einige ausgefüllte Formulare: IfZG MA 533–5051193ff., und RSF II 128.

[172] Protokoll der HA-Sitzung vom 4./5. 6. 1932. BA R 129–55.

[173] Studententag 1932, 3; Unveröffentlichtes Sitzungsprotokoll. BA R 129–49.

[174] Fritz Hilgenstock, Studententag in Königsberg. BBl., H. 11 (Juli 1932) 260; August Fischer, Student, Soldat und Staat. AM, Nr. 1 (Okt. 1932) 19–25. Dieses Verfahren praktizierten die Nationalsozialisten bereits 1931. Schön 1972, 113.

[175] Ein Vergleich mit dem Grazer Studententag ist recht aufschlußreich. Nach Delegiertenzahl rangierten die Verbände auf folgenden Plätzen:

1931	1932		1931	1932	
1.	2.	DB	7.	6.	VDSt
2.	9.	CV	8.		DG
3.	1.	VC	9.	5.	DS
4.	3.	KSC	10.	17.	WB
5.	8.	DL	11.	7.	ATB
6.	4.	WSC			

Studententag 1931, 11; Studententag 1932, 3.

[176] Gerhard Krüger, Nationalsozialistische Studentenschaft, o. D. (Januar 1933). RSF I 02 C2.

[177] Unveröffentlichtes Sitzungsprotokoll, 60ff. BA R 129–49; W. Kraak, 15. Deutscher Studententag. WB, F. 8 (15. 8. 1932) 372–76.

[178] Vollmann, Der Deutsche Studententag in Königsberg. LZ, H. 8 (Sept. 1932) 113f.

[179] Rdschr. des RMI an die Landesregierungen, 18. 12. 1931. GStAM Ma 100 397.

[180] DSt AkCorr., Nr. 24 (22. 12. 1932);»Ein Mißgriff des Reichswehrsministers!« Aktion, Ausg. B, Nr. 2 (Jan. 1932).

[181] S. u., Kap. VIII, 2 a, b.

[182] DSt AkCorr., Sonderkorrespondenz, Nr. 1 (14. 7. 1932). Die Sonderkorrespondenzen Nr. 1–4 (14. 7.–20. 7. 1932) bilden neben dem offiziellen DSt-Bericht (Studententag 1932) und dem unveröffentlichten Sitzungsprotokoll, BA R 129–49, die Hauptquellengrundlage für diesen Abschnitt.

[183] Sonderkorrespondenz, Nr. 1 (14. 7. 1932).

[184] Studententag 1932, 21–23. Das folgende ebd.

[185] Gerhard Krüger, Hochschulpolitik im Rahmen der Gesamtpolitik. Studententag 1932; dass. DDZ, Nr. 11 (Juli 1932). Das folgende ebd.

[186] S. u., Kap. VIII, 2 c.

[187] S. S. 2/105.

[188] S. u., Kap. VII.

[189] H. Weidauer war 1930/31 Astavorsitzer in Dresden. Kurz nach dem Studententag wird er Personalreferent in Krügers in Hochschulinspektion umbenanntem NSDStB-Referat für Hochschulpolitik.

[190] W. Kraak, 15. Deutscher Studententag. WB, F. 8 (15. 8. 1932) 372–76.

[191] Walther Reusch, Die Lage der deutschen Studentenschaft im Inneren und nach außen. Ak.Bl., H. 7 (Okt. 1932) 207–9.

[192] Vollmann, Der Deutsche Studententag in Königsberg. LZ, H. 8 (Sept. 1932) 113f.

[193] Günther Kraaz, Der 15. Deutsche Studententag in Königsberg und die Ostpreußenfahrt der Deutschen Studentenschaft. DCZ, Nr. 5/6 (Aug./Sept. 1932) 117–25.

[194] »Bericht des Referats für Hochschulpolitik im Monat August (1932)«, 3. 9. 1932. RSF I 02 C2. Auf die verbandsinternen Spannungen wegen dieser Politik weist Schlömer 1962, 11, hin.

[195] W. Kraak, ... Studententag. WB, F. 8 (15. 8. 1932) 372–76.

[196] Fritz Hilgenstock, Studententag in Königsberg. BBl., H. 11 (Juli 1932) 260; vergl. die Niederschrift der Verbändesitzung vom 4. 9. 1932. BA R 129–62; Rdschr. der Hochschulpolitischen Arbeitsgemeinschaft studentischer Verbände, o. D. BA R 129–26.

[197] »Um die Verfassung von Studentenschaft und Hochschule«. BBl., H. 1 (Okt. 1930) 15–19.

[198] So etwa Rudolf Helbig, Um ein neues Studentenrecht. BBl., H. 4 (Jan. 1933) 89–91. Dazu die Entwürfe einer Länderstudentenrechtsverordnung und einer Studentenschaftssatzung, Anlagen zum Rdschr. Nr. 1 der Hochschulpolitischen Arbeitsgemeinschaft, 18. 10. 1932. BA R 129–26.

[199] August Fischer, Student, Soldat und Staat. AM, Nr. 1 (Okt. 1932) 24.

[200] Goebbels 1934, 139.

VII. Die »Fälle«

Im chronologischen Zeitablauf muß nun um einige Monate zurückgegriffen werden. Die opponierenden Verbände waren bis Frühjahr 1932 aus der DSt-Führung verdrängt worden. Parallel dazu hatte der NSDStB im Wintersemester 1931/32 auch auf den einzelnen Hochschulen weiter expandiert. Für den Studentenbund also kein Grund zur stillen Einkehr; aber das hatte er ohnehin nicht vor. Das Wintersemester 1931/32 war unter die Parole gestellt worden: »Kampf dem Marxismus!« Das hieß, daß die NSDStB-Veranstaltungen »als Kampfveranstaltungen gegen den Marxismus, als Schulungsveranstaltungen zur Bekämpfung des Marxismus, als Aufklärungsveranstaltungen für marxistische Arbeiter (letztere in die Arbeiterviertel verlegen!) abzuhalten« waren.[1] Entsprechend wurde das Schulungsprogramm konzipiert. Aber die Parole ist auch wesentlich pragmatischer zu verstehen. Kampf gegen den Marxismus bedeutete ja in beliebter Verallgemeinerung auch Kampf gegen die Kräfte des Weimarer »Systems«, gegen dessen Parteien und Institutionen, und zu diesen gehörten nicht zuletzt die Hochschulen und alles, was sie in ihren Mauern beherbergten. Folglich nahmen die Unruhen an den Hochschulen nicht ab, sondern eher noch zu.

In Berlin etwa kam es zu wiederholten Überfällen auf jüdische Kommilitonen und zu Schlägereien mit demokratischen Studenten; im Februar 1932 sah sich der Rektor schließlich gezwungen, die Universität erneut vorübergehend zu schließen.[2] Ähnliches wurde aus Frankfurt/M. berichtet, wo die Nationalsozialisten wieder einmal glaubten, »ihrer Empörung über das Verhalten der roten Studenten berechtigten Ausdruck« geben zu müssen, woraufhin Rektor und Senat telegraphisch den Reichsinnenminister um Hilfe baten. Für den NSDStB stand natürlich fest, »daß die gesamten Zwischenfälle lediglich auf die planmäßig vorbereiteten Provokationen der Marxisten zurückzuführen« waren.[3] Dergleichen geschah beinahe an jeder Hochschule.

Allmählich aber verloren diese allgemeineren Zwischenfälle, die aus dem Kampf des NSDStB gegen die Politik der Studentenschaft und der Hochschulverwaltungen entstanden, an Bedeutung gegenüber dem gezielten

Vorgehen gegen einzelne Hochschullehrer. Die Erwartungen der Nationalsozialisten an die deutschen Wissenschaftler waren seit 1927 formuliert.[4] Die Hochschulen hatten sich vollständig in den Dienst des Volkes zu stellen, gelehrt werden sollte nur, was – bei einem sehr vordergründigen Verständnis – dem Volk diente, und das ausschließlich von »Ariern«. Für den NSDStB war dieses Programm logisch. Da er den unpolitischen Anspruch der Hochschule rigoros ablehnte, kämpfte er um ihre Politisierung in einem Sinne, der seinen Vorstellungen von dem zu schaffenden Dritten Reich entsprach:

»Das Spiel ist klar. Kein Mensch ist heute ohne Partei. Wer es von sich behauptet – lügt – bewußt oder unbewußt, das ist eine Frage der Bereitwilligkeit, es zu erkennen.«[5]

Aber nationalsozialistische Politik war natürlich – wie gehabt – keine Parteipolitik; die machten die anderen. Die deutschen Hohen Schulen waren dem NSDStB schlicht ein »Hindernis auf dem Weg des Lebens«,[6] denn allein die Prüfungen seien – gezwungenermaßen – das Ziel der Studierenden, was danach kömme, nur leere Hoffnung. Kein Ministerium und kein Lehrkörper beachte ihre Bedürfnisse.

»Wo ist heute die Philosophie, die uns ethische und moralische Grundlinien geben will? Wo ist die Jurisprudenz, die das heilige Gefühl der Gerechtigkeit in uns erwecken möchte? Wo ist die Medizin, die uns die aufopfernde Hilfe für unser Volk zur Pflicht macht? Wo sind heute die Offenbarungen der Geschichte und wo die Ziele der abendländischen Technik?«

Bei seiner Suche sah der Studentenbund freilich auch schon den Silberstreif am Horizont:

»Die Zeit dauert nicht mehr lange, bis sich die Hochschulen wieder auf den Boden der Tatsachen stellen wollen, aber dann sind wir die Herren, die die Tatsachen meistern, und dann wird ein neuer Geist in die Hochschulen einziehen, und mit ihm wird mancher Stern ausziehen, der noch heute glänzt. Und man jammere nicht über den Verlust der Lehrfreiheit!«

Wie so oft beließen es die Nationalsozialisten nicht bei leeren Worten. Sie halfen kräftig mit, die neuen Tatsachen zu schaffen, und wenn es auch nicht gerade Geist war, was da in die Hochschulen einzog, so mußte dennoch mancher Stern ausziehen. Hatte der NSDStB erst einmal die »Schädlinge in unserem deutschen Volk« erkannt, dann suchte er auf seine Weise dafür Sorge zu tragen, »daß diese Schädlinge wirklichen deutschen Hochschullehrern Platz« machten. Die »Fälle«, wie man das damals allgemein nannte, liefen fast alle nach einem ebenso simplen wie wirkungsvollen Schema ab: Man griff sich einen demokratischen oder jüdischen Dozenten heraus – am besten, er erfüllte beide Kriterien gleichermaßen; gegen einen solchen Lehrer ließen sich die Ressentiments der

Studentenschaft am leichtesten mobilisieren, zudem konnte man zumindest auf die Nachsicht eines Teils der Lehrerschaft rechnen. Diesen Dozenten beobachtete man eine Zeitlang, bis man eine »brauchbare« Äußerung gefunden hatte; diese ließ man umgehend entstellt und/oder aus dem Zusammenhang gerissen in der Presse veröffentlichen – schon befand sich die Studentenschaft in »berechtigter Empörung«, die um so größer wurde, je mehr sich der Angegriffene verteidigte, und die sich schließlich zum »Kampf um die akademische Freiheit« ausweitete, sollten es Hochschulverwaltung und Regierung wagen, gegen die randalierenden Studenten vorzugehen. Und fast immer konnten die Studenten auf die Unterstützung einer breiten nationalen Öffentlichkeit rechnen, die begierig die Vorgänge aufgriff und zu ihren Zwecken ausschlachtete.

Selbstverständlich kann hier nicht auf alle von den Nationalsozialisten inszenierten »Fälle« eingegangen werden. Es genügt, das wesentliche herauszuarbeiten und nur einige besonders typische ausführlicher darzustellen. Die Vorfälle an der Technischen Hochschule Braunschweig etwa sind deshalb interessant, weil sich hier der NSDStB auf den seit Oktober 1930 amtierenden Innen- und Volksbildungsminister Dietrich Klagges stützen konnte. Der Konflikt[7] hatte sich an einem kleinen Streit zwischen dem bulgarischen Studenten Stojanoff und einer deutschen Studentin entzündet, in dessen Verlauf diese sich durch die Äußerung, sie habe sich wie ein Dienstmädchen benommen, beleidigt fühlte. Sie wandte sich deshalb an den nationalsozialistischen DSt-Kreisleiter III, den an der TH residierenden Axel Schaffeld,[8] der darauf Stojanoff zur Rede stellte und sich nun von diesem als Sauboche beschimpft und in seiner deutschen Ehre angegriffen glaubte. Sofort beantragte er eine disziplinarische Untersuchung, die auch durchgeführt wurde. Der federführende Architekturprofessor Karl Mühlenpfordt suchte zu vermitteln und beurteilte den ganzen Vorfall als weitgehend ungeklärt. Damit aber hatte er der Studentenschaft den Anlaß zur üblichen »Empörung« gegeben. Während eine studentische Vollversammlung unter dem Eindruck nationalsozialistischer Rethorik einen zweitägigen Streik beschloß, veröffentlichte der Völkische Beobachter einen von Hochschulgruppenführer Edgar Gille anonym verfaßten Artikel mit dem nachweislich falschen Untertitel: »Sauboche ist keine Beschimpfung für einen Deutschen, erklärt Prof. Mühlenpfordt«,[9] und wenig später erklärte dieselbe Zeitung, worum es eigentlich ging: Im Dritten Reich sei für Professoren, die leichtfertig über eine Beschimpfung des Volkes hinweggingen, kein Platz.[10] Mittlerweile hatte auch Klagges eingegriffen. Während zunächst von der Universität gegen Stojanoff nur ein Verweis ausgesprochen worden war, verfügte er als Innenminister dessen Ausweisung und als Volksbildungsminister eine neue Hochschuluntersuchung; die endete nun zwar mit der Relegation des Bulgaren, aber auch mit der von Gille, und zwar wegen seiner Berichterstattung im VB

53

und in den Braunschweiger Akademischen Nachrichten, deren Schriftleiter er ebenfalls war.[11]

Nun aber, im Januar/Februar 1932, hätte der Krach eigentlich erst richtig losgehen müssen. Die Professorenschaft war verärgert durch Klagges' mit heftigen Vorwürfen begleitetes Eingreifen, die Nationalsozialisten konnten die Bestrafung ihrer Leute nicht einfach hinnehmen und die Korporationen schließlich solidarisierten sich gegen den NSDStB mit dem durch und durch nationalen Mühlenpfordt und mit dem Rektor Otto Schmitz, nachdem sie erkannt hatten, daß sie mit falschen Berichten genasführt worden waren. Außerdem verband sie mit den beiden Professoren noch etwas anderes: Mühlenpfordt nämlich war Alter Herr bei der Burschenschaft Alania, Schmitz bei der Turnerschaft Brunsviga.[12] Nicht zufällig tauchte jetzt Hilgenstock in Braunschweig auf und organisierte den Widerstand. Die bislang existierende Koalition wurde aufgekündigt, für die unmittelbar bevorstehenden Studentenschaftswahlen stellten die Korporationen nun eine sich scharf vom NSDStB abgrenzende eigene Liste auf, die bei gleichbleibender Stärke der Nationalsozialisten tatsächlich einen Sitz hinzugewinnen konnte – auf Kosten der unbedeutenden Sozialisten.[13]

Konfliktstoff war also reichlich vorhanden. Aber statt neuem Sturm trat nun plötzlich Windstille ein. Die Gründe für diesen überraschenden Umschwung sind nicht an der Braunschweiger Hochschule selbst zu suchen. Das Auftauchen Fritz Hilgenstocks deutet schon auf die überregionale Bedeutung der lokalen Ereignisse hin. Während aber der Burschenschafter darauf sah, parallel zu den ihrem Höhepunkt zutreibenden Auseinandersetzungen in der DSt-Zentrale seinen Mannen in der Provinz den Rücken zu stärken, konnte aus demselben Grund Gerhard Krüger, darauf bedacht, alle Schuld den Verbänden zuzuschieben, einen Konflikt, der so offensichtlich von den Nationalsozialisten geschürt wurde, nicht gebrauchen, zumal in Berlin noch nichts entschieden war. Krüger gab also mit Rücksicht auf seine eigenen Pläne die Anweisung, der NSDStB habe sich in Braunschweig mit den Verbindungen zu arrangieren – was auch befolgt wurde. Man bedauerte öffentlich das unsachliche Vorgehen und stellte alle Angriffe ein.[14]

Das fiel um so leichter, als die Aktion von Anfang an aussichtslos war. Mühlenpfordt besaß nicht nur einen starken Anhang in der Studentenschaft, sondern auch bei seinen Kollegen; immerhin war er Prorektor.

Aber die Suche nach den Beweggründen führt noch weiter fort von der Braunschweiger Studentenpolitik, nämlich zur Politik in der Reichshauptstadt. Zu eben jener Zeit erstrebte Hitler anläßlich seiner Kandidatur um die Reichspräsidentschaft die Einbürgerung, und die sollte ihm Klagges als zur Zeit einziger nationalsozialistischer Minister in einer Landesregierung verschaffen.[15] Und da für Hitler zunächst eine außerordentliche Professur für organische Gesellschaftslehre und Politik an der TH Braunschweig vorgesehen wurde, schalteten die Nationalsozialisten auf die weiche Welle; von einem Hochschulkonflikt war nun nicht mehr die Rede, man schloß einen Burgfrieden.[16] Damit war der Konflikt zwischen Hochschule und Ministerium natürlich nur vorübergehend beendet. Als er im Herbst 1932 wieder ausbrach, ging es aber nicht mehr um Mühlenpfordt; seine Person war ohnehin nur Anlaß gewesen, den nationalsozialistischen Machtanspruch zu demonstrieren.[17] Wissenschaftliche Fragen hatten bei den Braunschweiger Ereignissen keine Rolle gespielt. Ganz anders dagegen beim »Fall Fascher« in Jena – wenigstens in vordergründiger Sicht.[18] Theologieprofessor D. Erich Fascher las im Sommersemester 1931 über »Rasse und Religion in biblischer Beleuchtung«. Da er dabei auch zu den völkischen Schriftstellern Stellung nahm, setzte er sich u. a. mit Alfred Rosenbergs »Mythus« auseinander, wobei er dessen »antichristliche Linie« herausstellte, weil er in der »Art eines Dilettanten« alles umbiege und sich Jesus nach seiner eigenen Ansicht wandele. Er gab zu bedenken, daß »das Buch nicht nur privaten Charakter« trage und welche Folgerungen das für jeden ehrlichen Christen einerseits und die Nationalsozialisten andererseits nach sich ziehen müsse. Es gelte, so Fascher, einen »Trennungsstrich«, »die letzten Konsequenzen« zu ziehen. Die Nationalsozialisten waren gezielt in die für sie interessanten Vorlesungsstunden gekommen. Ein unbeteiligter Kommilitone gewann den Eindruck, daß sie abkommandiert worden seien, um »wieder einmal etwas loszulassen«. Aber auch in diesem Falle schlugen die Vorlesungsstörungen, die nationalsozialistischen Gegenveranstaltungen und schließlich der Antrag auf ein Disziplinarverfahren gegen den Theologieprofessor, der – nach einem Artikel in der Sturmfahne – »den Millionen deutscher Menschen, denen die Blutsfrage ein ungeheuer ernstes Problem geworden ist, ironisch die Lösung vorschlug: ›Da muß man eben die Mediziner herholen und Bluttransfusionen vornehmen lassen!‹«,[19] nur auf ihre Initiatoren zurück: In Disziplinar- und Gerichtsverfahren wurden sie zu – allerdings mäßigen – Strafen verurteilt.[20] Mehr Erfolg dagegen hatten die Ausschreitungen gegen den Leipziger Nationalökonom und Wirtschaftshistoriker Gerhard Keßler.[21] Er, der bei den Reichstagswahlen im Sommer 1932 für die Staatspartei kandidiert hatte, schrieb im November für die bürgerliche Neue Leipziger Zeitung einen kritisch-spöttischen Artikel über die NSDAP. Das folgende lief nach Plan ab; darüber berichtete der Hochschulgruppenführer:

»Das Bekanntwerden dieses Artikels brachte sofort eine große Erregung in die Reihen unserer Kameraden; einzelne kamen zu mir und sagten, daß hier unbedingt etwas geschehen müsse. Verständlicherweise sammelten sich daher tags darauf, als Keßler lesen sollte, innerhalb und außerhalb seines Hörsaals Kameraden und andere Studenten an, die Keßler mit lauten Pfuirufen und Lärmen empfingen. Keßler bestieg das Rednerpult, konnte jedoch nicht zu Worte kommen; und als er höhnisch auf die Anwesenden herabblickte, verstärkte sich der Lärm schließlich zu lauten Rufen wie: Keßler raus! Schmierfink! usw.; außerdem wurden Kampflieder gesungen ...«[22]

Rektor und Senat dachten nicht daran, etwas gegen die Randalierer zu tun, statt dessen sprachen sie Keßler ihre Mißbilligung wegen seines Artikels aus, außerdem wurde ihm nahegelegt, seine Hochschulehrenämter niederzulegen – Keßler folgte dem Rat.[23]

Wegen eines Zeitungsartikels regten sich auch die Münchner Studenten auf. In der Berner Tagwacht, dem sozialdemokratischen Organ der Schweiz, hatte der Extraordinarius für Klassische Philologie Bertold Maurenbrecher sich kritisch über die nationalistische Einstellung vieler seiner Kollegen und der Studentenschaft geäußert.[24] Den Studenten war er als engagierter Sozialdemokrat schon länger ein Dorn im Auge: Anfang 1931 hatte man eine Tagung des Deutschen Studentenverbandes, bei der Maurenbrecher ein Referat hielt, mit Tränengas gesprengt. Nun griff man seinen Artikel – wenn auch mit einiger Verspätung – im Januar 1932 auf.

»Er hat das Ausland über diejenigen belogen, mit denen dieses Ausland zu verhandeln haben wird. Er hat die Mehrheit des akademischen Nachwuchses zu einer rohen, schwerkapitalistischen, faulen Gesellschaft gestempelt, und das als sogenannter deutscher Professor vor anderen Nationen. Dieser Frevel an der Wahrheit an unserem Volk wird nicht ungesühnt bleiben ... Reicht die Lehrfreiheit bis in die Spalten eines ausländischen Schmutzblattes hinein?«[25]

Glücklicherweise reichte sie so weit, und deshalb wurde auch nichts gesühnt. Wesentlich turbulenter ging es in München bei den Vorfällen um den bekannten jüdischen Staatsrechtler Hans Nawiasky zu, die ein gutes Beispiel für die systematische Planung des NSDStB abgeben.[26] Nawiasky war bereits 1930 als Münchner Vorsitzender der Akademischen Ortsgruppe des Vereins für das Deutschtum im Ausland während einer lokalen Generalversammlung angegriffen worden, wobei man ihm Auffassungen vorwarf, die »den Untergang und das Elend des Vaterlandes verschuldet« hätten.[27] Die Versammlung endete damals in einer Saalschlacht, die Nationalsozialisten wurden aus dem Raum hinausgeworfen. Das vergaß man Nawiasky nicht. Ab jetzt wurden offenbar Späher in seine Vorlesungen entsandt.

Im Sommer 1931 war es dann soweit. Der Völkische Beobachter eröffnete die Attacke mit dem Vorwurf, er habe in seinem Kolleg den Versailler Frieden mit denen von Brest-Litowsk und Bukarest in ungehöriger Weise verglichen und somit den Vertrag von 1919 verteidigt.[28] Als Grundlage diente dem Beobachter ein angeblich stenographisches Protokoll eines Hörers. Die Zeitung wurde am Mittag ausgeliefert. Bereits am nächsten Morgen wurde Nawiaskys Vorlesung in dem dafür vorgesehenen Hörsaal unmöglich gemacht, die Tumulte endeten nach Absingen des »Deutschland-« und des »Horst-Wessel-Liedes« in Schlägereien zwischen Nationalsozialisten und Studenten, die weiterhin Nawiasky hören wollten.[29] Nur mit Mühe konnte der Rektor die Räumung des Saales durchsetzen, nachdem er versprochen hatte, die Vorwürfe zu untersuchen, wenngleich er selbst sie für ungerechtfertigt halte. Trotz einiger Behinderung absolvierte Nawiasky dann seine Vorlesung. Wenige Tage darauf sicherte ihm die Studentenschaft in einer vom Rektor angeregten Aussprache die Zurücknahme der Vorwürfe zu, hielt sich aber nicht daran. Statt dessen erfolgten neue Angriffe und Versuche, die Vorlesung zu verhindern. Schließlich mußte der Rektor zu dem für eine Universität außerordentlichen Mittel greifen und die Hochschule von einem Polizeiaufgebot räumen lassen; einige der Randalierer wurden dabei verhaftet. Gleichzeitig wurde die Schließung der Universität für eine Woche verfügt. Danach konnten die Studenten ihre Universität nur noch mit Ausweis betreten, eine Maßnahme, die sich als notwendig erwies, da viele Nichtstudierende beteiligt waren. Die Mehrheit der Studenten stellte sich nun eindeutig auf Nawiaskys Seite. Jetzt beeilte sich auch der NSDStB zum Rückzieher: Der-Asta mißbilligte einstimmig die Krawalle.[30]

Sieht man einmal von den persönlichen Folgen für die Angegriffenen ab, so war den nationalsozialistischen Initiativen selten der rechte Erfolg beschieden. Meist leisteten die Universitätsbehörden mannhaften Widerstand, so daß die Studenten den kürzeren zogen, viele auch an der Richtigkeit der Aktionen zu zweifeln begannen. Aber das war nicht immer so. Es gab »Fälle«, die mit Trauerrand in die Annalen der Hochschulen geschrieben werden müßten. Sie gingen auf Kosten von Universitätslehrern, die aufrecht für ihre Meinungsfreiheit stritten, aber bei ihren Kollegen kaum Rückhalt fanden.

1. Emil Julius Gumbel

Als der Heidelberger Extraordinarius für Statistik Emil Julius Gumbel im Sommer 1930 ins Kreuzfeuer der Kritik geriet, war er der Öffentlichkeit weit über Heidelberg hinaus längst kein Unbekannter mehr. Bereits 1924 war es um ihn zu Kontroversen gekommen[31].

Es muß vorausgeschickt werden, daß Gumbel Jude war und politisch stark nach links tendierte. Nach dem Krieg, den er als Freiwilliger mitmachte, sympathisierte er zunächst mit der USPD. Als er sich 1923 in Heidelberg habilitierte, kam er von der Betriebsräteschule des Gewerkschaftsbundes. Daneben hatte er eine Reihe von Schriften über Fememorde und die Methoden der Schwarzen Reichswehr veröffentlicht, die ihm den Zorn rechtsstehender Kreise und ein erstes Landesverratsverfah-

ren einbrachten, das allerdings niedergeschlagen werden mußte.[32] Gumbel
war also – zieht man den Querschnitt – eine Ausnahmeerscheinung im
Lehrkörper der deutschen Universitäten. Hinzu kam, daß er aus seiner
Gesinnung keinen Hehl machte, daß er das Wort ergriff, wo sich die
Gelegenheit bot, und daß er sich so schnell nicht einschüchtern ließ.[33]
Im Juli 1924 nun hatte Gumbel am Schluß einer pazifistischen Kundgebung in der Heidelberger Stadthalle die Anwesenden aufgefordert, sich
von ihren Plätzen zu erheben und einige Minuten in stillem Gedenken die
Toten des Weltkrieges zu ehren, die – wie er sich ausdrückte – »ich will
nicht sagen auf dem Felde der Unehre gefallen sind, aber doch auf gräß-
liche Weise ums Leben kamen . . .«[34] Dieser, in ruhigeren Zeiten wahrscheinlich als etwas taktloser, aber als eigene Meinung doch respektierte
Ausspruch zog weite Kreise bis hinein in die Sozialdemokratie, die mit
ihrem Unwillen nicht zurückhielt. Die Universität leitete gegen den Privatdozenten eine Untersuchung ein. Das aber war der Studentenschaft,
die – wie im ersten Kapitel bereits erwähnt – damals neben Erlangen als
einzige einen nationalsozialistischen Asta gewählt hatte, nicht genug. Sie
forderte – »eingedenk ihrer Pflicht gegen das deutsche Volk« – »soforti-
ges, durchgreifendes Vorgehen«.[35] Aber Gumbel konnte vorläufig noch
weiterlesen, eine von ihm geleitete Versammlung, zu der auch »deutsche
Studenten, die die zu erwartenden Beleidigungen nicht ohne Widerspruch
aufnehmen wollten«, erschienen waren, wurde allerdings gesprengt. Das
Bild, das der nach langmonatiger Frist mit der Untersuchung betraute
Unterausschuß der Philosophischen Fakultät von dem Privatdozenten
zeichnete, war denkbar negativ:

»Der Eindruck . . . ist der einer ausgesprochenen Demagogennatur . . . so viel ist
aber gewiß, daß in seiner politischen Tätigkeit auch nicht der leiseste Einfluß
wissenschaftlicher Qualitäten zu spüren ist. Vielmehr ist hier neben einem erheb-
lichen Tiefstand des geistigen Niveaus in sachlicher und stilistischer Hinsicht ein
vollkommener Mangel an Objektivität der hervorstechendste Zug.«[36]

Ein solcher Mann an der Universität? Dort paßte er nicht hin.

»Der Universität, der er sich innerlich offenbar noch nicht verbunden hat, ver-
dankt er eine Position, die ihm eine im Vergleich zu bloß privatem Dasein er-
höhte Stellung gibt. Auf den Frieden der Universität Rücksicht zu nehmen, sich
still zu verhalten angesichts eines verbreiteten Unwillens, Provokationen zu vermeiden, das liegt seinen Gedanken selbst als Problem fern.«

Das war der wirkliche Kern der Abneigung: Die Befremdlichkeit sozialistischen Engagements, verbunden mit dem Ruhebedürfnis einer sich unpo-
litisch gerierenden, aber eminent politisch wirkenden Professorenschaft,
veranlaßte eine Fakultät, ihr eigenes Mitglied abzuqualifizieren, das sie
erst zwei Jahre zuvor habilitiert hatte. Die Philosophische Fakultät tat
das denn auch aller Öffentlichkeit kund:

»Auf Grund dieser Schilderungen und ihrer eigenen Beobachtungen sieht sich die Fakultät genötigt, auszusprechen, daß ihr die Zugehörigkeit Dr. Gumbels zu ihr als durchaus unerfreulich erscheint. Sie erklärt ausdrücklich, daß Dr. Gumbel durch sein Verhalten in allen Kreisen der Universität starken und berechtigten Anstoß erregt hat. Durch seine bekannte Äußerung hat er die nationale Empfindung tief gekränkt, der Idee der nationalen Würde, die die Universität auch zu vertreten hat, ins Gesicht geschlagen. Die Fakultät sieht in seiner Gleichgültigkeit gegen die korporative Solidarität eine Gefahr für ihr einheitliches Wirken.«

Der Solidaritätsanspruch der Korporation stand dieser Fakultät höher als die Freiheit ihrer Mitglieder; wer sich daran nicht hielt, verstieß gegen ungeschriebene Gesetze. Nun hatte aber Gumbel inzwischen seine Worte öffentlich bedauert, nachdem er vorläufig von seinem Amt suspendiert worden war. Die Philosophische Fakultät beließ es daraufhin bei einem Verweis – allein Karl Jaspers ging auch das noch zu weit.[37] Gumbel erlegte sich in der Folgezeit weitgehende Zurückhaltung auf.[38] Es wurde ruhig um ihn, so ruhig, daß man sich seiner auch bei Berufungen nicht mehr erinnern wollte. Der Badische Kultusminister, zunächst Otto Leers, dann Adam Remmele, aber fand es auf die Dauer unhaltbar, einen Mann zurückzusetzen wegen einer Affäre, die schon Jahre zurücklag. 1929 fragte man diesbezüglich in Heidelberg an, erhielt aber eine Absage. Im Jahr darauf unternahm Remmele einen neuen Vorstoß. In mündlichen Verhandlungen mit der Philosophischen Fakultät gewann das Ministerium den Eindruck, daß keine Widerstände mehr zu erwarten seien; Ende des Sommersemesters 1930 ernannte Remmele daraufhin Gumbel zum Extraordinarius.[39] Sofort waren die Studenten erneut auf dem Plan, und wieder hatten kurz zuvor die Nationalsozialisten bei den Studentenschaftswahlen entscheidende Fortschritte erzielt. Zusammen mit den völkischen Korporationen besaßen sie die absolute Mehrheit und stellten den Studentenschaftsvorsitzenden. Da gerade die Ferien begonnen hatten, ging der Sturm erst im Wintersemester richtig los. Am 7. November wurde eine Protestkundgebung zur »Unterstützung des Kampfes der nationalen Studentenschaft um die Säuberung der Hochschulen« in der Heidelberger Stadthalle veranstaltet. Hier wurde nun klargemacht, wie man sich die Behandlung mißliebiger Personen vorstellte:

»Unser Protest trägt keinen politischen Charakter und richtet sich auch nicht gegen die wissenschaftliche Befähigung Dr. Gumbels, die überlasse man ruhig der Beurteilung des Kultusministers Dr. h.c. Remmele, der in seiner früheren, gewiß ehrenwerten Tätigkeit als Sackträger in Ludwigshafen die Qualifikation hierzu besitzt, sondern gegen die Person des Dr. Gumbel selbst ... Der Tag wird kommen, wo einmal ein Gesetz zum Schutz der deutschen Nation geschaffen werden wird, dann werden wir gegen Herrn Gumbel Anklage erheben. 1. Wegen Verletzung von Sitte und Anstand, 2. wegen Mißbrauchs des Gastrechts, 3. wegen Verletzung der Ehre der deutschen Nation und 4. wegen Totenschändung.«[40]

Alle bewährten propagandistischen Register wurden in dieser Kampagne gezogen: Hinweise auf seine längst revozierte Äußerung vom »Feld der Unehre«, auf seine Landesverratsverfahren ohne den Zusatz, daß sie niedergeschlagen werden mußten, auf die Parteipolitik des Kultusministers, auf die Schande für das deutsche Volk, auf Gumbels jüdische Herkunft, auf seine Mitgliedschaft bei der Liga für Menschenrechte, die, wie die Burschenschaftlichen Blätter meinten, »von dem glücklicherweise weit überwiegenden Teil unseres Volkes als schlimmste Schädigung des Vaterlandes – um einen schärferen Ausdruck zu vermeiden – empfunden« werde.[41] Um Wissenschaft ging es nicht – darum ging es im Grunde nie bei diesen sogenannten Fällen. Und in Wirklichkeit war auch die Person Gumbels nur Nebensache. Das Ziel war höher gesteckt:

»Unser Kampf in Heidelberg gilt ... dem heutigen Staatssystem und der zersetzenden Auffassung über die Aufgaben eines deutschen Kultus- und Unterrichtsministeriums, er soll aber auch Vorkämpfer sein für eine neue lebensfähige Idee, die die deutsche Jugend zur Erinnerung ihrer höchsten Aufgaben führen soll, für die Freiheit des deutschen Volkes sich mit ihrer ganzen Kraft einzusetzen und nicht die Versklavung ihrer eigenen Volksgenossen durch den geistigen Einfluß demagogischer Lehrer weiter zu führen,«

Das kam nicht vom NSDStB, so war's im Organ der Deutschen Burschenschaft zu lesen; sie spielte ihre Rolle als Zuträger des Nationalsozialismus perfekt. Die Studenten wußten die Professoren auf ihrer Seite. Fakultät und Senat erklärten, sie mißbilligten die Ernennung und hätten sich gegenteilig ausgesprochen, wenn ihnen dazu Gelegenheit gegeben worden wäre.[42] So klang denn auch die professorale Mahnung an die Studenten auf Ruhe und Ordnung – erst nach Aufforderung des Ministers abgegeben – recht matt. Auf diese Weise ließen sich die radikalisierten Studenten nicht bändigen, es gab weitere Proteste, und da der Asta keine Erfolge sah und die Verwahrung der Professorenschaft ihm selbstverständlich nicht weit genug ging – von der Entfernung Gumbels hatte sie nicht gesprochen –, beschloß er, keine Universitätsfeierlichkeiten mehr zu besuchen, wenn nicht die Abwesenheit Gumbels garantiert sei.[43] Das bedeutete im Klartext nichts weniger als die erneute Forderung nach Entfernung Gumbels.

Dies aber ging Remmele doch zu weit, die Professorenschaft durfte von ihren Studenten nicht erpreßt werden. Hinzu kam, daß NSDStB und Korporationen ihre Astamehrheit für die Durchsetzung ihrer Anträge weidlich ausnützten.[44] Darin erblickte er eine Verletzung der Aufgabenstellung des Asta als Interessenvertretung der gesamten Studentenschaft, eine zumindest anfechtbare Auffassung, was ihm die Studenten auch umgehend vorhielten.[45] Als der Asta-Vorstand seine Ankündigung wahrmachte und bei der Reichsgründungsfeier der Universität nicht erschien, erklärte Remmele die bislang staatlich anerkannte Heidelberger Studentenschaft am 19. Januar 1931 für aufgelöst.[46] Die völkische Mehrheit aber konnte das nicht erschüttern; umgehend konstituierte sie sich als Deutsche Studentenschaft Heidelberg und stellte bei der DSt, der man bisher nicht angehört hatte, einen Aufnahmeantrag, der in Berlin positiv beschieden wurde. Vorsitzer Gierlichs reiste höchstpersönlich nach Heidelberg und gab gute Ratschläge. In einem »Aufruf« versicherte er zusammen mit Schulz, »in immer stärkerem Maße« werde sich »das nationale und akademische Deutschland der Gefahr bewußt, die die Tätigkeit des Herrn Gumbel für das deutsche Volkstum und für die Geltung der deutschen Hochschule in der deutschen Volksgemeinschaft, wie in der internationalen wissenschaftlichen Welt« bedeute; es erhebe daher »warnend und änderungsheischend seine Stimme«.[47] Den Verband der Deutschen Hochschulen, die Standesorganisation der Professorenschaft, forderte man auf, seine »Stimme zu erheben und vor der Welt zu bezeugen, daß auch im Kampf um die Würde und Ehre der deutschen Universität als der sittlichen Grundlage ihrer Geltung im Volksleben das Wort von der universitas docentium et discentium seine Berechtigung nicht verloren« habe.[48] Die Antwort des Verbandsvorsitzenden Prof. Tillmann aber entsprach den studentischen Wünschen sehr wenig. Ganz im Sinne des Heidelberger Senats wandte zwar auch er sich gegen Gumbels Ernennung, aber ebenfalls gegen das Verfahren des Asta, das »der Satzung und Überlieferung widerspricht und einen Eingriff in die verbrieften Rechte der Universität« darstelle.[49] Der Widerstand des Kultusministeriums und die Ablehnung der Terrormethoden durch die Professorenschaft ließen die Aktivität der Studenten vorerst merklich erlahmen.

Nach einem Jahr aber wurde der »Fall« Gumbel erneut aufgerollt. Der engagierte Privatdozent hatte sich im Mai 1932 wieder einmal in die Öffentlichkeit begeben und in einem Vortrag vor sozialistischen Studenten bei der Kritik des übertriebenen Kriegskults gesagt, seiner Meinung nach sei »eine leichtbekleidete Jungfrau mit einer Siegespalme« kein angemessenes Kriegsdenkmal, besser geeignet erschiene ihm »eine einzige große Kohlrübe« als Symbol der Entbehrungen und des Hungers. Natürlich war Gumbel all die Monate nicht unbeobachtet geblieben. So saßen auch drei Nationalsozialisten im Publikum, die unter zahlreichen Verdrehungen sofort einen Angriff in der Studentenzeitung starteten.[50] Es begann alles wieder von vorne. Die Studentenschaft protestierte schärfer und infamer denn je,[51] es solidarisierten sich zahlreiche andere Studentenvertretungen, Gesandter a. D. von Reichenau, ehedem 1. Vorsitzender der Altherrenschaft der Deutsch-völkischen Studentenbewegung, forderte die Studenten auf, dafür zu sorgen, »daß das deutsche Unrecht, das Gumbel heißt, durch deutsche Gerechtigkeit seine Sühne findet«.[52] Und das rechtskundige NSDAP-MdL Rupp konkretisierte sofort:

»Mit solchen Leuten wie Gumbel werden wir ein für allemal Schluß machen. Sorgen Sie dafür, daß am 31. Juli der Grundstein gelegt wird für den deutschen Staat, in dem Gumbel und Konsorten unmöglich sind. Geschieht das, dann kann Gumbel am 1. oder 2. August beerdigt werden. Auf sein Grab wird man nicht drei Lilien pflanzen, sondern drei Kohlrüben.«[53]

Ganz offensichtlich hatte die Professorenschaft nun genug von ihrem Kollegen und den andauernden Tumulten. Ein erneut eingesetzter Untersuchungsausschuß kam jetzt zu dem von den Studenten erwarteten Ergebnis, Gumbel könne nicht weiter Mitglied des Lehrkörpers sein, da er nicht genügend Selbstkontrolle besitze, um beleidigende und rücksichtslose Äußerungen zu vermeiden.[54]

Obgleich Gumbel die ihm angelasteten Ausdrücke bestritt, folgte das Ministerium dem Votum (laut Gumbel, ohne sich hinreichend informiert zu haben[55]) und entzog ihm die Lehrbefugnis, nachdem die nationalsozialistische Landtagsfraktion ebenfalls aktiv geworden war.[56] Alle Widerstände waren endlich doch beseitigt worden, der NSDStB hatte Anlaß zum Jubeln. Die Reichsleitung wünschte dem für die Neckarstadt zuständigen Kreisleiter VI Oskar Stäbel »zu dem schönen Erfolg Ihrer langen zähen Arbeit von Herzen Glück«,[57] der Völkische Beobachter brachte eine frohlockende Siegesmeldung,[58] und da fiel es denn auch kaum noch ins Gewicht, daß gegen die fünf studentischen Hauptagitatoren[59] Disziplinarverfahren eingeleitet worden waren – augenscheinlich wollte die Universität demonstrieren, daß sie ihr Urteil unabhängig gefällt hatte. Die Heidelberger Studenten standen weiter »in unverbrüchlicher Treue zu den Angeschuldigten und dem von ihnen charaktervoll geführten Kampf«.[60] Und er sollte noch längst nicht zu Ende sein, denn wenn die Professoren geglaubt hatten, daß, nachdem dieser Fall geklärt war, nun endlich die ersehnte Ruhe einkehren würde, so wurden sie eines besseren belehrt:

»... Man sollte aber nicht glauben, daß die Reinigungsaktion nun schon beendet sei, daß sich die Studentenschaft mit diesem einen Exempel zufrieden gäbe. Es wird nicht eher Ruhe auf Deutschlands Hohen Schulen geben, bis der letzte Funken undeutschen Geistes in ihnen zertreten ist.«[61]

Bereits im Juli, die Entscheidung gegen Gumbel war noch gar nicht gefallen, begannen Angriffe auf Arnold Bergsträßer und Gerhard Anschütz. Aber dieses Mal mußten die Studenten bald zurückstecken, denn die Vorwürfe waren vollkommen gegenstandslos. Doch gab es ja noch in anderen Städten Funken, die zertreten werden mußten.

2. Günther Dehn

Am 4. Februar 1931 verteilte der Nationalsozialistische Deutsche Studentenbund vor den Portalen der Universität Halle ein Flugblatt folgenden Inhalts:

»Kameraden!
Der Pfarrer D. theol. Günther Dehn ist auf den Lehrstuhl für praktische Theologie an unsere Universität berufen.
Wir fragen:
Wer ist Herr Dehn?
1. Herr Pfarrer Dehn ist Pazifist.
2. Herr Pfarrer Dehn ruft zur Kriegsdienstverweigerung auf.
3. Herr Pfarrer Dehn will die deutschen Kinder zum krassesten und feigen Pazifismus erziehen.
Sollen wir zusehen, wie ein solcher Mensch ein Ordinariat an unserer Universität erhält?
Gibt es nicht unzählige erfahrene Pfarrer, die von den neudeutschen Herren im preußischen Kultusministerium unberücksichtigt bleiben?
Liebt ein solcher Pazifist, der sein Volk zur Wehrlosigkeit und zur Feigheit erziehen will, sein Vaterland?
Deutscher Student! Wir wollen ehrliche deutsche Männer als Professoren unserer Hallischen Universität haben!
Oder willst du Gumbel-Geist bei uns einziehen lassen?«[62]

Um den Inhalt dieses Pamphlets recht verstehen zu können, muß man bis 1928 zurückgehen. In diesem Jahr sprach der evangelische Pfarrer Günther Dehn im Gemeindesaal der Magdeburger Ulrichskirche über das Thema »Kirche und Völkerversöhnung«, genauer: über das Verhältnis des Christen zum Krieg. Nun war Dehn nicht umsonst als der »rote Dehn« verschrien. Anläßlich des Kapp-Putsches der SPD beigetreten (die er aber bald wieder verließ), lag ihm stets die Situation der Arbeiterschaft besonders am Herzen, um deren Heranziehung an die Kirche er sich als Pfarrer der Reformationskirche im Berliner Arbeitervorort Moabit – allerdings vergeblich – bemühte;[63] Großstadt- und Arbeiterjugend widmete er mehrere Schriften. Sein Engagement bezeugte er weiter durch seine Beziehungen zum Bund sozialistischer Kirchenfreunde und zur Neuwerk-Bewegung, einer Spielart der Jugendbewegung mit sozialistischem Einschlag. Ein Pazifist, jedenfalls in dem Sinne, wie es das zitierte Flugblatt unterstellte, war Dehn aber sicher nicht. In seinen Erinnerungen schreibt er, sein Pazifismus sei immer »theologisch-kirchlicher Art« gewesen,[64] was bedeutet, daß er in der Tradition Augustins, Thomas von Aquins, Luthers und Calvins einen Krieg grundsätzlich als Strafe Gottes betrachtete und ihn lediglich als »bellum justum«, gewöhnlich als Verteidigungskrieg also, billigen konnte. Aber auch in diesem Falle lag ihm die Begeisterung für Heldentum und Opfertod fern. Auf dieser Grundlage hielt er seinen Vortrag in Magdeburg.[65]
Dehn blieb nicht bei der abstrakten Darlegung, er konkretisierte seine Meinung vielmehr in einigen Punkten. Zu dem Problem, ob ein Christ mit gutem Gewissen an einem »gerechten« Krieg teilnehmen könne, sei zu antworten »vielleicht ja, vielleicht nein« – zumal auch der Gegner vor

dieser Frage stehe. Könne ein Volk »mit gutem Gewissen in Erfüllung des Willens Gottes« gegen ein anderes Volk vorgehen, während doch Gott beides gebe, »Anerkennung des Rechtes zum Leben« und die Möglichkeit des Verzichtes auf das Recht der Selbstbehauptung?

»Noch einmal, wir werden nicht leugnen können, daß es notwendige und darum auch von Gott um der bestehenden sündigen Welt willen gerechtfertigte Kriege gibt; aber freilich die Verantwortung für die Entscheidung ist ungeheuer groß und die Möglichkeit, daß man sich falsch entschieden hat, bleibt in jedem Fall bestehen. Ich wage es nicht, den Rat der unbedingten Kriegsdienstverweigerung zu geben. Man kann das nicht grundsätzlich tun … Nur im konkreten Fall darf man den Dienst verweigern, wenn man denkt, es sei hier notwendig, ausdrücklich anzuzeigen, daß man Gott mehr gehorchen müsse als den Menschen. Man muß dann freilich auch die Folgen auf sich nehmen, wie es die Quäker getan haben, um deutlich zu machen, daß man sich nicht vor der Not und dem Leid, die über die Welt ergangen sind, ausschließen will.«

Danach forderte Dehn die Abkehr von der Kriegsverherrlichung. Man sollte zwar dem Krieg fürs Vaterland »seine Würde und auch seine Größe lassen«, aber es bliebe gewöhnlich unberücksichtigt, »daß der, der getötet wurde, eben auch selbst hat töten wollen«. Damit werde der Vergleich mit dem christlichen Opfertod unmöglich. Aus diesem Grunde forderte er, die Gefallenendenkmäler nicht in der Kirche zu errichten, sondern diese Ehrung der bürgerlichen Gemeinde zu überlassen; außerdem befürwortete er die Abschaffung der Militärgeistlichkeit, die unter dem militärischen Zwang nicht die Möglichkeit der freien Evangeliumsverkündigung habe, und eine Kindererziehung »in dem echten und guten Nationalbewußtsein«, das auch andere Völker als Glieder der Menschheit gelten lasse.

Diesen Ausführungen, die – wie Dehn später meint – mit leiser Beunruhigung hingenommen worden wären, wenn er nicht einige konkrete Punkte aufgegriffen hätte,[66] folgte ein Nachspiel insofern, als sich einige Zuhörer (adliger Herkunft, teils mit akademischen Graden, teils in militärischen Rängen), die wohl auch an der anschließenden heftigen Diskussion teilgenommen hatten, sich beim Brandenburgischen Konsistorium beschwerten; außerdem griff der Völkische Ausschuß der DNVP-Magdeburg in einem verzerrten Bericht den Vortrag auf.[67] Die Berliner Kirchenbehörde kam nach Prüfung der verschiedenen Aussagen zu einem zweifachen Entscheid. Dehn schrieb sie, er habe Worte gebraucht, »die zu bedauerlichen Mißverständnissen geführt haben und vielleicht führen mußten«. Deshalb werde sein Verhalten bedauert, da es »in weiten urteilsfähigen Kreisen große Erregung hervorgerufen und den allgemeinen kirchlichen Interessen geschadet« habe. Auf theologische Fragen ging das Konsistorium überhaupt nicht ein, es beschränkte sich ausschließlich auf Gesichtspunkte des rechten Taktes. In der Antwort an die Beschwerdeführer bedauerte das Konsistorium darüber hinaus, daß Dehn es »an der rechten Besonnenheit« habe fehlen lassen. Zwar habe er nicht, wie behauptet, die Gefallenen »Mörder« genannt, aber immerhin sei eine restlose Aufklärung der Vorgänge nicht möglich gewesen. Dehn war also alles andere als rehabilitiert, vielmehr hatte sich die Kirche auf seine Kosten billig aus der Affäre gezogen. Diese Tatsache ist deshalb so wichtig, weil der Magdeburger Vortrag und seine kirchenoffizielle Beurteilung den Ausgangspunkt für den späteren »Fall Dehn« bedeuten.

Das alles war 1928 gewesen. Zwei Jahre später, im Dezember 1930, erhielt Dehn von der Universität Heidelberg einen Ruf auf den Lehrstuhl für Praktische Theologie. Dehn war mit Freuden bereit anzunehmen, als die Eisernen Blätter des Pfarrers Gottfried Traub[68] die vom Völkischen Ausschuß der DNVP erhobenen Vorwürfe abdruckten, freilich ohne die Berichtigungen Dehns, die damals in verschiedenen Zeitungen erschienen waren. Die Absicht des Artikels war offensichtlich, zumal die Eisernen Blätter sie auch nicht verschwiegen:

»Wir veröffentlichen diese Zeitschrift, weil die Heidelberger Universität schon mit dem bekannten Dr. Gumbel als Professor belastet worden ist, desto mehr haben die nationalen Kreise die Verpflichtung, auf jede Besetzung an der Heidelberger Universität ein doppelt scharfes Auge zu haben.«

Obwohl die Heidelberger Studenten überhaupt nicht gegen Dehns Berufung in Aktion traten, wurden ihre Geschäfte doch aufs beste erledigt. Dehn mußte um so betroffener sein, als er doch einen Pazifismus Gumbelscher Prägung gerade ablehnte. Er jedenfalls schickte der Fakultät alle zur Beurteilung der Vorwürfe notwendigen Unterlagen und bat um ihr ausdrückliches Vertrauen, andernfalls er den Ruf ablehnen werde. Zu diesem Schritt sah er sich dann auch veranlaßt, denn die Fakultät, die ihn an die erste Stelle ihrer Vorschlagsliste gesetzt hatte, hielt ihn nun nicht mehr für geeignet: zwar sei er nicht amtlich »schuldig gesprochen«, aber »auch nicht gerechtfertigt« worden. Man hatte ganz einfach Angst vor neuen Studentenkrawallen, schließlich stand man gerade in der zweiten Phase des »Falles Gumbel«:

»Ganz abgesehen von der theologischen Einstellung des Herrn Dehn als solcher, ebenso abgesehen von dem auf ganz anderen Voraussetzungen beruhenden gegenwärtigen Universitätskonflikt glaubt die Fakultät es aussprechen zu müssen, daß ebenso das Wohl der Fakultät wie der ruhige und sichere Fortgang des wissenschaftlichen Betriebes ... ein Votum in der angegebenen Richtung unbedingt erforderlich machen.«[69]

Obwohl Dehn sehr gerne nach Heidelberg gegangen wäre, fiel ihm die Absage doch leicht, da ihn gleichzeitig der preußische Kultusminister Grimme aufforderte, nach Halle zu kommen. Freilich ging auch das nicht ganz ohne Komplikationen ab. Grimme hatte die Hallische Vorschlagsliste zurückgegeben, da sie nicht seinen Vorstellungen entsprach; er wollte gerne einen religiösen Sozialisten[70] auf dem Lehrstuhl für praktische Theologie sehen. Er brachte deshalb D. Emil Fuchs und Lic. Dr. Piechowski ins Gespräch, beide theologisch liberal und in der SPD tätig, außerdem wissenschaftlich qualifiziert.[71] Nachdem die Fakultät abgelehnt hatte, schlug Grimme dann Dehn vor, nun akzeptierten die Hallischen Theologen, wobei sie ihn als »über den Durchschnitt hinausragende Persönlichkeit, von lauterem Wollen und tiefem Ernst der Verantwortung« charakterisierten.[72] Bedenken über Dehns mangelnden wissenschaftlichen Ausweis wurden zurückgestellt. Dem Minister sagte man, daß er also »nicht untragbar« sei. Diese Einschränkung war allerdings nur als Positionsbehauptung gegenüber Grimme gedacht – so jedenfalls in Dehns Erinnerung.[73]

Adolf Grimme hatte Dehn u. a. mit der Versicherung nach Halle geholt, in Preußen würde es keine Studentenproteste geben,[74] was er eigentlich hätte besser wissen müssen, war doch Berlin einer der Hauptunruheherde und war schließlich er selbst ausgerechnet in Halle ein halbes Jahr zuvor mit Krawallen begrüßt worden.[75] Jedenfalls wurde sein Optimismus schnell widerlegt. Denn kaum ist Dehns Berufung bekannt, als der NSDStB mit dem eingangs zitierten Flugblatt herauskommt. Nun hat sich der Studentenbund bereits eine ansehnliche Position in der Studentenschaft erkämpft. In der Kammer besitzt er 11 Mandate (28,5%) von 38 Sitzen, gegenüber 16 der Korporationen und 8 des Nationalen Blocks. Eine recht gute Ausgangsposition also. Ob man im NSDStB die Magdeburger Rede Dehns, ob sie überhaupt jemand aus der protestierenden Studentenschaft je gründlich gelesen hat, ist zu bezweifeln, spielt aber auch kaum eine Rolle, denn an einer ernsthaften Auseinandersetzung ist den Studierenden ohnehin nicht gelegen. Theologische Fragen interessieren nicht:

»Es geht nicht darum, ob über Dehn politisch oder nur theologisch diskutiert werden dürfe; das wesentliche ist nicht, ob Herr D. Dehn sich selbst zum Marxismus und Pazifismus bekennt oder nicht. Die entscheidende Frage lautet: trägt Herr D. Dehn zum Daseinskampfe, zum Freiheitskampfe unseres Volkes bei oder hilft er die niederziehenden Mächte moderner Humanitätsduselei und Weichlichkeit, die vor allem unserer Wehrkraft entgegenstehen, zu weiterem Vordringen? Wir sind der Meinung, daß Dehn nicht einem Fichte entspricht. Wir brauchen aber Professoren, die nach der Allmacht Gottes uns die Liebe zu Volk und Nation lehren!«[76]

Aus dieser Intention wiederholt man in all den Monaten mit ermüdender Stereotypie die längst entkräfteten Vorwürfe, wie sie unlängst die Eisernen Blätter wieder aufgewärmt haben. So ist denn auch das eingangs angeführte Flugblatt ein klassisches Dokument der Hetze und Verleumdung. Das empfindet auch der Universitätssenat, denn er reagiert überraschend schnell und verbietet bereits fünf Tage später die Hochschulgruppe des NSDStB für ein Jahr mit der Begründung, ihr Bestehen gefährde die akademische Disziplin, da Dehn verunglimpft und verächtlich gemacht werden solle.[77] Damit ist natürlich die Angelegenheit längst nicht beendet; der NSDStB existiert zwar offiziell nicht mehr, seine Kammermitglieder verlieren aber keineswegs ihr Mandat, auch einer Beteiligung an den nächsten Wahlen steht nichts im Wege; Hogruf Hans Börner wird sogar neuer Studentenschaftsvorsitzender. Die einzige Konsequenz ist praktisch die Umbenennung des Bundes in Kampfgruppe Hochschule der NSDAP. Die Agitation geht also weiter. Ende Februar bekundet eine Studentenversammlung ihren Unwillen gegen Dehns Berufung, und zwar nicht nur gegen den neuen Theologieprofessor (der sein Amt erst mit Beginn des Wintersemesters antreten wird), sondern auch gegen das Ministerium: Der Friede der Universität sei in Gefahr, weil die »Herrscher von Rot-Preußen« ihr den »Stempel ihres Systems aufdrükken« wollten.[78]

Somit ist einmal beabsichtigt, die Animositäten der Professorenschaft gegen Grimme zu wecken und gleichzeitig für die eigene Sache Sympathien zu werben. Daneben aber ist diese Wendung in größerem Rahmen zu sehen. Zur gleichen Zeit nämlich läuft die Stahlhelm-Kampagne, der sich die NSDAP dann anschließt, für die Auflösung des preußischen Landtages an. Das Volksbegehren ist zunächst erfolgreich, im August 1931 aber scheitert die Volksbefragung. Die Deutsche Studentenschaft unterstützt die Aktion ebenso wie die preußischen Studentenschaften.[79] Die Berufung Dehns, die – so verlautet gerüchteweise – der Fakultät oktroyiert wurde, läßt sich leicht in die Agitation einbauen. Die Äußerung Grimmes bei den Haushaltsberatungen im Landtag, er halte es durchaus für seine Aufgabe, »auch solche Richtungen, die bisher an der Universität nicht vertreten gewesen sind, an die Universität zu ziehen«,[80] verstärken den Eindruck der ministeriellen Willkür.

Ein weiterer Aspekt sei jetzt schon angedeutet. Ganz offensichtlich ist man sich in der Studentenschaft über die Beurteilung der ganzen Angelegenheit nicht einig. Besonders bei vielen Korporationen gibt es wohl Widerstände gegen das skrupellose nationalsozialistische Vorgehen. Wie sich später zeigt, wollen sie weniger Dehn selbst als vielmehr das »System Grimme« angreifen.

Daß die Korporationen auch andere Bedenken gegen die nationalsozialistische Politik hegen, zeigt sich im Sommer. Bis dahin bleibt es weithin ruhig, Dehn ist ja noch nicht in Halle. Die Studentenschaft versucht, die Professorenschaft auf dem Verhandlungswege gegen Dehn zu beeinflussen, stößt aber auf eisige Ablehnung. Wenige Wochen später erringt der NSDStB bei den Kammerwahlen 50 Prozent der Sitze, besetzt den 1. Vorsitzerposten und 6 weitere Ämter (von insgesamt 10). In den anschließenden Semesterferien nun konkretisiert der neue Vorstand seinen Widerstand, denn inzwischen hat sich auch der Hauptausschuß der Deutschen Studentenschaft mit der Forderung nach der Entfernung Dehns solidarisiert.[81] Die Hallische Studentenschaft sieht sich nun »gezwungen«, die Universität zu verlassen; man will nach Jena oder Leipzig übersiedeln.[82] Noch einmal stellen sich Rektor und Senat vor ihren Kollegen. Von einem Oktroi Grimmes könne überhaupt keine Rede sein. Die Studentenschaft spiele mit ihrer Auszugsdrohung ein gefährliches Spiel, da angesichts der allgemeinen Sparmaßnahmen auch die Aufhebung ganzer Hochschulen drohe, die Universität Halle also Gefahr laufe, geschlossen zu werden.[83] Der neue nationalsozialistische Stil, der mit den Wahlen eingezogen ist und sich bereits in der Auszugserklärung offenbart hat, diktiert die studentische Erwiderung:

»Die Deutsche Studentenschaft steht auf dem Standpunkt, daß nicht Kompromißlösungen den Weg zu Taten öffnen, sondern im Gegenteil offenes Bekennen. Die Deutsche Studentenschaft betrachtet es als ihr Recht und ihre höchste und vornehmste Pflicht, zu jeder· Zeit ihre Gedanken und Ideen offen zu bekennen. Sie lauten: ›Ein Lehrer und Führer, der nicht bedingungslos und rückhaltlos den Dienst am Volke predigt, der sich nicht bedingungslos und klar für eine nationale Wiedererstarkung einsetzt, wird kategorisch mit der ganzen elementaren Kraft einer Empörung abgelehnt, deren die deutsche Jugend fähig ist.«

Für die Änderung ihrer Ansichten bestehe kein Anlaß: Die Studentenschaft werde weiter für ihre Anschauungen kämpfen »bis zum Siege«.[84] In die gleiche Kerbe schlagen Erklärungen der Deutsch-nationalen Studentengruppe, die allerdings nur geringen Einfluß besitzt, und des Kampfringes der christlich-deutschen Bewegung, in der nach eigener Auskunft neben Geistlichen DNVP, NSDAP, Stahlhelm, Offiziersverbände, DSt und Hochschulring zusammengeschlossen sind.[85] Die ganze Aktion scheint von großer Einigkeit der Studenten und auch der Bevölkerung zu zeugen. Die aber ist nur mehr teilweise vorhanden. Unmittelbar nach der Ankündigung des Hochschulboykotts nämlich fordert die Arbeitsgemeinschaft Deutscher Geschäftsleute Halle, der Zusammenschluß kleiner Geschäftsleute und selbständiger Handwerker, die Stadtverordnetenversammlung auf, alles aufzubieten, um einen Auszug der Studenten zu verhindern. Man könne den durch einen Verlust von 3000 Studenten entstehenden wirtschaftlichen Rückschlag nicht verkraften und verweist ausdrücklich auf die Witwen und alleinstehenden Frauen, die von der Zimmervermietung leben. Für die Geschäftsleute ist die Lösung der Probleme klar. Was in Heidelberg möglich gewesen sei, müsse auch in Halle möglich sein: nämlich die Abberufung Dehns.[86] Nun sind zwar die Stadtverordneten die falsche Adresse (die Universität ist staatlich), aber offensichtlich hinterläßt dieser Aufruf doch Eindruck; die im Hochschulring zusammengeschlossenen Korporationen drängen die Studentenschaft mit Erfolg, ihren Entschluß zu revidieren.[87]

Inzwischen hat Dehn angefangen zu lesen, alle bisherigen Vorgänge haben sich also in seiner Abwesenheit zugetragen. Eine Schilderung der natürlich sofort inszenierten Krawalle und Vorlesungsstörungen kann dem Leser erspart werden, da sie sich in nichts von bereits dargestellten Vorfällen dieser Art unterscheiden. Zu betonen ist aber, daß der Rektor sich nicht scheut, die Polizei zu rufen, um die – wenn auch notdürftige – Durchführung der Vorlesungen zu gewährleisten.[88]

Mit brutaler Gewalt ist also nichts zu erreichen. In der Folge beschließt die Studentenschaft, von weiteren Demonstrationen abzusehen, andererseits aber bei Universitätsfeierlichkeiten nicht mehr zu chargieren, außerdem fordert sie als den »besseren Weg« zur Beilegung des Konflikts den Rücktritt des Rektors Gustav Aubin, da er nicht mehr ihr Vertrauen besitze.[89] Doch der Angriff auf Aubin schlägt ebenfalls fehl: Statt ihm das Mißtrauen auszusprechen, bittet ihn der Senat, der immer noch auch hinter Dehn steht, sein Amt weiterzuführen,[90] und Prof. Tillmann vom Verband der Deutschen Hochschulen dankt ihm telegraphisch für sein »entschlossenes Eintreten für das hohe Gut der akademischen Lehrfreiheit«.[91]

Die neue studentische Taktik hat aber doch Erfolg. Während sich am 11. November in Jena etwa 2000 Studenten aus Halle, Jena, Leipzig und von der Gewerbehochschule Köthen zu einer »Mitteldeutschen Studentenkundgebung« zusammenfinden und sich mit »Entrüstung ... gegen alle akademischen ›Führer‹« wenden, »die es mit ihrer Würde und Pflicht für vereinbar halten, solche Schänder deutscher Ehre zu schützen und stützen«,[92] erklärt am gleichen Tage eine Versammlung sämtlicher Hallischer Dozenten neben dem Bedauern über die Vorlesungsstörungen:

»Professoren und Dozenten haben Rektor und Senat ihr volles Vertrauen ausgesprochen, weil sie sich mit ihnen einig wissen in der Überzeugung, daß die Studenten, obwohl sie falsche Wege gegangen sind, von reinen, edlen Gefühlen zum Vaterlande und zu unserer Universität getrieben wurden. Professoren und Dozenten erkennen weiter an, daß die Studenten, durch die gleiche Gesinnung geleitet, aus Rücksicht auf das Wohl unserer alma mater ihre Kampfesweise geändert haben und wissen diesen Entschluß zu würdigen ... Durch die jetzige Haltung der Studenten ist die Grundlage wiederhergestellt, auf der Lehrer und Lernende in gegenseitigem Vertrauen die innere Gemeinschaft neu aufrichten können zum Wohle unserer Hochschule und unseres geliebten deutschen Vaterlandes.«[93]

Dehn schreibt später, als er diese Erklärung las, habe er gewußt, daß er ein verlorener Mann sei.[94] Tatsächlich ist die Resolution als halbe Kapitulation zu werten; weiter konnte man den Studenten kaum entgegenkommen, ohne das Gesicht zu verlieren. Die Studenten nehmen die Erklärung denn auch mit »dankbarer Genugtuung« auf und verstehen sie selbstverständlich in dem von Dehn befürchteten Sinne, indem sie nämlich meinen, »in den Worten der Professoren ihre Absicht bestärkt zu finden, den Kampf weiterhin mit aller Energie auf den neugewonnenen Grundlagen fortzusetzen«.[95]

Zunächst aber verkündet die Studentenschaft einen »Burgfrieden«. Dieser Stillhalteentschluß dürfte indes nicht ganz freiwillig gefallen sein, denn inzwischen sind auch in der Studentenschaft Bedenken laut geworden. Die Theologische Fachschaft erklärt sich für weitgehend neutral,[96] die Leipziger Fachschaft dagegen verurteilt, unter dem Einfluß des dortigen Studentenpfarrers Kunze, die Hallischen Ausschreitungen.[97] Bedeutsamer noch ist die Stellungnahme Gerhard Kunzes selbst, der nämlich neben seinem seelsorgerischen Amt auch an einflußreicher Stelle (als Verbandsreferent) in der Deutschen Sängerschaft agiert. Er weist auf die Doppelzüngigkeit hin, mit der man mit dem Begriff der Lehrfreiheit umgehe: Während man bei der Oktroyierung Günthers dem Minister applaudiert habe, beschwere man sich über den ganz anders gelagerten »Fall Dehn«: »Wer soll da noch überzeugt sein, daß es der Studentenschaft heute wirklich um Rechte und Wesen der Hochschule geht?«[98] Bedenken bringen auch die Burschenschaftlichen Blätter. Während der Verein Alter Burschenschafter Halle den Studenten seine volle Unterstützung zusagt,[99] fragen sie, ob das Material über Dehn überhaupt ausreiche und ob es richtig war, jeden direkten Kontakt mit Dehn (was von Aubin vorgeschlagen worden ist) zu verweigern, wobei sie das »Gefühl einer gewissen Unterlegenheit« auf seiten der Studenten glauben feststellen zu können. Nicht daß sie Dehn Sympathien entgegenbringen würden; dennoch halten sie manchen Angriff für eine »überflüssige Verunglimpfung« und die Rücktrittsforderung an den Rektor schließlich für »utopisch«. Für sie ist der Kampf, da hoffnungslos verfahren, praktisch beendet.[100] In dieselbe Richtung gehen die Vorwürfe, die Hilgenstock und Gierlichs gegen den DSt-Vorsitzer Lienau richten. Sie wollen Kampf eher gegen Grimme denn gegen Dehn, da nur so mit der Unterstützung der Professoren zu rechnen sei. »Der ›Fall Dehn‹ hätte sich nie zu einem ›Fall Lessing‹ machen lassen« – so Hilgenstock, der es wissen muß, denn er war ja 1925 gegen Lessing selbst mit von der Partie.[101] Doch Lienau kümmert sich um nichts, erst nach einigem Drängen nimmt der DSt-Vorstand Stellung: Er könne das Vorgehen der Hallischen Studentenschaft nicht in allen Punkten billigen, ebensowenig aber auch die Haltung der Dozenten verstehen. Es komme jetzt auf eine »enge innere Verbundenheit« von Dozenten und Studenten an.[102]

So auf breiten Widerstand stoßend, stellen die Hallenser den Kampf vorläufig ein. Die geäußerten Bedenken entsprangen einer realistischen Einschätzung der Lage. Abgesehen von der Tatsache, daß wohl bei vielen die Abneigung gegen Dehn nicht so groß war wie die etwa gegen Gumbel, erkannte man, daß die Professorenschaft ebenso dachte. Dehn war weder Jude, noch war er wirklich, trotz mancher »linken« Neigungen, Sozialist. Seine Meinung über den Krieg mochte zwar nicht jeder teilen, doch die meisten seiner Kollegen werden erkannt haben, daß sie nach gewissenhafter Selbstprüfung gefällt worden war. Deshalb war mit einem Frontalangriff nichts zu erreichen. Um ihn loszuwerden, mußte man deshalb den Umweg über die Konfrontation mit dem Ministerium beschreiten; hier würden auch die Professoren auf studentischer Seite stehen.

Gumbel hatte sich trotz aller Anwürfe den Mund nicht verbieten lassen; auch Dehn verliert nicht den Mut. Im Glauben an seine Sache gibt er kurz vor Weihnachten 1931 eine Dokumentation über die bisherigen Ereignisse heraus; in einem Nachwort legt er nochmals seine Haltung dar.[103] Er wende sich an die vorurteilslosen Menschen, die durch die Zeitungsberichte verwirrt seien. Rechtfertigen aber wolle er sich nicht, denn bei »denen, die wissen, worum es geht, bin ich längst gerechtfertigt, vor Menschen aber, deren Ohr nicht geöffnet ist, kann ich mich sowieso nicht rechtfertigen«. Man müsse sich eben darum bemühen zu erkennen, was hier eigentlich vorliege; ein Kampf nämlich »modernen, dämonisierten politischen Denkens nicht nur gegen die Freiheit der Wissenschaft, sondern ... gegen die Freiheit der Kirche, der man das Recht bestreiten will, auch in der Kriegsfrage das zu sagen, was sie in der Furcht Gottes zu sagen gehalten« sei. Nachdem er erneut auf seinen Magdeburger Vortrag und auf die verschiedenen gegen ihn erhobenen Vorwürfe eingegangen ist, schließt er mit den folgenden klarsichtigen, und darum dann um so heftiger befehdeten Worten:

»Vielleicht ist das, was sich in Heidelberg und Halle ereignet hat, nur ein Vorspiel kommender Ereignisse, wo ein rein machtpolitisch orientierter Staat, der von seiner Verantwortung Gott gegenüber nichts mehr weiß, von der Kirche entweder völligen Gehorsam verlangen oder sie für staatsgefährlich erklären wird. Es kann sein, daß die Kirche der Gegenwart an der Schwelle schwerster Kämpfe mit dem modernen Nationalismus steht, in denen sie in ihrer Existenz gefordert sein wird. Sollte ich in diesen kommenden Auseinandersetzungen dadurch ein trübes Vorzeichen geben, daß ich feige nachgebe ...? Hier muß Widerstand geleistet werden. Man pflegt der Jugend in ihren gegenwärtigen Kämpfen ja meist einen, wenn auch irregeführten Idealismus lobend zuzugestehen. Ich möchte dagegen doch ernste Bedenken äußern. Verzerrter Idealismus ist Dämonie. Es ist ja einfach nicht wahr, daß diese fanatische, meinetwegen religiös gefärbte, tatsächlich aber von Gott gelöste Vaterlandsliebe dem Vaterland wirklich hilft. Im Gegenteil, sie wird das Vaterland in Verderben führen ...«

Dem ist nur erklärend hinzuzufügen, daß das Brandenburgische Konsistorium, dessen früherer ausweichender Bescheid so weidlich ausgeschlachtet wurde, während der ganzen Zeit seinem angegriffenen Pfarrer mit keinem Wort zur Seite stand.

Die Broschüre gibt den Studenten den erwünschten Anlaß, erneut gegen den Professor zu Felde zu ziehen und dabei scheinheilig den Bruch des »Burgfriedens« ihm zuzuschieben.[104] Die Studentenschaft erklärt auf einer Vollversammlung in »vollster Entschiedenheit« ihre weitere Ablehnung Dehns, und auch die Theologische Fachschaft fordert jetzt die Abberufung.[105] Nun endlich kommt auch eine Solidaritätserklärung von der DSt aus Berlin, wo inzwischen Gerhard Krüger die Geschicke in die Hand genommen hat,[106] und die Deutsche Burschenschaft verliert ebenfalls ihre Bedenken. Ihr einflußreicher Alter Herr Hans Hauske konstatiert einen »neuen Angriff auf den Nationalismus«.[107] Auch die Hochschullehrer sind jetzt nicht mehr gewillt, Dehn länger zu halten. Ihr Ruhebedürfnis ist größer als die Bereitschaft, neuen Konflikt zu ertragen. Bereits auf der Studentenversammlung berichtet der lange auf Vermittlung eingestellte juristische Dekan Gustav Boehmer, die Stimmung der Dozentenschaft habe sich geändert.[108] Dehn wird mehr und mehr isoliert. Deutlichstes Indiz dafür ist ein Artikel Professor Karl Egers, Dehns Vorgänger und zunächst Befürworter. Auch er distanziert sich nun (»Dehns Theologie ist schlechterdings kulturkritisch.«) in der Neuen Preußischen Kirchenzeitung, und die Sturmfahne, das Blatt des NSDStB-Kreises IV, nimmt gerne die Gelegenheit wahr, den Aufsatz ihrer Januar-Nummer als Sonderdruck beizulegen.[109]

Damit ist aber nun der eigentliche Höhepunkt des Kampfes überschritten, und wieder ist der Grund nicht allein in der – inzwischen studentenfreundlichen – Haltung der Professoren zu suchen, sondern auch in studentenschaftsinternen Querelen. Die erwähnte Studentenversammlung fordert nämlich auch den Boykott Halles:

»... Der Student ... hat das Recht, sich die Stätten der Wissenschaft auszusuchen. Deshalb lautet die Parole für das Sommer-Semester 1932:
Solange ein Dehn in Halle liest, scheidet sich Halle von selbst aus den Reihen der Universitäten aus, die ein deutscher Student besuchen kann.«[110]

Dieser Beschluß, dem eine ähnliche, wenn auch nicht gleich folgenschwere Bedeutung wie der Auszugsdrohung vom Herbst des vergangenen Jahres zukommt, ruft sofort die Initiative der Altherrenschaften der im Hochschulring zusammengeschlossenen Korporationen auf den Plan: Man fürchtet um den Bestand der Verbindungen, genauer um deren Nachwuchs. Deshalb schlägt man den genau umgekehrten Weg vor: Werbung um möglichst großen völkischen Zuzug. Nun müssen aber die Korporationen zu ihrem großen Erstaunen erkennen, daß sich die rüden nationalsozialistischen Methoden auch gegen sie wenden können: Der NSDStB beschuldigt sie nämlich jetzt, sie wollten dem »gesunden Instinkt der Jugend« entgegenarbeiten. Zwar erreichen die Korporationen ihr Ziel, der Boykottaufruf wird zurückgezogen, aber sie sehen sich veranlaßt, den

Ton der Studentenschaft »aufs entschiedenste zurückzuweisen im Interesse der guten Sitten der deutschen Hochschulen«! Was gegen Dehn gang und gäbe ist, darf sich die Studentenschaft gegen die Korporationen noch lange nicht herausnehmen.[111]

Dehn verlor ganz allgemein an Interesse, zumal es nun doch nicht so schien, als ob er Halle jemals verlassen würde; außerdem wurde ein Parallellehrstuhl eingerichtet. Man beschränkte sich darauf, Dehns Lehrveranstaltungen zu ignorieren. Überdies rückten jetzt andere Dinge in den Mittelpunkt, etwa der Wahlkampf, in dem sich der NSDStB entsprechend der überregionalen Entwicklung gegen die Korporationen wandte, die ihm so viele Scherereien bereitet hatten und die nun seinen Vormarsch stoppten: Er konnte seine Mehrheit entgegen dem allgemeinen Trend des vergangenen Wintersemesters nicht vergrößern.[112]

Trotz aller Lautstärke – oder gerade deshalb – war angesichts des mageren Ergebnisses die Kampagne gegen Dehn für den NSDStB im großen und ganzen doch ein Mißerfolg. Er hatte eine Menge Schlappen einstecken müssen, mehr jedenfalls, als auch der Reichsleitung gut schien. Schirach äußerte sich sehr ungehalten: Der Fall sei zu laut begonnen worden und dann im Sande verlaufen.[113] Für viele kam es deshalb als Überraschung, daß sich Dehn, den die feindselige Atmosphäre zu ersticken drohte, am Ende des Sommersemesters 1932 für ein Jahr beurlauben ließ. Die Sturmfahne schickte ihm – leider prophetische – Worte nach:

»Wir gönnen ihm gerne diese Ferien nach den so anstrengenden Semestern mit den bösen Hallischen Studenten. Wir hätten nicht einmal was dagegen, wenn er überhaupt fortbliebe. Und – wir sagen es offen – wir glauben auch nicht, daß er jemals wiederkommt. Denn in einem Jahr ist kein Platz mehr für solche ›Lehrer‹ an deutschen Hochschulen. Bis dahin ist reiner Tisch gemacht ...«[114]

1933 war Günther Dehn einer der ersten, die nach dem »Gesetz zur Wiederherstellung des Berufsbeamtentums« beurlaubt wurden. Sein Weg führte zur Bekennenden Kirche, dann ins Gefängnis, schließlich in die Verbannung nach Württemberg. 1946 wurde er nach Bonn berufen.

3. Ernst Cohn

Der »Fall Cohn« war der letzte der bekannten Großangriffe auf einen deutschen Hochschullehrer vor dem Januar 1933. Dadurch gewinnt er in zweifacher Hinsicht an Interesse: Einmal werden in seinem Verlauf die Hoffnungen – und Enttäuschungen – deutlich, die die Studenten auf die von Papen eingesetzte preußische Regierung setzten; außerdem zeigt sich nach dem Bruch im Frühjahr 1932 hier noch einmal die Problematik des Zusammenwirkens von NSDStB und Korporationen.

Ernst Cohn, 27jähriger Privatdozent in Frankfurt/M, war von Kultusminister Grimme im Wintersemester 1931/32 auf den Lehrstuhl für bürgerliches und Handelsrecht der Universität Breslau berufen worden. Allein sein Name genügte schon, um Mißfallensäußerungen laut werden zu lassen. Daneben vermutete man parteitaktische Motive des Ministers, zumal die Besetzung der Juristischen Fakultät sich ohnehin schon geringer Beliebtheit erfreute, da sie »neben einer Reihe jüdischer Dozenten noch einige andere links orientierte Professoren« aufzuweisen hatte.[115] Vorerst aber blieb es noch verhältnismäßig ruhig, bis Cohn, aus Kiel kommend, wo seine vorübergehende Lehrtätigkeit allseits Anklang gefunden hatte, sein Amt in Breslau zu Beginn des Wintersemesters 1932/33 antrat. Mit der Aufnahme der Vorlesungen gehen auch die zur Genüge bekannten Störungen und Tumulte los, die Polizei wird gerufen, die Universität geräumt. Die Nationalsozialisten gewinnen den Eindruck, die Hochschule gleiche einem »Zuchthaus«, einer »Polizeihochschule«.[116] Auch die Korporationen unterstützen die Aktion, doch noch steht die Professorenschaft hinter ihrem Kollegen. Der Rektor, Prof. Carl Brockelmann, läßt Cohn, der während der ersten Vorlesungsstörung »beim Absingen des Deutschlandliedes ostentativ die Hände in den Hosentaschen vergraben hielt«,[117] alle Hilfe angedeihen; so kann Cohn seine Vorlesungen wieder aufnehmen – verlegt sie aber nach weiteren Krawallen in das besser zu kontrollierende Juristische Seminar. Auch die Fakultät stellt sich mit einem Aufruf hinter Cohn, indem sie klarstellt, daß die Berufungsinitiative nicht vom Ministerium, sondern von ihr selbst und zwar einstimmig ausgegangen war.[118] Aber dieser Schritt in die Öffentlichkeit ist vollkommen wirkungslos, vielmehr schlagen die Studenten jetzt auf die Professorenschaft ein; die Ausschreitungen erreichen ihr vorläufiges Ende mit der mehrtägigen Schließung der Universität und der Einleitung von Disziplinarverfahren gegen die Hauptverantwortlichen, die dann mit dem consilium abeundi für neun und Verweisen für drei Studenten enden; einem wird das Semester nicht angerechnet.[119]

Da also auf direktem Wege an der Hochschule selbst ganz offensichtlich nichts zu erreichen ist, setzt man seine Hoffnungen auf das Kultusministerium, das seit Anfang Oktober kommissarisch der Greifswalder Nationalökonom und DNVP-Reichstagsabgeordnete Wilhelm Kaehler verwaltet. Am 21. November sprechen vier Studentenvertreter (die drei Vorsitzenden der Freien Breslauer Studentenschaft, davon zwei Waffenringleute und ein Nationalsozialist, sowie ein weiterer Waffenringstudent) im Ministerium vor.[120] Wenn aber die Studenten glaubten, beim deutschnationalen Kaehler ein offenes Ohr und die Bereitschaft, den unerwünschten Professor zu entfernen, vorzufinden – und das ist ja der Zweck ihrer Visite –, so sehen sie sich enttäuscht. »Dem alten, schlauen, gerissenen Fuchs Kehler« gelang es, so berichtet der Nationalsozialist seinem Breslauer Hochschulgruppenführer, die Delegation in drei Parteien

zu spalten: in Studentenvertreter, Waffenring und NSDStB.[121] Kaehler nimmt zunächst den Studenten den Wind aus den Segeln, indem er auf die unzweifelhaften wissenschaftlichen Qualitäten und die nationale Gesinnung Cohns hinweist; immerhin habe man ihn doch in Kiel akzeptiert. Nachdem er erklärt hat, auch er bedaure die Verjudung der deutschen Hochschulen aufs Tiefste, betont er aber, daß für ihn eine Notverordnung Cohn, oder eine gegen die Juden generell gerichtete nicht in Frage komme. Vor allem deswegen, so der Bericht, »weil ja dadurch die Staatsautorität untergraben werde, und dieselbe ja das einzige sei, was in Deutschland noch fest bestehe«. Im übrigen empfiehlt er, die Vorlesungen Cohns einfach nicht zu besuchen, auch gegen Parallelveranstaltungen habe er nichts einzuwenden. Was nichts anderes bedeutet, daß der Reichskommissar die Abneigung so vieler anderer Professoren sowohl gegen Cohn, als auch gegen das studentische Vorgehen teilt.[122] Demzufolge beharrt er auf seiner Forderung nach Ruhe und Ordnung und schlägt hierbei die Studenten mit ihren eigenen Waffen: Indem er auf das bei ihnen so beliebte Führerprinzip anspielt,[123] gibt er seiner Verwunderung Ausdruck, warum es den studentischen Führern, die sich doch auch eine disziplinierte Studentenschaft wünschten, nicht gelinge, die Masse der Studierenden in diesem Sinne zu beeinflussen. Nun fallen der Waffenring- und der NSDStB-Vertreter um, sie versichern dem Kommissar studentisches Wohlverhalten. Die beiden »Waffenring-Vorsitzenden« schweigen verblüfft. Dann geht man auseinander; dazu, die Forderung nach Cohns Amtsenthebung expressis verbis vorzubringen, ist man gar nicht mehr gekommen. Bis zum nächsten Morgen freilich ist der NSDStB-Vertreter auf zentrale Direktive hin (»Kampf geht weiter«) wieder auf Vordermann gebracht: Nochmals geht man zu Kaehler; der aber bleibt hart.
Da man also überall auf Widerstand stößt, läuft die Kampagne nur noch auf halben Touren weiter; den »Klamauk abzublasen« hat man aber schon deshalb nicht vor, weil es doch zu günstig ist, Waffenring und katholische Verbände hinter sich zu sehen.[124] Aber wahrscheinlich wäre diese Zweckkoalition bald auseinandergebrochen, hätte nicht Cohn selbst das Stichwort für die neue Aktion gegeben – hier ist bei mancher Verschiedenheit der »Fälle« doch eine Parallele zu Gumbel und Dehn zu sehen. Der Professor beteiligt sich nämlich im Dezember an einer von der Berliner Zeitung Montag Morgen veranstalteten Umfrage, ob Deutschland dem aus der Sowjetunion geflüchteten Leo Trotzki Asyl gewähren solle; es werden die Antworten einer Reihe von bekannten Leuten, vom Boxer Max Schmeling bis zum Kapitän Erhardt, abgedruckt. Die Stellungnahme Cohns ist äußerst vorsichtig formuliert:

»Die Frage gehört zu den sehr zahlreichen Fragen, die kein sachlich Denkender ohne sorgfältigste Prüfung einer Reihe von Umständen zu beantworten vermag. Insbesondere dürfte es von Wichtigkeit erscheinen zu wissen, welche Erfahrungen die Länder, in denen sich Trotzki bisher aufhielt, mit ihm und seiner Tätigkeit gemacht haben. Ein geistiger Arbeiter wird stets schutzbedürftig erscheinen, denn an Agitatoren und Nurpolitikern haben wir wahrhaftig keinen Mangel.«[125]

Das ist natürlich der gegebene Anlaß, erneut Krach zu schlagen: Cohn will einen Kommunisten nach Deutschland hereinlassen – das soll er büßen. Von einer differenzierten Prüfung seiner Äußerung natürlich keine Spur – denn dann würde man nämlich schnell merken müssen, daß er nichts weiter als eine gewissenhafte Berücksichtigung aller Faktoren befürwortet. Aber solche Feinheiten sind der Hetze nur hinderlich. Und die erreicht nun ihr Ziel. Am Tage vor Weihnachten erklären Rektor und Senat ihre Kapitulation vor den Studenten: Es wäre die »selbstverständliche Pflicht« Cohns gewesen, »unter den besonderen Umständen unserer Universität« zu schweigen.

»Leider hat Herr Professor Cohn neuestens diese pflichtmäßige Zurückhaltung durch ein unnötiges Hervortreten in einer umstrittenen politischen Frage vermissen lassen. Deshalb halten Rektor und Senat eine weitere Lehrtätigkeit des Herrn Professor Cohn an unserer schlesischen Universität im Interesse der Aufrechterhaltung der Ordnung und eines ungestörten Lehrbetriebes für nicht tragbar.«[126]

Jetzt lassen sich die Dozenten sogar auf Verhandlungen mit der Studentenschaft ein, um einen Weg zur Ausschaltung Cohns zu finden.[127] Wieder einmal wird ein Kollege um des lieben Friedens willen preisgegeben. Aber Widerstand kommt noch aus dem Ministerium, wo man nicht gedenkt, sich in seine Befugnisse hineinreden zu lassen. Kaehler ist offenkundig ungehalten, daß Hochschullehrer einen Kollegen öffentlich für untragbar erklären, zumal er den jüdischen Organisationen, die die Vorgänge als Testfall für die jüdische Gleichberechtigung betrachten, hat versichern lassen, standhaft zu bleiben.[128] Man einigt sich schließlich darauf, zunächst noch den erweiterten Universitätssenat zu Wort kommen zu lassen. Vor diesem Gremium bedauert Cohn, daß der Universität durch ihn Schwierigkeiten erwachsen seien, obwohl er sich doch Rektor und Senat zu aufrichtigem Dank verpflichtet fühle. Für den Senat ist damit »die Angelegenheit erledigt«,[129] aber den völkischen Studenten ist es damit noch längst nicht recht gemacht: Jetzt nennen sie Cohns Haltung »alles andere als heroisch«.[130] Tumulte und Vorlesungsstörungen gehen davon unberührt weiter: Einmal liest Cohn, einmal nicht.[131]
In Berlin ist sich der Vorstand der Deutschen Studentenschaft, ansonsten mit Solidaritätskundgebungen schnell bei der Hand, nicht recht schlüssig, was zu tun ist. Zwar richtet Schickert am 28. Dezember an Kaehler »die dringende Bitte, alles zu tun, um die Breslauer Vorfälle ... in einer Weise zu bereinigen, die nach der jetzigen Lage die einzig mögliche« sei,[132] aber erst Ende Januar rafft sich der Hauptausschuß zu der öffentlichen Erklä-

rung auf, auf »keinen Fall« dürfe »die Persönlichkeit des Professors Cohn für das Ministerium geeignet sein, den Gedanken der Lehrfreiheit, den die Deutsche Studentenschaft stets hochgehalten hat, zu vertreten«.[133] Die höflich gewundene Formulierung hat ihren Grund in den Befürchtungen, die man um das Zustandekommen des neuen Studentenrechts hegt.[134] Gerhard Krüger, um höherer Ziele wegen zur klugen Taktik mahnend, weist darauf hin, daß durch die Breslauer Unruhen »eine ungünstige Stimmung« geschaffen worden sei,[135] und im Hauptausschuß ist man durchaus geteilter Meinung, wie man sich am zweckmäßigsten verhalten solle. Zumindest aber dürfe der Kampf nicht allein zu Lasten des NSDStB gehen – deshalb auch legt man soviel Wert auf die Unterstützung von Waffenring und Katholiken.[136] All dieser Probleme wird man durch die nationalsozialistische Machtergreifung entledigt. Bereits am 31. Januar findet vor der Universität eine große Kundgebung statt. Vor dem Hauptportal der Hochschule weht die Hakenkreuzfahne; der Rektor nimmt die folgenden studentischen Forderungen an:

»1. Sofortige Zurückziehung der Kriminal- und Schutzpolizeibeamten aus den Räumen der Universität.
2. Zusicherung, keine Polizei mehr heranzuziehen.
3. Öffnung des juristischen Seminars, in dem Cohn seine Vorlesung hielt.
4. Wiederaufnahme des Disziplinarverfahrens gegen die verurteilten Kommilitonen.
5. Unterbrechung der Vorlesungen Cohns bis zum endgültigen Bescheid durch das neue preußische Kultusministerium.

Soweit es im Bereich seiner Zuständigkeit lag, führte der Rektor diese Forderungen direkt durch und versprach, sie in den anderen Fällen an die zuständigen Stellen weiterzuleiten und zu befürworten. Eine Wiederaufnahme des Disziplinarverfahrens ist nicht möglich, es soll aber auf dem Gnadenwege vorgegangen werden.«[137] Damit war der »Fall« beendet.

4. Widerstand?

Angesichts der massiven nationalsozialistischen Vorstöße wäre es indes eine Verzerrung der Wirklichkeit, betonte man nicht auch die zahlreichen administrativen Versuche, die Agitationswelle einzudämmen. Die Restriktionsmaßnahmen, die gegen den Studentenbund angewandt wurden, brauchen hier im einzelnen nicht aufgeführt zu werden – sie sind im Zusammenhang bereits verschiedentlich erwähnt worden. Verbote örtlicher und überregionaler Art häuften sich in den letzten entscheidenden Jahren der Republik, seien es nun Abzeichen-, Uniform-, Demonstrations- und Zeitungsverbote, oder sogar Auflösungen einzelner Hochschulgruppen. Immerhin kann man – etwas zugespitzt – feststellen, daß es wohl kaum eine NSDStB-Gruppe gab, die im Laufe der Zeit nicht wenigstens einmal vorübergehend ihre Anerkennung als akademische Vereinigung verlor. Auch die jeweiligen Verantwortlichen blieben nicht verschont, wiederholt kam es zu Disziplinar- und Gerichtsverfahren, Baldur von Schirach selbst entzog sich – nach mehrtägiger Untersuchungshaft – einer Geld- und Gefängnisstrafe wegen Anstiftung zum öffentlichen Aufruhr durch Flucht über die österreichische Grenze.[138]

Freilich ist auch gleich nach dem Erfolg administrativen Vorgehens zu fragen. Schirach jedenfalls höhnte siegessicher, alle Maßnahmen gegen den NSDStB seien »lächerliche Mätzchen, die von denen, die sie treffen sollen, belächelt« würden.[139] Ihm erschien ein Rektor, der gegen den Studentenbund mit Uniformverboten anging, als ein Mann, »der die wilden Tiere des Dschungels mit Mottenkugeln bekämpfen« wolle.[140] Der NSDStB wußte sich gegen Einschränkungen seiner Bewegungsfreiheit zu helfen. Bei Uniformverboten trat er beispielsweise im weißen Hemd auf, das Parteiabzeichen durch Tannengrün ersetzend,[141] Auflösungsdekrete, die die Asta-Fraktionen sowieso nicht berührten, unterlief er durch Gründung von akademischen Sektionen innerhalb der Partei-Ortsgruppe oder des Kampfbundes für deutsche Kultur. Ohnehin betraf ein akademisches Verbot nur den Wirkungskreis innerhalb der Hochschule.

Allerdings kann man nicht umhin zu betonen, daß es den Universitäten nicht selten am rechten Willen zum Durchgreifen mangelte. Von der Bemerkung des Marburger Rektors im Jahre 1926, der neugegründete Studentenbund solle nur »nicht zu viel Aufregung« verbreiten, auf daß die Ruhe der Hochschule nicht gestört werde,[142] bis zu der seines Jenaer Kollegen von 1931, daß die Ziele des Nationalsozialismus ja gar nicht so schlecht seien, wenn nur nicht ein solcher »Sauherdenton« an der Tagesordnung wäre,[143] zieht sich ein Faden professoralen Verständnisses für den studentischen Rechtsradikalismus durch die meisten Stellungnahmen. Selbst Friedrich Meinecke, einer der wenigen Hochschullehrer, die sich zur aktiven Befürwortung der Weimarer Demokratie – wenn schon nicht mit dem Herzen, so doch mit dem Verstande – bereitgefunden hatten, glaubte ein »heroisches Bedürfnis« der nationalistischen Jugend würdigen zu müssen.[144] Der nachträgliche Bericht Eduard Sprangers mag hier längere Ausführungen ersetzen: Theodor Litt »regte auf dem Hochschulverbandstag in Danzig im Oktober 1932 eine Erklärung der Hochschullehrer an, in der gegen die Unzuverlässigkeit und Lügenhaftigkeit der genannten (nationalsozialistischen) Gruppe Stellung genommen werden sollte. Diesem Plan widersprach ich ... weil ich die Bewegung der nationalen Studenten noch im Kern für echt, nur in der Form für undiszipliniert hielt. Auch hätte es eine schädliche Wirkung für die Hochschule gehabt, wenn sie sich zu der nationalen Welle, die damals noch viel Gesundes mit sich führte und mit heißen Erwartungen begrüßt wurde, nur schulmeisterlich geäußert hätte. Der Schritt unterblieb also.«[145]

Zwar war man in der Professorenschaft geneigt, alle politischen Studentengruppen als den Universitäten nicht wesensgemäß ablehnend über einen Kamm zu scheren,[146] doch konnten die Nationalsozialisten mit dem Anspruch der lediglich gezwungenermaßen als Partei agierenden nationalen Sammlungsbewegung auf erheblich mehr Entgegenkommen zählen als die mittel- und linksdemokratischen Studentengruppen.[147]

Auf die Ursachen solchen Verhaltens näher einzugehen, ist hier nicht der Ort. Wenn auch feststeht, daß die NSDAP unter der Hochschullehrerschaft vor 1933 keine sie befriedigende Basis fand,[148] so ist doch nicht minder klar, daß auch die Republik bei ihnen wenig Anklang fand – und selbst diejenigen, die öffentlich für sie einzutreten bereit waren, waren zersplittert in »Vernunftsrepublikaner« wie Meinecke, Wilhelm Kahl und Adolf von Harnack, und solche, die in der bürgerlichen nur einen Übergang zur sozialistischen Republik sahen (Karl Ballod, Franz Oppenheimer, Johann Plenge).[149] Die bürgerlichen Demokraten schließlich, die den neuen Staat aus innerer Überzeugung bejahten und sich ihm wie Gustav Radbruch (als Justizminister) zur Verfügung stellten, waren weitaus in der Minderheit.

»Das Unpolitische als Wesensmerkmal der deutschen Universität«,[150] das unreflektierte Postulat also, oberhalb der Parteien als Träger des wahren und objektiven Geistes zu fungieren und »in ihrer Gesamtheit etwas wie das öffentliche Gewissen des Volkes in Absicht auf gut und böse in der Politik – der inneren und äußeren –« zu verkörpern und somit jenseits aller »Verwirrung durch Parteisucht und Parteihaß ... das Handeln der Macht an der Idee zu messen«,[151] galt bei der überwältigenden Mehrzahl der Hochschullehrer als selbstverständliche Voraussetzung ihres Wirkens. Über die sozialen Hintergründe eines solchen Selbstverständnisses ist bereits im Abschnitt über die Mentalität der Studentenschaft einiges angeklungen – Lehrern wie Schülern ist dieselbe Mentalität zuzuschreiben. Spätestens seit der Identifikation des Bürgertums mit dem Reich von 1871 war der politische Anspruch der Wissenschaft obsolet geworden. Daß von dieser Entwicklung die einzelnen Wissenschaftsdisziplinen nicht unberührt blieben – sondern mit ihr in engem wechselseitigen Verhältnis standen –, liegt auf der Hand: Positivistische Rechtsschule und Historismus etwa erleichterten dem Bildungsbürgertum die Versöhnung mit der zunächst ungeliebten Realität. Wenn auch Theodor Eschenburg mit Berechtigung betont, daß unter den angesehenen Gelehrten manche gewesen sein könnten, »die im Politischen zu einem anderen Ergebnis gelangt wären, wenn sie ihre politische Haltung mit ebenso viel Intelligenz, mit der gleichen Gründlichkeit und Sorgfalt kontrolliert hätten, wie sie in ihrer eigenen Disziplin zu arbeiten gewohnt« gewesen seien,[152] so ist hinzuzufügen, daß dazu auch den meisten Wille und Übung fehlten.

Die aus alledem sich ergebende antidemokratische Grundhaltung der

Hochschullehrerschaft hatte neben der häufig recht milden Behandlung rechtsradikaler Auswüchse freilich auch den Effekt, daß die Universitäten die staatlichen Behörden nicht gerade ermutigten, ordnend an den Hochschulen einzugreifen. Die Furcht vor Nachteilen für die gegen die Republik hartnäckiger denn je verteidigten akademischen Selbstverwaltungsrechte verführte offenbar Rektoren und Senate, die hochschulinterne Entwicklung so lange zu verharmlosen, bis die eigene Hilflosigkeit nicht mehr zu kaschieren war.[153] Wieweit sich die Kultusverwaltungen davon haben beeinflussen lassen, steht dahin; daß sie in der Regel bemüht waren, die Empfindlichkeiten der Hochschulmitglieder eher zu schonen, denn zu reizen, darf man aber wohl konstatieren. Dies läßt sich guten Gewissens auch von den stets besonders heftig befehdeten preußischen SPD-Koalitionsregierungen sagen. Diese Vorsicht scheint allerdings auch die Konsequenz gehabt zu haben, daß man sich so wenig wie möglich öffentlich zu Studentenangelegenheiten äußerte. Wenn sich zwar die preußischen Sozialdemokraten etwa durch Stützung des Deutschen Studentenverbandes, der Gegenorganisation zur DSt, um eine Stärkung der studentischen Opposition bemühten,[154] so überwiegt doch der Eindruck, daß man sich ansonsten weitgehend zurückhielt.

Indes sollte man aber nicht übersehen, daß mit restriktiven Maßnahmen allein die Dynamik einer politischen Bewegung noch nie hat eingedämmt werden können. War nun aber die sozioökonomische und politische Entwicklung wenig geeignet, dem NSDStB von selbst den Garaus zu machen, so fanden sich weder im Lager der Konservativen noch in dem der Demokraten hinreichend Persönlichkeiten und Gruppierungen, die in der Lage gewesen wären, wenigstens die noch schwankenden Studenten gegen die nationalsozialistische Ideologie zu immunisieren. Was die Professorenschaft betrifft, so beweisen die Wochen der nationalsozialistischen Machtergreifung nicht nur, daß vielen Hochschullehrern die unmittelbare Bedrohung der akademischen Freiheit nicht bewußt war, sondern auch, daß nicht wenigen, empfindlicher reagierenden das wissenschaftliche Instrumentarium fehlte, das erkannte Verhängnis in seinem ganzen Ausmaß zu analysieren.[155]

Verfügten also die wenigsten Dozenten über die Mittel, auf rationalem Wege die Studenten zur politischen Vernunft zu bringen,[156] so war freilich politischen Diskussionen im besten Sinne die Zeit auch nicht günstig. Selbst demokratische Professoren könnten hier nur in Ausnahmefällen als Leitbilder genannt werden. So ersetzte der emotionale Appell das Argument, der rhetorische Sieg die geistige Auseinandersetzung. Organisierte Diskussionen gab es namentlich in den letzten Jahren kaum noch, und kamen Debatten im Anschluß an Vortragsveranstaltungen zustande, so galt es, den Gegner in Grund und Boden zu reden – links wie rechts gaben sich hier nichts nach. Es stand schlecht um die Nüchternheit in dieser

Zeit. Die deutschen Universitäten waren längst zum Feld der Phrase geworden, und hier zeigten sich die Nationalsozialisten als Meister. Max Webers bereits 1919 vor Münchner Studenten ausgesprochene Mahnung, Politik werde mit dem Kopf gemacht, »nicht mit anderen Teilen des Körpers oder der Seele«,[157] war ungehört verhallt.

[1] NSDStB-Rdschr. Nr. 18, 15. 9. 1931. RSF II p 226.

[2] Paucker 1969, 135f., 215.

[3] »Klarheit über den Frankfurter Universitätsskandal«. Pressedienst (Juni 1932); Sturmfahne (6. 7. 1932); VB, Nr. 180 (28. 6. 1932), Nr. 182 (30. 6. 1932), Nr. 186 (3./4. 7. 1932).

[4] S. o., Kap. II, 2 b.

[5] Störtebecker, Nach der Schlacht! Dt. Rev., F. 3 (8. 12. 1931). Das folgende ebd.

[6] Dr. R., Wir lehnen das heutige Hochschulsystem ab. Dt. Rev., Nr. 2 (23. 11. 1931). Das folgende ebd.

[7] Die Vorgänge sind dargestellt in der Denkschrift »Ich bekämpfe Professor Mühlenpfordt auch mit unsachlichen Mitteln«. Eine Untersuchung der 1. Fachschaft der T. H. Braunschweig, o.O., o.J. (Braunschweig 1932); StB. Sie diente Roloff 1961, 86–88, als Hauptunterlage. Dazu RSF II 143; IfZG MA 533–5051273ff.; Heinrich Lüer, Was geht in der Braunschweiger Studentenschaft vor? D.B., F. 3 (20. 1. 1931).

[8] Axel Schaffeld (WSC und NSDStB) war zuvor Vorsitzender der Braunschweiger Studentenschaft, nach dem Grazer Studententag löste er den Nicht-Nationalsozialisten Theodor Schade (VC) als Kreisleiter ab.

[9] »Braunschweiger Studenten im Kampf um die deutsche Ehre«. VB, Nr. 349 (15. 12. 1931).

[10] »Der erfolgreiche Kampf der Braunschweiger Studenten für die Ehre der deutschen Nation«. VB, Nr. 27 (27. 1. 1932).

[11] Dem nationalsozialistischen 1. Studentenschaftsvorsitzenden Kurt Blankenburg und zwei weiteren NSDStB-Mitgliedern wurde die Relegation angedroht.

[12] Brief aus Braunschweig an B. v. Schirach, 10. 2. 1932. RSF II p 226.

[13] Ob allerdings die Turnerschaften u. a. ähnlich wie in der DSt-Politik aus der Front der Verbände ausscherten, konnte nicht festgestellt werden.

[14] Protokoll der 6. Führerringsitzung vom 24./25. 2. 1932. RSF II p 224; H. Weinker an E. Gille, 27. 2. 1932. IfZG MA 533–5051315f.

[15] Roloff 1961, 89ff.; Morsey 1960, 419–48. Alfred Ander, Professorenaufruhr gegen Klagges. Weltbühne, Nr. 51 (20. 12. 1932) 896–98.

[16] Über die Hintergründe ist wenig zu erfahren. Immerhin war bezeichnend, daß die regierungsbildende bürgerlich-nationalsozialistische Koalition in dem DNVP-Fraktionsvorsitzenden und TH-Professor Ernst August Roloff einen einflußreichen Mittelsmann zur Hochschule besaß. Roloff 1961, passim.

[17] S. S. 2/112f. Natürlich vergaßen die Nationalsozialisten Mühlenpfordt nicht: Für das Sommersemester 1933 wurde er von Klagges beurlaubt. Wie weit übrigens die oben angedeutete Solidarität der Aktivitas mit ihren Alten Herren ging, beweist die Haltung von Wilhelm Beu. Dieser, Landesführer Braunschweig des NSDStB (die 1932 im Kreis VI, 1933 überall eingeführten Landesführer rangierten zwischen dem Kreisführer und den örtlichen Hochschulgruppen) und Aktiver der Burschenschaft Thuringia setzte sich im Sommer 1933 intensiv für AH Mühlenpfordt ein, was ihn selbstverständlich in Konflikte mit dem NSDStB brachte. Hochschulgruppe Braunschweig an die RL des NSDStB, 3. 10. 1933. RSF II 143.

[18] Dazu ausführlich Fließ 1959, 184–98. Das folgende ebd.; dazu RSF II A 6.

[19] Wolfgang Geibel, Der Fall Fascher. Sturmfahne (Jan. 1932).

[20] Erich Fascher trat 1933 der Glaubensbewegung Deutscher Christen bei. Fließ 1959, 600.

[21] Manfred Unger, Georg Sacke, ein Kämpfer gegen den Faschismus. Uni Leipzig 1959, 307–30, hier 312f. »Bericht des Hochschulgruppenführers über die Vorgänge anläßlich des Artikels ›Deutschland erwache‹ des Prof. Keßler in der ›Neuen Leipziger Zeitung‹

vom 28. 11. 1932«. RSF II 128. Der Artikel findet sich auch in G. Keßlers Aufsatzsammlung Kampf und Aufbau. Junge deutsche Politik, Leipzig 1933.

[22] »Bericht des Hochschulgruppenführers . . .« RSF II 128.

[23] »Deutscher Geist siegt!« Leipz. Tagesztg., Nr. 207 (2. 12. 1932). Im März 1933 wurde Keßler beurlaubt, im Juli auf Veranlassung Gauleiter Mutschmanns verhaftet; später gelang ihm die Flucht ins Ausland. 1939 schließlich entzog ihm die Universität den Doktorgrad. Unger, Georg Sacke . . . Uni Leipzig 1959, 313.

[24] Franz 1949, 116f.; »Die republikanischen Studenten in Bayern«. FZ, Nr. 49/50 (20. 2. 1931); »Hakenkreuzlümmel·sprengen eine Versammlung«. MP, Nr. 14 (19. 1. 1931).

[25] »Nun auch noch der Fall Maurenbrecher«. Dt. Rev., Nr. 4 (15. 1. 1932).

[26] Nawiasky 1932; Franz 1949, 74ff.; einiges Quellenmaterial RSF II A 18 und I 07 p 370.

[27] »Spaltung im Münchner V.D.A.« VB, Nr. 48 (27. 3. 1930). Schon 1922 war er mit anderen Münchner Kollegen vom VB wegen seiner Abstammung angepöbelt worden. »›Deutsche Universität‹ oder Judenschule?« VB, Nr. 181 (8. 2. 1922).

[28] »Nawiasky verteidigt das Versailler Diktat«. VB, Nr. 177 (26. 6. 1931). In Wirklichkeit hatte Nawiasky die drei Friedensschlüsse in gleicher Weise verurteilt, was die nationalistischen Studenten aber ebenso wenig billigten.

[29] »Der Nawiasky-Skandal an der Münchner Universität«. VB, Nr. 179/180 (28./29. 6. 1931); VB, Nr. 181 (30. 6. 1931), Nr. 183 (2. 7. 1931), Nr. 185 (4. 7. 1931), Nr. 188 (7. 7. 1931), Nr. 190 (9. 7. 1931), Nr. 191 (10. 7. 1931).

[30] Eine gewisse Rolle bei diesem Einlenken dürfte einmal das Bedürfnis der Reichsleitung nach einem guten Verhältnis zu den Verbänden im Hinblick auf den unmittelbar bevorstehenden Studententag in Graz gespielt haben, außerdem wohl auch die Furcht vor dem Entzug der staatlichen Anerkennung in Bayern. Dem NSDStB wurde wegen der Vorfälle von der Universität die Auflösung angedroht.

[31] Eine Darstellung des »Falles Gumbel« liegt vor aus der Feder des Hogruf Karl Doerr, Herr Gumbel und die Kühlrübe. Auch eine Geschichte aus Alt-Heidelberg. D.B., Nr. 4 (22. 1. 1936) – Nr. 19 (6. 5. 1936); Gustav Adolf Scheel, Heidelbergs Studenten im Kampf um die Erneuerung der Hochschule. DDS (Juliheft 1936). S. a. die laufende Berichterstattung in D.B. und Dt. Rev. Vergl. Hellpach 1949, 171ff.; Leisen 1964, 74–77, 160–163; Bleuel 1968, 157–160.

[32] Gumbel 1924a); ders. 1924b); ders. 1925. Es folgten dann mindestens noch zwei weitere Landesverratsverfahren, die ebenfalls mangels Beweises eingestellt wurden. Leisen 1964, 74f.; Otto Jacobsen, Die Wahrheit über den Fall Gumbel. Soz. Wille, Nr. 2 (Juni 1931). Gumbels Untersuchungen wurden in einer Denkschrift des Reichsjustizministeriums, die allerdings weitgehend unbekannt blieb, im großen und ganzen bestätigt. Gumbel 1924c); Gay 1970, 42; Steffani 1960, 152–58.

[33] Die Wertschätzungen der charakterlichen Qualitäten Gumbels gehen weit auseinander. Willy Hellpach 1949, 172, in der Mitte des Jahrzehnts badischer Kultusminister, und mit dem »Fall« befaßt, betont seine »herrische hochfahrende Art« und seine schnell erfolgte Resignation. Albert Einstein dagegen schrieb 1930 an Gustav Radbruch, er schätze Gumbel als Persönlichkeit noch viel höher denn als Wissenschafter. Nach Leisen 1964, 76.

[34] Heidelberger Neueste Nachrichten (28. 7. 1924), zit. nach Leisen 1964, 75.

[35] Zit. nach Ilsemarie Schaper, Der Fall Gumbel: Die Schmach der Ruperto Carola. Student, F. 12 (15. 5. 1925). Das folgende ebd.

[36] Zit. nach »Der Fall Gumbel«. DHZ, F. 24 (13. 6. 1925). Das folgende ebd. Einer der drei Gutachter – Karl Jaspers – freilich sah Gumbel doch etwas vorteilhafter. Er gab ein Sondervotum ab: »Auf den ersten Blick ist Gumbel ein fanatischer Idealist. Er glaubt an seine Sache, den Pazifismus, und an seine Mission darin. Leidenschaftlich und voll Haß steht er allem gegenüber, was ihm Gewalt, Nationalismus, Tendenz zu künftigem Kriege scheint. Wo dieser Idealismus in Frage kommt, hat er Mut, nicht nur Zivilcourage zu sagen, was er denkt, sondern den Mut zum Wagnis seines Lebens . . . Man sieht in seiner politischen Betätigung das typische Ganze aus Idee, anmaßlichem Selbstbewußtsein, persönlicher Affektivität (Ressentiment, Haß), Sensationslust und Demagogie. Dieser Mann ist zugleich ohne Zweifel ein Gelehrter.« Vergl. Jaspers 1957, 38ff.

[37] Leisen 1964, 76.

[38] Allerdings wurde ihm das Reden auch erschwert. So verbot der Tübinger Rektor im Sommer 1925 eine Vortragsveranstaltung mit Gumbel innerhalb der Universität, da er

nach der Lektüre des Heidelberger Fakultätsgutachtens mit Unruhen rechnete. Zu denen kam es dennoch, denn Gumbel versuchte, in einer Gaststätte zu sprechen. »Die Tübinger Vorfälle«. BBl., H. 11/12 (Aug./Sept. 1925) 246f.; »Die Tübinger Studentenschaft gerechtfertigt«. BBl., H. 1 (Okt. 1925) 7f.

Aber auch nachdem sich die Wogen geglättet hatten, vergaßen ihn die Nationalisten nicht. Die deutschnationale Landtagsfraktion unternahm es, ihm aus einem Brief einen Strick zu drehen, in dem er seine in Frankreich gehaltenen Vorträge gegenüber denen des Historikers Engelhaaf verteidigte. Darin hatte er nämlich ähnliches auszusprechen gewagt wie später Nawiasky: »Der Versailler Friede ist natürlich ungerecht, aber nicht mehr als etwa der Friede von 1871 und der Friede, den wir mit Rußland und Rumänien geschlossen haben«. Außerdem versuchte die Arbeitsgemeinschaft völkischer Akademikerverbände, ein Zusammenschluß von Korporationen und Altakademiker-Organisationen, zu einem Übereinkommen mit der Heidelberger Universität zu gelangen dergestalt, daß man Gumbel künftig in Ruhe lassen wolle, wenn als Gegenleistung Dr. Arnold Ruge wieder eingestellt würde, dem 1920 wegen antisemitischer Äußerungen die venia legendi entzogen worden war. Dieses Ansinnen lehnte die Universität ab. Leisen 1964, 77. Zu Ruge: Maser 1965, 311f.; Heiber 1966, 172f.

[39] VB, Nr. 196 (10. 8. 1930); Nr. 303 (21./22. 12. 1930). Badischer Landtag 1931, 378ff.

[40] Zit. nach Leisen 1964, 160.

[41] Richard Scherberger, Der Fall Gumbel. BBl., H. 3 (Dez. 1930) 62f. Das folgende ebd.; VB, Nr. 1 (1./2. 1. 1931), Nr. 6/7 (6./7. 1. 1931).

[42] Nach einem Brief Prof. Tillmanns an den DSt-Vorstand. DSt AkCorr., Nr. 7 (20. 3. 1931).

[43] R. Scherberger, Auflösung und Neugründung der Studentenschaft in Heidelberg. BBl., H. 7 (April 1931) 168f.

[44] Vergl. S. 2/8.

[45] R. Scherberger, Auflösung ... BBl., H. 7 (April 1931) 168f.: »Die Heidelberger Studentenschaft steht ... auf dem Standpunkt, daß eine andere Handhabung selbst in einem Studentenparlament bezüglich der Annahme oder Ablehnung irgendwelcher Anträge nicht möglich ist, als durch die Mehrheit feststellen zu lassen, nach welcher Richtung die gewählten Vertreter der Studenten ihre Meinung zum Ausdruck bringen. Wir fragen den Kultusminister, wie er es ermöglichen will, Beschlüsse herbeizuführen, ohne durch die Abstimmung der Mehrheit entscheiden zu lassen.«

[46] R. Scherberger, Auflösung ... BBl., H. 7 (April 1931) 168f. Dort ist Remmeles Schreiben teilweise im Wortlaut wiedergegeben. VB, Nr. 24 (24. 1. 1931), Nr. 25/26 (25./26. 1. 1931).

[47] »Aufruf des Vorstandes der Deutschen Studentenschaft zum Fall Gumbel in Heidelberg«. DSt AkCorr., Nr. 2 (23. 1. 1931).

[48] DSt AkCorr., Nr. 2 (23. 1. 1931).

[49] DSt AkCorr., Nr. 7 (20. 3. 1931). Zu Kundgebungen pro Gumbel vergl. Leisen 1964, 76; Studenten im Kampf 1938, 63; BBl., H. 9 (Mai 1931) 212; SAR, Nr. 3 (März 1931), Nr. 5 (Mai 1931); D.B., F. 15 (19. 4. 1931); Weltbühne, Nr. 37 (13. 9. 1932) 388–91.

[50] »Das Kriegerdenkmal der Kohlrübe«. Der heidelberger Student, Nr. 3 (9. 6. 1932), Faksimilewiedergabe in: Studenten im Kampf 1938, 60.

[51] Es kursierten z. B. karikierende Ansichtskarten »Gumbel in der Badehose« versehen mit dem »Kohlrübensalat«. In der Dt. Rev., Nr. 4 (15. 1. 1932), erschien folgende Anzeige: »Kameraden! Kauft unsere Karikaturen-Postkarten, das Stück zu 5 Pf. Bisher erschienen: Gumbel, Dehn, Nawiasky, Lessing, Mühlenpfordt ...«

[52] »Der Jude Gumbel muß verschwinden«. Sturmfahne (6. 7. 1932). Zu der großen Protestversammlung am 24. Juni kamen Studentenvertreter aus Frankfurt/M., Darmstadt und Tübingen, zahlreiche weitere Studentenschaften bekundeten ihre Sympathie.

[53] Zit. nach Leisen 1964, 163; in diesem Sinne referiert auch der Bericht der Sturmfahne (6. 7. 1932); vergl. BBl., H. 11 (Juli 1932) 73.

[54] Nach Leisen 1964, 163.

[55] E. J. Gumbel, Rekurs an das Staatsministerium. Weltbühne, Nr. 41 (11. 10. 1932) 537–40.

[56] Pressedienst (Ende Juli 1932).

[57] H. Hildebrandt an O. Stäbel, 24. 8. 1932. RSF II 147.

[58] Karl Georg Doerr, Das Ende der Tragödie Gumbel. VB, Nr. 250 (5. 9. 1932); »Gumbel erledigt«. BBl., H. 12 (Aug./Sept. 1932) 280.

[59] Darunter auch der Studentenschaftsvorsitzende cand. med. Gustav Adolf Scheel, späterer Reichsstudentenführer. Der Beschluß des Disziplinarausschusses BA R 129–126.

[60] »Disziplinarverfahren«. Der heidelberger Student, Nr. 7 (29. 7. 1932), Faksimile-Wiedergabe in: Studenten im Kampf 1938, 61.

[61] »Gumbel ist fort«. DSt AkCorr., Nr. 16 (2. 9. 1932).

[62] Zit. nach KuV 1931, 46; Dokumentation der Halleschen Studentenschaft »Der Fall Dehn, 1. Teil: Die Vorgänge, die zum ›Fall Dehn‹ führten«, abgeschlossen am 16. 10. 1931, Anl. 6. RSF II A 7. Vergl. die »Denkschrift über die Berufung des Pfarrers D. Günther Dehn. Bearbeitet von der Kampfzelle Halle der NSDAP« o. D.; ebd.; »Der Fall Dehn. Charakteristik eines Systemprofessors«. D.B., F. 23 (13. 11. 1935) – Nr. 2 (8. 1. 1936).

[63] Hierzu Dehn 1962, 164ff., dort auch eine Schilderung seines »Falles«.

[64] Dehn 1962, 253.

[65] Nachgedruckt in KuV 1931, 6–23; die folgenden Zitate ebd. Zum ganzen »Fall Dehn« vergl. auch Bizer 1957.

[66] Dehn 1962, 254.

[67] Dies und das folgende nach: KuV 1931, 26ff.

[68] Zu G. Traub: Thimme 1969, 23; Eyck 1962 I, 86.

[69] In diesem Sinne auch die Briefe zweier Heidelberger Theologieprofessoren, die Dehn nachträglich ihre Solidarität bekundeten, ihre dennoch ablehnende Stimme mit der Rücksichtnahme auf den »Fall Gumbel« erklärten. Einzig der Ordinarius für das Neue Testament, Martin Dibelius, hat ein Sondervotum für Dehn eingereicht, in dem er die Vorwürfe gegen Dehn als gezielte Kampagne charakterisierte. Den Unterschied zu Gumbel stellte er so dar: »a) Dort ist die inkriminierte Äußerung getan worden, hier ist sie nicht getan. b) Dort handelt es sich um eine außerberufliche politische Betätigung, hier um einen durchaus sachlichen theologischen Vortrag und die anschließenden Gespräche.« Also um die Ausübung eines Berufes. Ob aber diese Unterscheidung wirklich so stichhaltig ist, wie etwa Bizer 1957, 245, meint, ist fraglich. Sollte die freie politische Betätigung eines Dozenten weniger schutzwürdig sein als die Berufsausübung?

[70] Über die religiösen Sozialisten kurz Grebing 1970, 172, 187.

[71] Dehn 1962, 265.

[72] »Erklärung des Senats der Universität Halle«. KuV 1931, 72. Zu Grimmes Meinung über Dehn vergl. seinen Brief an C. H. Becker, 20. 11. 1931. Grimme 1967, 44ff.

[73] Dehn 1962, 265.

[74] Dehn 1962, 261.

[75] S. S. 1/102.

[76] »Der Fall Dehn, 2. Teil: Der Kampf um D. Dehn«, abgeschlossen am 20. 1. 1932, 6. RSF II A 7; weiteres Material IfZG MA 533–5051030ff.

[77] Von einem dauernden Verbot wird abgesehen, »weil vielleicht zugunsten der Hochschulgruppe angenommen werden kann, daß sie sich nicht in vollem Umfange die Schwere und Tragweite ihres Vergehens klar gemacht hat«. »Auflösung des nationalsozialistischen Deutschen Studentenbundes in Halle«. KuV 1931, 46ff.

[78] »Der Fall Dehn, 1. Teil«, Anl. 5. RSF II A 7.

[79] »Eine ›akademische Notverordnung‹«. D.B., F. 17 (3. 5. 1931); DSt-Rdschr. A 12/ 1930/31, 12. 3. 1931. BA R 129–216.

[80] »Der Fall Dehn, 1. Teil«, Anl. 8. RSF II A 7.

[81] Protokoll der HA-Sitzung vom 23. 7. 1931. BA R 129–55.

[82] »Aüszugsdrohung der ›Deutschen Studentenschaft‹«. KuV 1931, 49ff.

[83] »Die Erklärung der Universität Halle«. KuV 1931, 53ff.

[84] »Gegenerklärung der ›Deutschen Studentenschaft‹«. KuV 1931, 57ff.

[85] »Der Fall Dehn, 2. Teil«, Anl. 8, 6. RSF II A 7; Bizer 1957, 250f.

[86] »Offener Brief an die Stadtverordneten-Versammlung«. KuV 1931, 51.

[87] »Der Fall Dehn, 2. Teil«, Anl. 1, 2. RSF II A 7; BBl., H. 7 (April 1932) 157f.; »Die Hallesche Studentenschaft zum Fall Dehn«. KuV 1931, 66f. Leider kann mangels Quellen auf diesen wichtigen Aspekt der wirtschaftlich bedingten Intervention des Bürgertums zuungunsten der demokratischen und akademischen Freiheit nicht näher eingegangen werden. Es sei aber darauf hingewiesen, daß genau derselbe Vorgang 1925 in Hannover

84

zu beobachten war, als die dortigen Geschäftsleute als Reaktion auf die Auszugsdrohung der Studenten die Abberufung Lessings forderten. Messer 1926, 40f. Aufgrund derselben Motivation lehnte 1926 der Jenaer Stadtrat einen SPD-Antrag ab, der das rüpelhafte Benehmen der Studenten rügte. Fließ 1959, 322f. Vitale Interessen der Stadt und des Landes sah 1925/26 der Freiburger Oberbürgermeister durch das Vorgehen des Kultusministeriums gegen das Mensurwesen gefährdet. Kreutzberger 1972, 90. Wie später noch gezeigt wird, sind die Hallischen Altherrenschaften wesentlich am Protest gegen die Maßnahmen der Studentenschaft beteiligt. Es liegt nahe, auch hier u. a. wirtschaftliche Motive zu vermuten.

[88] Dazu außerdem E. F. G., Zum Fall Dehn. Pressedienst, Nr. 1 (Dez. 1931/Jan. 1932); VB, Nr. 302 (5. 11. 1931), Nr. 310 (6. 11. 1931), Nr. 312/313 (8./9. 11. 1931). Sieben verhaftete Studenten werden später in diesem Zusammenhang wegen Landfriedensbruchs, in einem Fall verbunden mit Körperverletzung, bzw. wegen groben Unfugs unter Zubilligung mildernder Umstände zu Gefängnis- bzw. Haftstrafen zwischen vier und acht Monaten verurteilt. »Gefängnis wegen der Universitätskrawalle«. Voss. Ztg. Nr. 66 (9. 2. 1932); Dehn bestreitet das, 1962, 272. Wenig später wird die Hallische Universitätszeitung wegen mehrerer Artikel gegen Grimme und die Polizei sowie eines gehässigen Spottgedichts über Dehn für zwei Monate verboten und ihr nationalsozialistischer Schriftleiter Günther Stöve von der Universität relegiert. »Letzter Krampf«. Sturmfahne, 2. Dez.-Nr. (1931); »Die Deutsche Studentenschaft zur Relegation des Schriftleiters der ›Hallischen Universitätszeitung‹«. Pressedienst, Nr. 3 (Febr. 1932).

[89] »Die Hallische Studentenschaft zum Falle Dehn«. KuV 1931, 66; VB, Nr. 317 (13. 11. 1931). Ihren Boykottaufruf verwirklicht die Studentenschaft in eigenen Langemarck-, Reformations- und Reichsgründungsfeiern, was seinen Eindruck auf die an gemeinsame Veranstaltungen gewöhnten Professoren nicht verfehlt. Dehn 1962, 270.

[90] »Vertrauenskundgebung für den Rektor der Universität Halle«. KuV 1931, 72.

[91] »Telegramm des Vorstandes des Verbandes der Deutschen Hochschulen, Prof. Tillmann (Bonn)«. KuV 1931, 72.

[92] »Wider den undeutschen Geist auf deutschen Hochschulen«. VB, Nr. 318 (14. 11. 1931); vergl. KuV 1931, 74f.

[93] »Amtlicher Bericht über die Dozentenversammlung am 11. November 1931«. KuV 1931, 73f.

[94] G. Dehn 1962, 274.

[95] Die studentische Ablehnung des Rektors und der Beschluß, nicht mehr zu chargieren, bleiben freilich bestehen. »Die Antwort der ›Deutschen Studentenschaft‹ auf die Dozentenerklärung vom 11. November«. KuV 1931, 75f.

[96] »Der Fall Dehn, 2. Teil«, Anl. 22. RSF II A 7. Über Sympathiekundgebungen für Dehn seitens der Professorenschaft berichten Dehn 1962, 280ff., und Bizer 1957, 253f.; KuV 1931, 76f.

[97] »Nochmals ›Der Fall Dehn‹«. Sturmfahne, 2. Dez.-Nr. (1931); Bizer 1957, 253. Voss. Ztg., Nr. 466 (23. 11. 1931).

[98] Theologische Blätter, 1931, zit. nach Bizer 1957, 254. Dazu die Korrespondenz H. Börners mit Kunze und Hilgenstock. IfZG MA 533–501088. Aufgrund dieser Stellungnahme kommt es in der DS zu einer heftigen Kontroverse um Kunze. Rdschr. des NSDStB, 30. 1. 1932. RSF I 02 C2.

[99] Sturmfahne, Nr. 1 (Nov. 1931). Eine ähnliche Erklärung gibt der Verband Alter Turnerschafter (VC) ab. »Der Fall Dehn, 2. Teil«, Anl. 24. RSF II A 7.

[100] Horst Schneble, Der Fall Dehn. BBl., H. 2 (Nov. 1931) 36–38; ders., Ruhe in Halle. BBl., H. 3 (Dez. 1931) 58f.

[101] Protokoll der HA-Sitzung vom 21./22. 11. 1931. BA R 129–55; Fritz Hilgenstock, Die Deutsche Studentenschaft, studentische Verbände und Nationalsozialistischer Studentenbund. BBl., H. 4 (Jan. 1932) 73f.

[102] »Die Selbstverwaltung der deutschen Hochschulen. Der Vorstand der Deutschen Studenten zum Fall Dehn«. DSt AkCorr., Nr. 22 (16. 11. 1931); »An die studentischen Verbände«, 19. 12. 1931. RSF II p 227.

[103] KuV 1931. Das folgende ebd.

[104] »Erklärung der Deutschen Studentenschaft Halle«, 13. 1. 1932. Sturmfahne, Januar-Nr. (1932).

[105] »Der Fall Dehn, 2. Teil, Anl. 33. RSF II A 7; DSt AkCorr., Nr. 3 (27. 1. 1932);

»Freiheit der Wissenschaft – aber keine Freiheit der Frontbeschimpfer! Offener Brief an Prof. D. Günther Dehn«. VB, Nr. 27 (27. 1. 1932).

[106] Gerhard Krüger, Die Entstehung des Falles Dehn. DSt AkCorr., Nr. 4 (15. 2. 1932).

[107] Hans Hauske, Dehns neuer Angriff auf den Nationalismus. BBl., H. 6 (März 1932) 137f. Dagegen meldet sich aber auch Opposition: Heinz Otten, Grundsätzliches zum Fall Dehn. BBl., H. 9 (Juni 1932) 203.

[108] DSt AkCorr., Nr. 3 (27. 1. 1932).

[109] E., Worum handelt es sich beim »Fall Dehn«? Sonderdruck aus der Preuß. Kirchenzeitung, Nr. 24 (1931). Sturmfahne, Jan.-Ausg. (1932).

[110] »Kein nationaler Student geht im Sommer-Semester 1932 nach Halle«. Pressedienst, Nr. 2 (Jan. 1932).

[111] Dieser Vorgang ist dargestellt in den BBl., H. 7 (April 1932) 157f.: »Zum Universitätskonflikt in Halle«; dazu »Der Kampf um ›Dehn‹ geht weiter.«, Sonderdruck der Altherrenschaft des Hallischen Hochschulrings, März 1932. RSF I 07 p 371; H. Börner, Konflikt zwischen der Deutschen Studentenschaft Halle und dem Vorstand des Hochschulrings Deutscher Art Halle, o. D., ebd. Der schroffe Ton der Studentenschaft erklärt sich nicht nur aus den zeitgleichen Vorgängen in der DSt-Spitze, sondern auch aus der Person des Vorsitzenden und NSDStB-Hochschulgruppenführers Hans Börner, der als besonders korporationsfeindlich bekannt war. S. S. 1/62f.; BBl., H. 3 (Dez. 1931). H. Börner an die RL der NSDAP, 28. 9. 1931. RSF II A 5.

[112] »Radaustudenten unter sich«. Aktion, Ausg. B, Nr. 4 (Juni 1932); Sturmfahne (1. 6. 1932).

[113] Protokoll der 6. Führerringsitzung, 24./25. 2. 1932. RSF II p 224.

[114] »Dehn nicht mehr in Halle!«. Sturmfahne (1. 11. 1932). Diese Voraussage war schon vor Erscheinen des Artikels eingetroffen – allerdings ohne Wissen der Studenten. Denn kaum war Dehn beurlaubt, beschloß die Fakultät, er dürfe nicht wieder zurückkehren. G. Dehn 1962, 285.

[115] Günther Krau, Der Fall Cohn. BBl., H. 6 (März 1933) 140f. In dieser Meinung wurden die Studenten bestärkt, da, noch unter Becker, der nationalistische Prof. Helfritz gemaßregelt und aus dem Juristischen Prüfungsamt entfernt worden war und Cohn dann in eben diesen Ausschuß berufen wurde. Ebd.

[116] »Bericht über den Fall Cohn«, 29. 11. 1932. RSF I 07 p 370; »Bericht über den Fall Cohn«, o. D., ebd.; »Bericht über die Angelegenheit Prof. Cohn«, o. D. RSF I 07 p 372/1; Mathaeas, Bericht über den Fall Cohn, o. D., ebd.; VB, Nr. 322 (17. 11. 1932), Nr. 324 (19. 11. 1932), Nr. 336 (1. 12. 1932), Nr. 338 (3. 12. 1932).

[117] »Bericht über den Fall Cohn«, 29. 11. 1932. RSF I 07 p 370; Brief an C. Brockelmann, 2. 12. 1932; Breslauer Studentenschaft an W. Kaehler, 30. 1. 1933. RSF I 07 p 372/1.

[118] Dazu auch »›Geradezu ungewöhnlich‹«. VB, Nr. 336 (1. 12. 1932).

[119] »Laufender Bericht über den Fall Cohn«, o. D. RSF I 07 p 370; VB, Nr. 342 (7. 12. 1932).

[120] Dazu »Bericht über den Besuch bei Herrn Reichskommissar Prof. Kaehler bezüglich des Falles Prof. Cohn«, 26. 11. 1932. RSF I 07 p 370 (verfaßt von den zwei »Waffenring-Vorsitzenden« Friedrich und Ranft); »Bericht über die Verhandlungen mit Reichskommissar Kehler in Angelegenheit Cohn«, 25. 11. 1932 (verfaßt vom »NSDStB-Vorsitzenden« Mehnert). Ebd.

[121] »Bericht . . .«, 25. 11. 1932. RSF I 07 p 370. Das folgende ebd.

[122] In ähnlichem Sinne auch eine Benachrichtigung (wahrscheinlich von G. Krüger) an den DSt-Kreisleiter IV Walter Schöttler, 12. 11. 1932. RSF I 07 p 370, über einen Besuch im preußischen Kultusministerium: »Ich hatte den Eindruck, daß man im Kumin über die Unruhen in Breslau nicht so entsetzt ist, vielmehr daß man die Unruhen sogar begrüßt, weil man selbst gegen Kohn eingestellt ist.«

[123] Verhandlungen mit ihm über ein neues preußisches Studentenrecht, das den Aufbau der Studentenschaften nach dem Führerprinzip ermöglichen sollte, liefen gerade. S. u., Kap. VIII, 2c.

[124] Brief an W. Schöttler. RSF I 07 p 370; Vorstand der Breslauer Studentenschaft an den DSt-Vorstand, 29. 11. 1932. Ebd.

[125] Zit. nach »Tagebuch der Zeit«. Tagebuch, H. 53 (31. 12. 1932); ähnlich »Universität

Breslau gibt Prof. Cohn preis«. Voss. Ztg., Nr. 615 (24. 12. 1932); »Fall Breslau«. Voss. Ztg., Nr. 619 (27. 12. 1932).

[126] Zit. nach Günther Krau, Der Fall Cohn. BBl., H. 6 (März 1933) 140f.; Arthur Rosenberg, Trotzki, Cohn und Breslau. Weltbühne, Nr. 1 (3. 1. 1933), 13–15; VB, Nr. 360/361/362 (25./26./27. 12. 1932), Nr. 365 (30. 12. 1932).

[127] Aktenvermerk, o. D. »Bericht über den Fall Cohn« 30. 1. 1933. RSF I 07 p 372/1.

[128] »Breslauer Senat interpretiert sich«. Voss. Ztg., Nr. 7 (5. 1. 1933); »Der Kampf um die Lehrfreiheit«. Voss. Ztg., Nr. 15 (10. 1. 1933); »Kautschuk-Professoren«. Vorwärts, Nr. 7 (5. 1. 1933); Paucker 1969, 141f.

[129] Zit. nach »Fall Breslau beigelegt«. Voss. Ztg., Nr. 25 (15. 1. 1933); ähnlich »Der Hochschulskandal von Breslau«. Vorwärts, Nr. 25 (15. 1. 1933).

[130] Günther Krau, Der Fall Cohn. BBl., H. 6 (März 1933) 140f.

[131] VB, Nr. 349 (14. 12. 1932), Nr. 353/354 (18./19. 12. 1932).

[132] K. Schickert an den Kommissar des Reiches, Prof. Dr. Kaehler, 28. 12. 1932. RSF I 07 p 370.

[133] Protokoll der HA-Sitzung vom 28./29. 1. 1933. BA R 129–55.

[134] S. u., Kap. VIII, 2c.

[135] »Bericht des Hochschulinspekteurs für den Monat Dezember 1932«. RSF I 02 C2.

[136] Protokoll der HA-Sitzung. BA R 129–55; Brief an W. Schöttler, 28. 11. 1932. RSF I 07 p 370.

[137] Günther Krau, Der Fall Cohn. BBl., H. 6 (März 1933) 140f.; »Bericht über den Fall Cohn«, 2. 2. 1933. RSF I 07 p 372/1; »Große Treuekundgebung der Berliner und Breslauer Studenten«. VB, Nr. 33 (2. 2. 1933).

[138] B. v. Schirach 1967, 94ff.; VB, Nr. 196 (28. 7. 1931).

[139] Baldur von Schirach, Die Jugend marschiert! AB, Nr. 12 (Dez. 1929).

[140] Baldur von Schirach, Reaktion. D.B., F. 5 (3. 6. 1930).

[141] Die NSDStB-Uniform bestand gewöhnlich nur aus dem Braunhemd mit Hakenkreuz-Armbinde. Mit der Propagierung des SA-Eintritts setzte sich deren Uniform durch, die mit der St.B.-Organisation (s. u., Kap. VIII, 2b.) zur Regel wurde. Dazu gab es eigene St.B.O.-Kragenspiegel und eine HJ-ähnliche Schirmmütze.

[142] H. Glauning an W. Tempel, 1. 6. 1926. RSF II A 10. Vergl. Uni Rostock, 1969 I, 194.

[143] Zit. nach Fließ 1959, 55.

[144] Friedrich Meinecke, Politik, Bürgertum und Jugend. Ders. 1958, 369–83, hier 380.

[145] Spranger 1955, 459f.

[146] Kreutzberger 1972, 78ff.

[147] Fließ 1959, passim; Franze 1971, 102ff.

[148] So u. a. Hans Maier, Nationalsozialistische Hochschulpolitik. Universität im Dritten Reich 1966, 73–102, hier 74.

[149] Töpner 1970, 75–141.

[150] So der Titel eines Vortrags von Wolfgang Abendroth. Deutsche Universität 1966, 189–208.

[151] Paulsen 1902, 331f.

[152] Theodor Eschenburg, Aus dem Universitätsleben vor 1933. Geistesleben 1965, 23–46, hier 39.

[153] Dazu aufschlußreiches Material im ABStMfUK, Universitäten in genere, Studentenschaften an den bayer. Hochschulen, Vol. III–V.

[154] Zorn 1965, 296; Grimme 1967, 51.

[155] Wenn freilich noch heute in einer offiziösen Universitätsgeschichte die Meinung vertreten wird, man hätte der nationalistischen Hetze »mit Geduld, Energie und Einfühlung in die Psyche der Jugend« den Wind aus den Segeln nehmen müssen, statt dessen aber habe man aus »falscher Überinterpretation geistiger Freiheit« Lessing gedeckt und sei gegen Gumbel »nur allzu langsam« vorgegangen, so ist das zutiefst bedauerlich. Erich Hoffmann, Die Christian-Albrechts-Universität in preußischer Zeit. Uni Kiel 1965, 8–115, hier 76.

[156] Über den Mißerfolg der Generation der Troeltsch und Meinecke bei der Jugend vergl. Bußmann 1960.

[157] Max Weber, Politik als Beruf, Berlin 1919; gekürzt u. d. T. Der Beruf zur Politik. Ders. 1968, 167–85, hier 168.

VIII. Der NSDStB zwischen Angriff und Verteidigung (1932)

1. Interne Veränderungen

Seit Oktober 1931 unterstand der Nationalsozialistische Deutsche Studentenbund formal der SA: Mit der Schaffung der Dienststelle Reichsjugendführer im Stabe Röhms waren die drei nationalsozialistischen Jugendverbände unter Schirachs Leitung zusammengefaßt worden.[1] Doch von einer Einflußnahme des Stabschefs auf den NSDStB war wenig zu spüren, vielleicht auch deshalb, weil die Zeit dafür zu knapp war, denn im April 1932 wurde dieses Verhältnis bereits wieder gelöst. Der Gründe sind mehrere.

Zweifellos lag die Bindung der Jugend an die SA nicht in den Intentionen Schirachs, der stets und mit Erfolg die Meinung vertrat, Jugend müsse von Jugend geführt werden, da andernfalls durch die Regie meist allzu militärisch und bürokratisch denkender Funktionäre die Erziehung der Jugendlichen in eine falsche Richtung gelenkt würde – eine Auffassung, die nicht zu verwechseln ist mit einer grundsätzlichen Ablehnung des in NSDAP und SA/SS gepflegten pseudomilitärischen Ideals.[2] Wie weit allerdings dieses Argument Schirach nur als Vorwand diente, die eigene, innerhalb der Partei relativ unabhängige Stellung zu behaupten, muß dahingestellt bleiben. Daß ihm diese Überlegung nicht ferngelegen haben dürfte, ist bei seinem ausgeprägten Selbstbewußtsein und den in der NSDAP üblichen Positionskämpfen zumindest nicht auszuschließen. Die moralischen Zweifel, die auch innerhalb der Partei bezüglich des Lebenswandels mancher SA-Führer laut wurden und die in der Diskussion über Röhms homosexuelle Veranlagung kumulierten, verstärkten seine Bedenken ob der Zweckmäßigkeit der gegenwärtigen Konstruktion, wobei er wohl mehr an Schülerbund und HJ dachte als an die Studenten, denen nach wie vor der SA-Dienst nahegelegt wurde. Obendrein besaß Schirach von Anfang an die Zusicherung Hitlers, daß die Unterstellung unter die Sturm-Abteilung nur von vorübergehender Dauer sein sollte.[3]

Auslösendes Moment für die Verselbständigung der Reichsjugendführung aber war die Aktion der Reichsregierung gegen die SA. Die Maßnahmen

zielten auf eine Zerschlagung der Organisation zugunsten einer anschließenden Zusammenfassung aller wehrwilligen Kräfte in paramilitärischen
Organisationen, die einer volksnahen Regierung die Grundlage geben
sollten.[4] Daß von diesem Gedanken nur der erste Teil ausgeführt wurde,
lag an der zunehmenden Radikalisierung der politischen Auseinandersetzung, die sich weitgehend auf der Straße abzuspielen begann, am Ausgang der Reichspräsidentenwahl im Frühjahr 1932, der eine weitere
Schrumpfung des hinter der sog. Weimarer Koalition stehenden Wähler-
potentials offenbarte und schließlich an der starren Ablehnung der
NSDAP jeder irgendwie gearteten Zusammenarbeit. Am 13. April 1932
unterschrieb Hindenburg die ihm von Groener vorgelegte Notverordnung, die »sämtliche militärähnlichen Organisationen« der NSDAP, »insbesondere die Sturmabteilungen (SA.), die Schutzstaffeln (SS.), mit allen
dazugehörigen Stäben und sonstigen Einrichtungen« verbot.[5] Davon waren natürlich auch Schirachs Jugendverbände betroffen. Aber obgleich
SA und SS in die nur nachlässig verborgene Illegalität gehen mußten,
setzten die nationalsozialistischen Jugendverbände ihre Arbeit ungehin-
dert fort. Der Grund ist in Groeners Entgegenkommen zu suchen. In der
Hoffnung, die Jugend für seine Pläne zu gewinnen, hatte er Schirach die
Genehmigung zur Weiterführung der Jugendarbeit gegeben. Während
aber HJ und NSS nun mit behördlicher Genehmigung unter der Bezeichnung Nationalsozialistische Jugendbewegung figurierten,[6] ging diese Sache am Studentenbund vollkommen spurlos vorüber. Weder aus den Akten noch aus den Zeitschriften läßt sich irgendein Hinweis herauslesen,
daß dieser sich von dem Verbot betroffen fühlte. Da die SA offiziell nicht
mehr existierte, wurde Schirach als Amtsleiter in die Reichsparteileitung
aufgenommen; jetzt war er erneut Hitler direkt unterstellt und, als Röhm
Mitte Juni wieder öffentlich als SA-Stabschef auftreten durfte, diesem
gleichrangig.
Baldur von Schirachs Abneigung gegen die Hochschulpolitik hatte in der
Zwischenzeit nicht abgenommen. Hinzu kam, daß der Studentenbund seit
einiger Zeit ganz offensichtlich auch ohne ihn auskam. Die Politik der
vergangenen Monate hatte sich in erster Linie um die DSt gedreht, und
hier war Gerhard Krüger der Hauptakteur, der im übrigen die ganze
Angelegenheit zur vollen Befriedigung des Reichsjugendführers erledigte.
Überdies trat Adrian von Renteln Ende Mai 1932 von der Führung von
HJ und NSS zurück, die Schirach, seinen Neigungen entsprechend, jetzt
selbst übernahm. Er sah sich also nach einem Nachfolger für den
NSDStB um, da ihm die Arbeit zu viel wurde, zumal er bei den Juli-
Wahlen zum Reichstag kandidierte (und gewählt wurde). Auf einer Führerringsitzung Ende Juli 1932 legte er nochmals die bekannten Gründe
für seinen Rückzug dar.[7] Als einziges Recht, außer natürlich der generel-
len Kontrolle des Studentenbundes, behielt er sich die Einsetzung der

Kreisleiter vor als den wichtigsten Hebel, die Politik des Bundes zu lenken. Außerdem wurde die Reichsleitung des NSDStB zur Bundesleitung zurückgestuft.

Neuer Mann an der Spitze des NSDStB wurde Gerd Rühle.[8] Er hatte sich die ganzen Jahre als loyaler Gefolgsmann Schirachs bewährt. Sich bei den internen Konflikten stets zurückhaltend, sich allerdings auch nicht besonders für seinen Reichsführer engagierend, hatte er seine Aufgaben immer zur allseitigen Zufriedenheit erledigt.

Mehr als daß Rühle ein tüchtiger Organisator, mit einigen intellektuellen Fähigkeiten ausgestattet und als Persönlichkeit nicht unbeliebt war, ist über ihn Charakterisierendes nicht zu sagen. Es war mehr seine Art, im Hintergrund zu wirken, als sich, wie etwa Schirach, möglichst oft herauszustellen.

Nach und nach gelang es dem neuen Bundesführer, seine Zentrale, die noch immer recht provisorisch arbeitete und wohl auch zugunsten des enorm expandierenden Apparats der Reichsjugendführung kurz gehalten wurde, wenigstens personell auszubauen. Zunächst legte er sich mit Wilhelm Kaffl[9] einen Adjutanten zu. Hans Hildebrandt, der sich in der Ausschaltung der Hochschulgilde Ernst Anrichs in Bonn bewährt hatte, avancierte zum Bundesgeschäftsführer, kurz darauf zum Bundesführerstellvertreter und schließlich übernahm er dazu auch das neugeschaffene Amt des Bundespropagandaleiters. Rühles Nachfolger als Schulungsleiter wurde Dr. Johann von Leers.[10] Krügers Referat für Hochschulpolitik wurde umbenannt in Bundeshochschulinspektion, parallel dazu gab es jetzt auch eine Bundesfachschulinspektion.[11] Schließlich führte man noch die Stelle des Wehrreferenten ein. Aufgaben des Arbeitsdienstes übernahm Andreas Feickert, für den man ein Unterreferat für Schulung in Krügers Hochschulinspektion einrichtete.[12] Fast alle diese Ämter mußte es jetzt auch in den Kreisleitungen geben, deren Leiter in Führer umbenannt wurden.

Aus dem kleinen, mühsam sich organisierenden und den Betrieb aufrechterhaltenden Studentenbund war also längst ein schlagkräftiger Apparat geworden, dessen Leiter sich weniger als Studenten (die sie oft auch gar nicht mehr waren), denn als hauptamtliche Funktionäre fühlten. Dem entspricht, daß nach und nach alle führenden Posten des NSDStB mit Aufwandsentschädigungen dotiert wurden; Ende des Jahres 1932 gab es zumindest für alle Kreisführer und die wichtigsten Bundesleitungsämter einen Personaletat.[13] Bürokratie wurde groß geschrieben, war jedoch bis zu einem gewissen Grade erforderlich, denn die Mitgliederzahl wuchs beträchtlich, wenn auch nicht in dem Maße, wie die Propaganda es behauptete. Längst war natürlich der Studentenbund an allen Hoch- und an den meisten Fachschulen vertreten. Rühle forcierte diese Entwicklung, indem er das Prinzip der freiwilligen Mitgliedschaft endgültig aufgab.

Selbst Schirach, dem die Massenbasis wichtiger war als eine kleine, dafür aber weltanschaulich gefestigte Gruppe, hatte die Satzungsvorschrift, nach der NSDStB-Mitglieder auch Parteigenossen sein mußten, stets großzügig handhaben lassen. Angesichts der bevorstehenden Auseinandersetzungen genügte Rühle das nicht mehr. Mit Unterstützung des Organisationsleiters Gregor Strasser durfte nun niemand mehr einer Hochschulgruppe angehören, der nicht auch bei der Partei registriert war. Wichtiger aber noch war die neue Bestimmung, daß jeder studierende Parteigenosse dem Studentenbund beizutreten hatte.[14] Diese Maßnahme führte dem NSDStB in kürzester Zeit rund 1200 neue Mitglieder zu: Von 7600 Anfang November 1932 wuchs der Studentenbund auf 8800 Mann im Dezember 1932. Ohne Fachschüler waren 6300 Studierende in den Listen des NSDStB eingeschrieben.[15] Damit stand er unter den studentischen Verbänden etwa an vierter Stelle – hinter der Deutschen Burschenschaft, dem CV und den Landsmannschaften. Ob freilich das Gros der neuen Zwangsmitglieder eine wirkliche Verstärkung des NSDStB bedeutete, oder nicht eher eine organisatorische Belastung, ist eine andere Frage.

2. Der NSDStB als Träger der DSt

Der Königsberger Studententag hatte den Beweis erbracht, daß die Nationalsozialisten gewillt waren, die hochschulpolitische Entwicklung voranzutreiben. Doch daß die Dinge im Fluß blieben, ja daß sich dann herausstellte, daß die scheinbar sichere Position des NSDStB ins Wanken geriet, geht nur indirekt auf die Nationalsozialisten zurück. Seit dem Sommer nämlich sah sich der Studentenbund mit den Initiativen von zwei verschiedenen Seiten aus konfrontiert, die ihm den Wind aus den Segeln zu nehmen drohten.

Im September 1932 schlossen sich unter dem Vorsitz Hilgenstocks die opponierenden Verbände zur Hochschulpolitischen Arbeitsgemeinschaft (Hopoag) zusammen, da ihnen der Verbändedienst als inoffizielles Bindeglied nicht mehr ausreichte, verschiedentlich reaktivierten sie auch den in den Hintergrund getretenen Deutschen Hochschulring. Der Widerstand der Verbände formierte sich also neu und stärker als zuvor: Mit rund 20 Organisationen war fast alles vertreten, was den nationalsozialistischen Vertretern Paroli bieten wollte. Es fehlten lediglich die Kösener Corpsstudenten, denen seit neuestem die ganze Hochschulpolitik zu sehr nach Parteiinteressen roch und die sich deshalb im Herbst völlig zurückzogen, was sie allerdings nicht daran hinderte, mit DSt und NSDStB zu sympathisieren.[16] Dafür machten jetzt auch die katholischen Verbände KV, HV und UV mit, die bislang auf Distanz gehalten hatten. Die Intention war offenkundig: Es sollte verlorenes Terrain zurückgewonnen werden. Nur

das hatte die Katholiken die Bedenken gegenüber den immerhin ja auch
völkischen Verbänden zurückstellen lassen. Die Gelegenheit dazu war
ausgesprochen günstig; seit einiger Zeit nämlich hatte die Reichsregierung
begonnen, ihr Augenmerk auf die Jugend zu richten.

Das parlamentarische Regierungssystem war praktisch mit dem 1. Juni
1932 zu Ende gegangen. Die Regierung der »nationalen Konzentration«
Franz von Papens hatte sich das ebenso ehrgeizige wie unrealistische Ziel
gesetzt, einen »Neuen Staat« auf konservativ-autoritärer Grundlage zu
schaffen. Freilich, der Klarheit des Willens, den Parteienstaat zu überwinden, entsprach die Verschwommenheit des konkreten Programms nur
wenig, dessen Bestandteile als Utopien zu bezeichnen sind, »von einer
politischen Naivität, Verworrenheit, Leichtfertigkeit, die eine Betrachtung kaum verlohnten«, wenn – so fährt K. D. Bracher, von dem diese
Charakteristik stammt, fort – wenn sie nicht ein weiteres Sprungbrett für
die nationalsozialistischen Machtaspirationen bereitet hätten.[17]

Das Programm des organisch gegliederten Ständestaates, eine »Führer-
mission« in Europa anstrebend, zwar die Herrschaft des Kapitalismus
nicht in Frage stellend, aber dennoch den Liberalismus ablehnend, war
gerade in seiner Unbestimmtheit wohl der Sympathien vieler derjeniger
Studenten sicher, die noch nicht vollkommen ins Lager des Nationalsozialismus übergelaufen waren, wenn vielleicht auch unter dem Aspekt des
kleineren Übels angesichts der demokratischen Parteien und der totalitä-
ren NSDAP. Diese Feststellung kann getroffen werden, obwohl eindeutige Stellungnahmen in den Verbandszeitschriften fehlen. Die geistige
Verwandtschaft war gegeben. Die Probe aufs Exempel, der Versuch des
Kabinetts also, die Regierungsbasis wenn schon nicht im Reichstag, so
doch wenigstens in der Bevölkerung zu erweitern, ist in unserem Zusammenhang an zwei Komplexen nachzuvollziehen: am Arbeitsdienst und
am Wehrsport.

a) Arbeitsdienst und akademisches Werkjahr

Weder Arbeitsdienst- noch Wehrsportidee waren originäre Leistungen der
konservativ-aristokratischen Minister. Beide waren vielmehr mindestens
so alt wie die Republik; beide sollten als Reaktion auf den verlorenen
Krieg dem Wiedererstarken Deutschlands dienen. Darüber hinaus muß
aber speziell der Arbeitsdienstgedanke als typische Krisenerscheinung angesehen werden.[18] Zuerst unmittelbar nach Kriegsende auf breiteres Interesse stoßend, tauchte er erneut in der Krisensituation der Jahre 1923/24
auf, um dann Anfang der 30er Jahre allergrößte Popularität zu genießen.
In engem Zusammenhang damit steht die bei jedem wirtschaftlichen
Rückschlag neu geweckte Zivilisationsfeindlichkeit, die alle Schuld für
die wirtschaftliche und damit auch die soziale Misere im System der
industriellen Gesellschaft suchte. Die Arbeitsdienstpropaganda, haupt-

sächlich von Rechtsgruppen und -parteien betrieben, sah den rettenden Ausweg in der Reagrarisierung Deutschlands, in Siedlungs- und Befestigungsmaßnahmen, um auf billige Weise den überfüllten Arbeitsmarkt zu entlasten und – nicht zu übersehen! – zur wirtschaftlichen Autarkie zu gelangen. Eine detaillierte Schilderung der verschiedenen Pläne und eine ausführliche Kritik der zugrundeliegenden volkswirtschaftlichen »Vulgärtheorie«[19] ist hier nicht am Platze. So viel möge genügen: »Charakteristisch für alle diese Vorschläge ... ist die Vernachlässigung der wirtschaftlichen und finanziellen Gegebenheiten. Aus der Unfähigkeit heraus, die Ursachen der herrschenden Wirtschaftskrise klar zu analysieren und angemessene, die ganze Komplexität der Wirtschaft berücksichtigende Vorschläge zur Überwindung der Krise vorzulegen, reduzierte man das Problem auf die einfache Formel, durch Erschließung neuer Arbeitsmöglichkeiten ... und durch die unbezahlte Arbeit Dienstpflichtiger die Arbeitslosigkeit zu bekämpfen und gleichsam als Nebeneffekt die brachliegende Industrie anzukurbeln.«
Dafür muß noch ein anderer Aspekt, der von Anbeginn eine wichtige Rolle spielte, berücksichtigt werden. Der hinlänglich bekannte Forstrat Escherich etwa sah den Wert der Arbeitsdienstpflicht vor allem darin, »daß in unserem materialistischen Zeitalter die Jugend noch einmal gezwungen wird, ohne Entgelt für ein höheres Ideal zu arbeiten. Dadurch wird der Begriff Staat in die jugendlichen Herzen wiederum als ein höheres Gebilde, das berechtigt ist, Opfer zu verlangen, eingehämmert.«[20] Nebenbei sollte der Jugend, der auch Tirpitz »Verlotterung« attestierte, »Unterordnung, Pflichttreue, Fleiß, Gewissenhaftigkeit usw. beigebracht« werden. Auf dieser Grundlage ist die Umstrukturierung der Volkswirtschaft zu verstehen. Sie sollte nicht oberflächlich, »mechanistisch« bleiben, vielmehr würde durch den »Dienst am Volk« erst die wirkliche Volksgemeinschaft entstehen können. Charakteristisch für diesen phrasenreichen Scheinradikalismus ist freilich auch die ängstliche Ausklammerung der Frage nach der Neuverteilung der Besitzverhältnisse in Industrie und Landwirtschaft, denn auf welche Weise könnte sonst eine wie immer geartete Gemeinwirtschaft entstehen?
Es entspricht der sozialpsychologischen Logik, daß seit 1930 die Arbeitsdienstbegeisterung breiteste Kreise erfaßte. Dem entgegen stand die nüchterne Betrachtungsweise der Regierung Brüning, die schnell die Undurchführbarkeit der Vorschläge erkannte und die schließlich das ganze Projekt mit Rücksicht auf die allerdings dringende Arbeitslosenbeschäftigung auf den freiwilligen Arbeitsdienst reduzierte. Mit der »Zweiten Verordnung des Reichspräsidenten zur Sicherung von Wirtschaft und Finanzen« vom 5. Juni 1931 wurde u. a. auch diese Frage geregelt.
Die Reichsanstalt für Arbeitsvermittlung und Arbeitslosenversicherung sollte Organisationen fördern, die auf gemeinnütziger Grundlage Arbeits-

lose bei Bodenverbesserungsarbeiten, Herrichtung von Siedlungs- und Kleingartenland, örtlichen Verkehrsverbesserungen und Arbeiten, die der Hebung der Gesundheit dienten, heranzogen.[21] Die Papen-Regierung erweiterte den Teilnehmerkreis durch die »Verordnung über den Freiwilligen Arbeitsdienst« vom 16. Juli 1932; jetzt konnte jeder Deutsche zwischen 18 und 25 Jahren teilnehmen.[22]

Bei der Bewußtseinslage der Studenten ist es selbstverständlich, daß sie den Arbeitsdienst begrüßten. Natürlich standen bei ihnen weniger die volkswirtschaftlichen Momente im Vordergrund als vielmehr die der Erziehung der Studenten zur Volksgemeinschaft, weshalb man Wert darauf legte, stets mit Arbeitslosen zusammenzukommen. Die Arbeit selbst wurde als zweitrangig angesehen. Deshalb spielte sich der Dienst hauptsächlich in Lagern ab, in denen nationalpolitische Schulung und Wehrsport vorherrschten. Diese Lager, zunächst von den verschiedenen Bünden und Verbänden organisiert, erfuhren durch die Unterstützung des Deutschen Studentenwerks einen großen Aufschwung und wurden mehr und mehr von den örtlichen Studentenschaften nicht ohne Entgegenkommen der Hochschulen organisiert.[23] Diese Arbeitslager entsprachen der allgemein zu beobachtenden Tendenz, den freiwilligen Arbeitsdienst in steigendem Maße unter ideologischen Gesichtspunkten zu betrachten. Der Königsberger Studententag befaßte sich ausführlich mit diesem Komplex. Wenn der Arbeitsdienst auch noch nicht Pflicht sei, so sei doch für die Studenten die Teilnahme zumindest »Ehrenpflicht«. Jede Einzelstudentenschaft sollte nun eigene Lager aufziehen.[24] Außerdem richtete man an die Reichsregierung die »dringende Bitte«, Maßnahmen zu treffen, damit die Jugendlichen, die geschlossen zum Einsatz bereit stünden, sich in größerer Zahl beteiligen könnten. Obwohl die entsprechende Verordnung (wohl zufällig) bereits am folgenden Tage herauskam und auch finanzielle Mittel für die Teilnahme von 3000 Studenten bereitgestellt wurden, war doch dieses bescheidene Kontingent bis Oktober noch nicht ausgeschöpft. Über körperliche Arbeit ließ sich halt leichter reden.[25]

Ohne Zweifel gehörte die Forcierung des Arbeitsdienstes in das Konzept der Regierung, Rückhalt in der Bevölkerung zu finden. Als besonders bestechend mußte ihr dabei ins Auge fallen, daß der Arbeitsdienst den Charakter einer Volksbewegung anzunehmen begann, die die Parteiengegensätze zu überwinden schien. Das bewiesen die Lager selbst, aus denen bei äußerst heterogener Zusammensetzung der Teilnehmer die radikalisierte politische Auseinandersetzung weitgehend verbannt war. Papens Liebäugeln mit der Arbeitsdienstpflicht lag deshalb nahe, wobei in unserem Zusammenhang keine Rolle spielt, daß er sich damit in den Gegensatz zu Schleicher stellte, der sich der diesbezüglichen Ablehnung der meisten Jugendverbände sicher wähnte.[26] Bei den Studenten jedenfalls konnte Papen mit diesen Plänen auf Zustimmung rechnen. Die wurden formuliert, als er in seiner großen »Sonntagsrede« in Münster Ende August 1932 bei der Darlegung seines Regierungsprogramms zur Verbesserung der Lage des akademischen Nachwuchses »die Zwischenschaltung eines praktischen Jahres zwischen höhere Schule und Hochschule« ankündigte.[27] Dieser Vorschlag hatte seinen konkreten Hintergrund in der geschilderten katastrophalen Lage auf dem Berufsmarkt, die die Abiturienten und Studenten an der Hoffnung, jemals den gewünschten, oder wenigstens einen angemessenen Beruf zu finden, verzweifeln ließ und sie weiter in den politischen Radikalismus trieb. In klarer Erkenntnis dieser Situation war schon Ende 1931 der Geschäftsführer des Deutschen Studentenwerks Reinhold Schairer mit dem Plan an die Öffentlichkeit getreten, ein »Werkjahr« für Abiturienten und ein »Freijahr« für Altakademiker einzurichten.[28] Danach sollte die Teilnahme am Werkjahr die Voraussetzung für die Immatrikulation an einer Hochschule bilden, wogegen das Freijahr eine Beurlaubung von berufstätigen Akademikern bei Weiterzahlung ihres Gehalts bedeutete. Während man hoffte, durch das Werkjahr einen Jahrgang von Abiturienten, also ca. 30 000 Studenten zunächst von den Hochschulen fernhalten zu können, solcher Art die Überfüllung zu mindern und manchen überhaupt vom Studium abzuhalten, sollte das Freijahr zum Abbau der »Staumasse« der stellungslosen Akademiker beitragen. Die Reichsregierung übernahm nur die Werkjahridee. Das Freijahr wurde fallengelassen, hauptsächlich wegen der Bedenken der Altakademiker, die eine Gefährdung ihrer Stellung durch die Beurlaubung befürchteten.

Die Situation des NSDStB war angesichts dieser Entwicklung nicht ganz einfach. Grundsätzlich bejahte er natürlich den Arbeitsdienst. Gleichzeitig erkannte er aber auch, daß sich die Regierungsmaßnahmen zu einer Gefahr auswachsen konnten, und zwar um so mehr, als die NSDAP in dieser Hinsicht nichts Gleichwertiges aufzuweisen hatte. Der Verantwortliche in der Partei für den Arbeitsdienst, Oberst Hierl, träumte stattdessen von einer Dienstpflicht gigantischen Ausmaßes und brachte dem freiwilligen Arbeitsdienst nur Verachtung entgegen. Schließlich blieb ihm aber doch nichts anderes übrig als mitzuziehen, denn »sonst werden die 50 Pfennig Taschengeld, das gute Essen, die gute Unterkunft und die Bekleidung im Arbeitsdienst und der neue Lebensinhalt auf die Dauer stärker sein als der Idealismus, aus dem die Parteigenossen in die Partei und in die SA eingetreten sind«.[29]

Vor eben dasselbe Problem sah sich der NSDStB gestellt und in eben diesem Sinne löste er es auch. Obwohl er zunächst den freiwilligen Arbeitsdienst skeptisch beobachtete,[30] entschloß er sich doch, nachdem der 1931er Studententag sich positiv ausgesprochen hatte,[31] die DSt dem Reichsbund für Arbeitsdienst beitreten zu lassen, einer Art Dachverband der interessierten Organisationen. Welche Wichtigkeit man dem Arbeitsdienst beimaß, zeigt die Berufung Feickerts in die NSDStB-Bundesführung. Wo immer Arbeitslager stattfanden, sollte nationalsozialistischer Einfluß vorhanden sein. Zu diesem Zweck mußten jede Hochschulgruppe und jeder Kreis einen Referenten für Arbeitsdienst bestellen, der, sofern er nicht den gleichen Posten in der Studentenschaft bekleidete, deren Arbeit zu kontrollieren und im nationalsozialistischen Sinne zu lenken hatte.[32] Als dann Papen das Werkjahr ins Gespräch brachte, stimmte die DSt grundsätzlich zu. Dank der Vorarbeiten Feickerts hatte sie schnell auch ein detailliertes Konzept zur Hand. Wie zu erwarten, legten die Studenten das Schwergewicht auf die Schulung, die sich einmal auf eine Art Berufskunde, dann aber vor allem auf wirtschaftliche und politische Fragen erstrecken sollte. Im großen und ganzen waren die Vorschläge, im Rahmen der damaligen Vorstellungen, recht/maßvoll, denn außer den eigentlichen Arbeiten, durch die den Werktätigen auf keinen Fall Konkurrenz gemacht werden sollte, wollte man den Abiturienten die Möglichkeit geben, je nach Anlage ihre eigenen praktischen Fähigkeiten weiter zu entwickeln. Freilich wurden diese Ansätze schnell restlos überdeckt durch die üblichen ideologischen Phrasen, die deutlich den bildungsfeindlichen Kern erkennen lassen:

»Nach Auffassung der Deutschen Studentenschaft soll jede Erziehung eine Erziehung zur Volksgemeinschaft und nicht zum Einzelwesen sein. Daraus ergibt sich ohne weiteres, daß das Werkjahr zugleich eine erzieherische Aufgabe für den Einzelnen als Teil der Gesamtheit erfüllt in folgender Richtung:
1. Abwendung vom Intellektualismus,
2. Ausrichtung auf sinnvolle lebendige Arbeit.«[33]

Die DSt warnte die Reichsregierung vor dem Glauben, durch das Werkjahr könnten die Hochschulen wirklich entlastet werden. In der Bedeutung, die man diesem Punkt zumaß, sah man auch den Hauptunterschied in der Motivation des ganzen Projekts. Aber indem man der »im besten Sinne akademischen« Auffassung der Regierung[34] die eigene richtige, vom »Volksganzen« ausgehende lautstark entgegenstellte, suchte man Differenzierungen hauptsächlich für die Propaganda zu schaffen; der Eindruck allzu großer Einigkeit sollte vermieden werden. Die DSt-Führung war sich der möglichen Gefahr voll bewußt. Bereits ein halbes Jahr zuvor hatte Krüger anläßlich einer Besprechung Groeners mit den verschiedenen akademischen Gruppen geschrieben, die Regierungsbemühungen um einen Abbau der akademischen Berufsnot basierten auf einer »oberflächlichen Kenntnis der Jugend«.

»Genau so oberflächlich wie die Annahme, die politische Gesinnung der jungen Generation ändern zu können durch Beseitigung ihrer wirtschaftlichen Notlage. Es hat manchmal den Anschein, als habe einzig und allein die so oft gelästerte ›Radikalisierung auf den Hochschulen‹ den maßgebenden Instanzen den Blick für die Berufsnot unter der Jungakademikerschaft geöffnet.«[35]

Deutlicher war es nicht beim Namen zu nennen. Die Einwendungen, die Hilgenstock namens der Hochschulpolitischen Arbeitsgemeinschaft der Verbände erhob, waren da schon sachbezogener, wenn auch nicht weniger interessengebunden.[36] Die Korporationen fürchteten nämlich durch das Sperrjahr um ein Erlahmen des Verbindungslebens. Deshalb schlugen sie die Teilung in zwei Sommerhalbjahre vor, was insofern vernünftig war, als es im Winter nur wenig Arbeitsmöglichkeiten gab. Da es keine grundsätzlichen Meinungsverschiedenheiten gab, waren alle Beteiligten zur Kooperation bereit. Trotz ihrer schlechten Erfahrungen mit der DSt sahen die Verbände keinen Grund, sich mit ihr nicht wieder zusammenzusetzen.[37] Die DSt ihrerseits zeigte ihren Verhandlungswillen mit der Regierung durch die Vorlage einer Denkschrift, in der ihre bereits publizierten Vorstellungen nochmals festgehalten wurden.[38]

Nachdem der Reichskommissar für den freiwilligen Arbeitsdienst Syrup den DSt-Vorschlägen grundsätzlich zugestimmt hatte, schien alles wie vorgesehen zu verlaufen. Doch da nun konkrete Pläne vorlagen, erhob die Reichsregierung, die sich bislang bewußt zurückgehalten hatte, Bedenken. Obwohl der neue Innenminister Bracht das Werkjahr auf ein halbes Jahr reduzierte, fällte das Kabinett am 14. Dezember eine negative Entscheidung, die vor allem auf die ablehnende Stellungnahme des Finanzministers Schwerin-Krosigk zurückging, der nicht bereit war, Millionenbeträge für ein noch unausgereiftes Unternehmen bereitzustellen.[39] Diese Absage legte jedoch dem Werkhalbjahr auf freiwilliger Basis keine Hindernisse in den Weg, weil dieses Projekt wegen der geringeren Teilnehmerquote billiger werden würde. Obwohl der NSDStB das natürlich als klaren Rückschritt klassifizierte, nahm er doch mit Eifer Anteil an der Organisation der neuen Variante.[40] Als es aber Mitte April so weit war, die ersten Lager zu beginnen, da hatte sich inzwischen auf politischer Ebene manches geändert. »In organisatorischer Hinsicht erfolgte zwar die Realisierung des Werkhalbjahres in der Form, wie sie vor der Machtergreifung konzipiert worden war, jedoch nach der von Hierl durchgeführten Gleichschaltung des Arbeitsdienstes in einem Geiste, der selbst von dem Großteil der NS-Studenten abgelehnt wurde, die vor der Machtergreifung eine Realisierung ihrer Wunschvorstellungen kaum unter der Leitung und den Methoden eines Mannes wie Hierl erwartet hätten.«[41]

Ein Teilaspekt des Arbeitsdienstes wurde bislang bewußt weitgehend ausgeklammert: die Erziehung zur Wehrhaftigkeit. Es kann nicht übersehen werden, daß nicht nur auf indirektem Wege, also über die Stärkung der Volksverbundenheit der Studenten, sondern auch direkt über den Weg des Wehrsports und der militärischen Übungen ein Beitrag zur Wiedererrichtung der deutschen Wehrkraft geleistet werden sollte.[42] Aber das war nur, wie erwähnt, eine von mehreren Aufgaben des Arbeitsdienstes.

Sie rückte in den Mittelpunkt bei einem anderen Bereich der regierungs-
offiziellen Bemühungen um die Jugend: bei dem Versuch nämlich, den
Wehrsport zu zentralisieren.

b) Wehrsport

Daß sich die wehrsportlichen Aktivitäten gegen Ende der Weimarer Republik steigerten, ist weder ein Zufall, noch darf diese Tatsache isoliert
gesehen werden. Das Kennzeichen der letzten Jahre der deutschen Republik lag in der Polarisierung der politischen Kräfte mit der Folge-
erscheinung der Verlagerung der Auseinandersetzung auf die Straße, d. h.
der weitgehende Verzicht auf politische Mittel zugunsten der physischen.
Hand in Hand ging damit die Erwartung nach dem unmittelbar bevorstehenden Ende des abgelehnten demokratischen Systems und der Konstituierung eines neuen, gemeinhin »Drittes Reich« titulierten Staatsgebil-
des, von dem wenig mehr sicher war, als daß es den Parlamentarismus
und die Fesseln des Versailler Friedensvertrages abstreifen würde; eine
mit jeder wehrsportlichen Kniebeuge weiter genährte Hoffnung also, die
allzu leicht in ungeduldige Aktion umschlagen konnte. Der Wehrsport,
wie er in den zahlreichen Verbänden und, wenn auch in geringerem Ausmaß, in den meisten studentischen Gruppen betrieben wurde, war also in
doppelter Hinsicht eine Gefahr für den bestehenden Staat, wobei sich
schnell herausstellen sollte, daß sich in dieser Beurteilung Politiker demokratischer und konservativ-autoritärer Couleur einig waren, sobald sie in
der Regierungsverantwortung standen.
Daß die Reichsregierung trotz klarer Erkenntnis dieser Situation kaum
zum Handeln bereit war, lag in erster Linie an ihrer prekären Lage, die
nicht zuletzt auf Meinungsverschiedenheiten in ihren eigenen Reihen zurückzuführen ist. Damit tritt die Person Kurt von Schleichers deutlich in
den Vordergrund der Betrachtung. Er, der starke Mann weit über das
Reichswehrministerium hinaus, an drei Kanzlerstürzen maßgeblich beteiligt, kann hinsichtlich der Politik gegenüber den Wehrverbänden als spi-
ritus rector angesehen werden. Seine Konzeption, den Radikalen durch
Annäherung den Wind aus den Segeln zu nehmen, konnte freilich wegen
Brünings Widerstand erst nach dessen kunstvoller Beseitigung in Angriff
genommen werden, wobei bezeichnenderweise ausgerechnet das SA-Ver-
bot eine besondere Rolle spielte, bei dessen Zustandekommen Schleicher
eine mehr als taktisch flexible Position einnahm.[43] Daß Papens Politik der
Vorleistungen, die in der Aufhebung des SA-Verbots ein unübersehbares
Zeichen setzte, von den Adressaten nicht honoriert wurde, was spätestens
seit Mitte August klar war, tat Schleichers Optimismus keinen Abbruch.
Als sein Grundgedanke: Wie fange ich die Welle auf? am nationalsozialistischen Alles-oder-Nichts gescheitert war, wandte er sich verstärkt dem
nie aufgegebenen Plan zu, die »militärisch sein wollenden Organisatio-

nen«[44] in den Staat zu integrieren, was – wie beim Arbeitsdienst – nichts anderes bedeutete als den Versuch, die Basis der Regierung zu erweitern.

Es spricht für Schleichers politischen Instinkt, daß er die Kontakte zur Jugend sorgfältig pflegte, wobei er besonders den Reichsausschuß der deutschen Jugendverbände berücksichtigte, eine Dachorganisation fast aller größeren Jugendorganisationen.[45] Diese Entwicklung fand ihren wohlbeachteten Höhepunkt in einem von Schleicher, jetzt selbst Kanzler, Anfang Januar 1933 für die führenden Studentenvertreter veranstalteten Bierabend.[46] Einen Überblick über seine jugendpolitischen Vorstellungen gibt ein Schreiben vom Oktober 1932 an Papen, den er um Unterstützung seiner Vorstellungen bat, da die »Erziehung der heranwachsenden Jugend zu tätiger Staatsgesinnung ... zweifellos eine der wichtigsten Voraussetzungen nationaler Gesundung und unabhängiger Staatsführung« sei.[47] Außer den bereits bestehenden Einrichtungen des FAD und des Reichskuratoriums für Jugendertüchtigung[48] schlug er die Erweiterung des Grenz- und Auslandsschutzes, den Ausbau der Technischen Nothilfe in Verbindung mit Arbeitsdienst und Wehrsport, die Umbildung der preußischen Jugendpflege und den Aufbau einer freiwilligen Landhilfe städtischer Erwerbsloser vor; weiter das akademische Werkjahr und als Einrichtung der Winterhilfe für arbeitslose Jugendliche das Notwerk der deutschen Jugend. Außerdem sollte ein Regierungssonderausschuß für Jugendfragen konstituiert werden.

Schleicher wollte mit dieser »Reichsjugendpolitik« die Jugend aus der Hoffnungslosigkeit der sozialen Not befreien, indem er ihr Beschäftigung und – freilich geringes – Entgelt bot. Der militärische Zweck trat nicht immer deutlich in den Vordergrund, war aber nicht zu übersehen. Daß Schleicher auch in diesem Punkte weitergehende Maßnahmen erwog, blieb nicht unbekannt; entsprechende Vorstellungen lassen sich bis ins Jahr 1930 zurückverfolgen, also etwa bis zum Regierungsantritt Brünings.[49] Doch Groener kam zu keinen entscheidenden Maßnahmen, die ergriff erst Schleicher mit der Gründung des Reichskuratoriums für Jugendertüchtigung, das am 13. September 1932 durch Erlaß des Reichspräsidenten ins Leben gerufen wurde. Damit war man endlich vom Stadium des Planes in das des aktiven Handelns gekommen. Der Erlaß sah vor, das Kuratorium, an dessen Spitze der General der Infanterie a. D. Edwin von Stülpnagel berufen wurde, solle Kurse von drei Wochen Dauer abhalten, in denen man von den Verbänden entsandte Teilnehmer zu Hilfslehrern in Sachen Wehrsport ausbilden wollte. Als finanziellen Anreiz setzte man pro Person und erfolgreiche (und kostenlose) Teilnahme eine Prämie von 5 Mark aus.[50] Aber das war erst der Anfang. Ohne Zweifel schwebte Schleicher als Ergänzung zur qualitativ wie quantitativ eingeschränkten Reichswehr der Aufbau einer allgemeinen Miliz paramilitärischen Charakters vor, zu der FAD und Wehrsport eine Vorstufe bilden sollten; die vom RKJ ausgebildeten Leute waren wohl als zukünftige Führerkader vorgesehen. Dies verschwieg er bei dem erwähnten Bierabend mit den Studentenvertretern keineswegs.[51]

Das Kuratorium nahm seine Arbeit unverzüglich auf, was möglich war, da Stülpnagel in erster Linie auf ältere, bereits ausgeschiedene Offiziere zurückgriff und die Kurse meist auf Truppenübungsplätzen stattfanden, die in Menge verfügbar waren. Auch über Beteiligung war nicht zu klagen, im November 1932 konnte eine Gesamtteilnehmerzahl von 2150 Mann genannt werden.[52] Bedenken der Art, daß etwa die Mitarbeiter des Kuratoriums zu alt seien und der Dienst vergleichsweise lasch gehandhabt würde, wie etwa die Deutsche Burschenschaft bemängelte,[53] zählten dagegen wenig, die Zustimmung überwog.

Das aber bedeutete wiederum für den NSDStB eine beträchtliche Gefahr. Dem von den studentischen Verbänden im Akademisch Wissenschaftlichen Arbeitsamt (AWA)[54] organisierten Wehrsport sah er mit einigem Mißtrauen zu, trotzdem aber ließ er seine Mitglieder teilnehmen, schon um dem Vorwurf der Interessenlosigkeit vorzubeugen.[55] Doch man tat das nicht gerne, denn man besaß auf die AWA-Lager entsprechend der numerischen Schwäche wenig Einfluß. Verständlich also, daß Krüger versuchte, das AWA in die Hand der DSt zu bekommen, was freilich am erbitterten Widerstand der Verbände scheiterte. Krüger tröstete sich damit, daß man eines besseren Tages das AWA schlicht »kaufen« werde.[56] Die Gefahr war nicht nur deshalb groß, weil man bislang keinen nationalsozialistischen Studenten zwingen konnte, SA oder SS beizutreten, und es deshalb korporierte NSDStB-Mitglieder vorzogen, innerhalb ihrer Verbindung Wehrsport zu treiben, sondern auch weil SA und SS überhaupt nicht mit dem studentischen Wehrsport zu konkurrieren vermochten, dem vielfach die Hochschuleinrichtungen zur Verfügung standen, wie Gerd Rühle selbst kritisch eingestand.[57] Der auf Mitgliederwerbung bedachte Studentenbund konnte es gerade auf diesem so wichtigen Gebiet etwa mit dem Stahlhelm-Studentenring nicht aufnehmen. Trotz des großspurigen Auftretens waren die nationalsozialistischen Privatarmeen vielen Jungakademikern zu unattraktiv, vielleicht auch deshalb, weil man bei allem Aktivismus bürgerkriegsähnlichen Straßenschlachten doch eher reserviert gegenüberstand.

Die Konsequenz der Nationalsozialisten aus dieser Lage war wieder einmal die Ausarbeitung eines perfekten Organisationsschemas. Das Datum ist hierbei recht interessant. Die einschlägige OSAF-Verfügung erschien nämlich am 12. Oktober 1932, also einen Tag vor dem Präsidial-Erlaß über das Reichsjugendkuratorium. Ob der NSDStB schon vorher von Schleichers Plänen erfahren hat,[58] oder ob eine Zufälligkeit vorliegt, bleibt unklar, ist aber auch unwesentlich, denn ohne Zweifel war die nationalsozialistische Aktivität ohnehin eine Reaktion auf die Regierungspolitik.[59] In der von Röhm, Schirach und Rühle unterzeichneten Verfügung[60] wurde allen NSDStB-Mitgliedern der SA-Dienst zur Pflicht gemacht. Doch damit nicht genug. Um eine gründliche Wehrausbildung neben Studium und Hochschulpolitik zu gewährleisten, wurde dem NSDStB zu diesem Zweck eine Studentenbunds-Organisation (St.B.O.) angegliedert. Konkret sah das so aus: Jedes neu eintretende NSDStB-Mitglied hatte zunächst ein Semester Dienst in der SA abzuleisten und in erster Linie ihr zur Verfügung zu stehen. Erst nach diesen 6 Monaten konnte der Studentenbund voll über sein Mitglied verfügen, das aber zu weiterem Wehrsport angehalten war, und zwar in der St. B.-Organisation, über die die SA das Aufsichtsrecht besaß, und außerdem im Laufe des Studiums nochmals zwei Monate in der SA. Im November wurde diese Bestimmung noch verschärft: Jetzt wurde jeder Student nach einem Semester SA-Dienst und anschließenden vier Semestern St.B.O.-Dienst bereits wieder in SA oder SS verwiesen.[61] Die St.B.-Organisation wurde ganz nach SA-Vorbild aufgebaut: Von der Schar (10 St.B.-Männer) ging es über den Trupp (3 Scharen) und den Sturm (3 Trupps) hinauf bis zum Sturmbann (3 Stürme), entsprechend waren Dienstgrade und Uniform. Jede Hochschulgruppe entsprach nun je nach Stärke einem Sturm oder Sturmbann, in der Regel war der Hogruf also gleichzeitig Sturmführer (Stuf) oder Sturmbannführer (Stubaf) und unterstand dem St. B.-Kreisführer, dessen Aufgaben, da er ja auch NSDStB-Kreisführer war, von einem St.B.-Stabsführer wahrgenommen wurden. Die Kreisführer unterstanden dem St.B.-Inspekteur (ehemals Wehrreferent) in der Bundesleitung, der wiederum seinem Bundesführer.[62]

Weiter auf Organisationsdetails einzugehen, mag sich erübrigen; Anordnungen und Befehle jagten sich, als wären die nationalsozialistischen Studenten nicht schon eingespannt genug; und manchem wurde es denn auch einfach zuviel. Zusammen mit dem obligatorischen Eintritt in die NSDAP waren jetzt die nationalsozialistischen Studenten voll in den Parteigliederungen erfaßt. Ob diese so deutlich gegen die »Papen-Reaktion« gerichtete Maßnahme wirklich ihren Zweck erreichte, kann kaum noch nachgeprüft werden; nur wenige Monate später brauchte der Studentenbund nicht mehr um Mitglieder zu werben. Aber der Effekt der St. B.-Organisation darf doch bezweifelt werden, denn neue Mitglieder wurden eher abgeschreckt denn angezogen. Mit Recht stellte die Hopoag fest, nationalsozialistische Studenten hätten jetzt überhaupt keine Zeit mehr für die Korporationen. Für sie war damit die Korporationsfeindlichkeit des Studentenbundes erneut bewiesen.[63] Aber auch Freistudenten mußten sich die Frage stellen, wie sie die Anforderungen bewältigen sollten, wenn sie neben ihren vielen Pflichten auch noch studieren wollten; von unpolitischer Freizeitgestaltung ganz zu schweigen.[64]

Außerdem kam es auch intern zu einer Reihe grundsätzlicher Schwierigkeiten. Einmal verspürten viele NSDStB-Studenten keine Lust, SA-Dienst abzuleisten; stellenweise bewiesen sie offene Renitenz. Dann wehrten sich die SA-Studenten, aus ihren Stürmen herausgenommen zu werden und in die St.B.-Organisation wechseln zu müssen. Darüber hinaus zeigte die SA selbst wenig Neigung, ihre studentischen Mitglieder – wenn auch nur vorübergehend – abzugeben. Weiter mag die alte Skepsis über die Notwendigkeit des Studentenbundes wieder akut geworden sein, die jetzt noch gesteigert wurde angesichts der studentischen Uniformträger, die zum Mißfallen vieler altgedienter Kämpfer über die St.B.O. vergleichsweise rasch zu Sturm- und Sturmbannführern avancierten – eine Aversion also, die bündig zusammengefaßt wurde in der Sentenz: »Studentenbund ist Quatsch.«[65]

Es klappte eigentlich alles nicht so recht, darüber täuschten auch imposante Mannschaftsaufstellungen nicht hinweg.[66] In der Studentenbundsführung suchte man folglich nach einem anderen Weg – aber auch hier arbeitete die Zeit für die Nationalsozialisten. Bald benötigte der NSDStB keine eigene propagandawirksame Wehrorganisation mehr. Bereits Ende Februar 1933 wurde die St.B.O. wieder aufgelöst, statt dessen richtete man für die NSDStB-Studenten SA-Lehrstürme ein.[67]

c) Studentenrecht

Der dritte große Komplex, der für die Studenten in den letzten Monaten der Weimarer Republik aktuell wurde, ist der neuer Studentenrechtsverordnungen in den verschiedenen Ländern, der in engem Zusammenhang zu sehen ist mit der Diskussion über die Hochschulreform ganz allgemein. Die war seit den Tagen der Novemberrevolution nie abgerissen, und fand – was die Studenten betrifft – mit dem Entzug der Anerkennung der Studentenschaften durch die meisten Länderregierungen im Gefolge des Becker-Konflikts keineswegs ihren Abschluß, wie die ständigen Versuche der DSt-Spitze, mit den Ministerien erneut ins Gespräch zu kommen, belegen. Und wenn einst Untersuchungen über die Hochschulpolitik der 20er Jahre vorliegen, so wird – diese Feststellung kann schon jetzt gewagt werden – eines ihrer Ergebnisse das unentwegte Streben der Universitäten aus der angeblich einseitigen Bevormundung durch die Kultusverwaltungen sein.[68] Auf den ersten Blick mag deshalb verwundern, daß ausgerechnet die Studenten, die die Ressentiments ihrer Lehrer vollauf teilten, nach staatlicher Anerkennung strebten; verständlicher wird das, wenn man sich deren Vorteile vergegenwärtigt: Beitragshoheit, Mitwirkungsbefugnisse in der Hochschulselbstverwaltung (in allerdings wesentlich geringerem Ausmaß als heute üblich), Anerkennung als offizieller Verhandlungspartner der Regierungen und dergleichen.

Daß die einschlägigen Bemühungen, die mit den Jahren nachgelassen hatten, 1932 wieder aufgenommen wurden, lag in der für die Studenten günstigen politischen Entwicklung. Nachdem in Thüringen (mit Unterbrechung) und Braunschweig bereits seit 1930 Nationalsozialisten in Koalitionsregierungen vertreten waren, hatte sich im Anschluß an die Landtagswahlen vom Juni 1932 in Mecklenburg-Schwerin eine reine NSDAP-Regierung gebildet; bedeutsamer aber fast noch war der Staatsstreich vom 20. Juli in Preußen, der den Nationalsozialisten zwar keine direkten Vorteile einbrachte, aber doch die Hoffnungen des NSDStB auf sich zog, zumal Preußen hochschulpolitisch – wie auch anderswo – stets eine Führungsrolle zufiel. So ist denn das hochschulpolitische Referat Gerhard Krügers auf dem Königsberger Studententag und der Auftrag an den Vorstand, die Deutsche Studentenschaft nach dem Führerprinzip umzubauen, nicht nur als Siegesdemonstration des NSDStB zu verstehen, sondern auch als Ausdruck der konkreten Erwartungen, die man an die Minister knüpfte; und deshalb war es alles andere als ein Zufall, daß just zu Krügers Vortrag ein Telegramm der mecklenburgischen Landesregierung eintraf mit der Zusage der Mitarbeit bei der Neufassung des Studentenrechts – Krüger hatte es bestellt.[69]

Inhaltlich drehte es sich bei der Diskussion über ein neues Studentenrecht hauptsächlich um vier Punkte: Die Frage des Mitgliederkreises der Studentenschaft, das Recht der Koalition mit den auslandsdeutschen Studentenschaften, das Aufsichtsrecht des Staates und die Art und Weise der Bildung der Studentenschaftsorgane.[70] Die Position des NSDStB war seit dem Königsberger Studententag klar und allen bekannt. Über die Kritik seitens der Verbände ist schon einiges gesagt worden.[71] In der Frage der Mitgliedschaft und des Koalitionsrechts war man sich seit Jahren einig. Am Volksbürgerprinzip, das alle »ausländischen« Studenten und damit auch – fast überflüssig zu betonen – die Juden ausschloß, und am großdeutschen Aufbau, also der Verbindung mit den deutsch-arischen Kammern Österreichs und der Tschecho-Slowakei, wollte man nicht rütteln lassen; selbst die Würzburger Verfassung von 1922 reichte jetzt nicht mehr aus.

So einig man hier war (die Hopoag erhob lediglich Vorbehalte wegen der Durchsetzbarkeit), über die beiden anderen Punkte klafften tiefe Gegensätze. Dabei war die Ausgangsbasis, nämlich die Überwindung des liberalistischen Geistes, der Volksferne der Hochschulen dieselbe. Wenn der NSDStB schrieb, der Universitätslehrer solle »Führer der Jugend, Persönlichkeit und Bekenner sein, aus der Überzeugung heraus, daß Fragen, Forschen und Erkennen stets zugleich Bekennen ist, charakter- und blutbedingtes Bekennen zu besonderen art- und volksmäßigen Werten«, daß er sich stattdessen aber mit seiner »Objektivität« in einer »splendid isolation« zu verlieren drohe,[72] so konnte er sich des Beifalls der Korporationen sicher sein. Für ihn folgte daraus aber eine enge Bindung der Hochschule und damit der Studentenschaft an den Staat, speziell an die Kultusministerien, die ein weitgehendes Aufsichtsrecht erhalten sollten – eine Konstruktion, die natürlich entweder nationalsozialistische Minister oder aber wenigstens die Aussicht auf einen baldigen politischen Umschwung voraussetzte. Hier machten freilich die Verbände nicht mit. Wenn sie aber ganz im professoralen Sinne an der Hochschulautonomie, wie sie sie im demokratischen, oder besser, gegen den demokratischen Staat forderten, festhielten, so richtete sich das nicht gegen die späteren Machthaber; die entsprechenden Grundsätze hatte etwa die Deutsche Burschenschaft schon 1929 aufgestellt, zu einer Zeit also, als bei ihr die Ablehnung des Parlamentarismus zwar schon Allgemeingut war, es sich aber noch nicht absehen ließ, wer das »Dritte Reich« einst verwirklichen würde.[73] In der Deutschen Burschenschaft sah man die Differenzen in ihrer Grundsätzlichkeit vollkommen richtig – bezeichnenderweise aber unter verkehrten Vorzeichen:

»Wer den totalen Staat im staatssozialistischen Sinne will, muß die staatliche Hochschulverwaltung wollen. Wer den Staat zwar etwas komplizierter, aber dem wirklichen Leben näher organisieren will auf einer Auswägung der zentralistischen, bürokratischen Staatsverwaltung mit den gesellschaftlichen kulturschöpferischen Kräften und Lebensgebilden des Volkes, der wird die Hochschulautonomie vertreten müssen.«[74]

Der Haken liegt eben darin, daß man mit dem »Staat im staatssozialistischen Sinne« die Weimarer Republik meinte und eben erst sehr viel später erkannte, daß das, wessen man diese kurzsichtig beschuldigte, dann im wirklich totalen Staat, auf den man zusteuerte, realisiert wurde. Statt dessen glaubte man, die Selbständigkeit der Hochschulen vertrage sich auch mit einer autoritären Staatsauffassung. Man machte es sich sehr einfach:

»Im Augenblick höchster nationaler Kraftentfaltung darf der Staat die Gebiete geistigkulturellen Lebens auch materiell in Anspruch nehmen. Solche Eingriffe sollen aber den Charakter eines Staatsausnahmerechtes tragen. Diese Vorstellungen setzen eine Staatssittlichkeit voraus, die sich nicht organisieren läßt, sondern in einer politisierten Nation liegen muß.«[75]

Man hielt eben mehr auf Schlagworte. Es ist da nur folgerichtig, daß man auch die Studentenschaft völlig losgelöst vom Staat sehen wollte. Unter staatlicher Anerkennung ist hier deshalb zu verstehen die Bestätigung der Studentenschaft als gleichberechtigtes und an der akademischen Selbstverwaltung beteiligtes Glied der Korporation Hochschule. Eine Einflußnahme des Staates konnte praktisch nur über das Verwaltungsgericht erfolgen.[76]
Über den letzten Punkt, über die Zusammensetzung und das Zustandekommen der studentischen Selbstverwaltungsorgane, ist das Notwendig-

ste im Abschnitt über den Königsberger Studententag gesagt worden. Die in der Arbeitsgemeinschaft zusammengeschlossenen Verbände verheimlichten nicht, daß ihr Widerstand gegen das Führerprinzip nationalsozialistischer Prägung aus der Erkenntnis resultierte, daß damit die NSDStB-Vorherrschaft auf alle Ewigkeit zementiert würde.[77] Dem von Krüger vorgeschlagenen Kontrollmechanismus setzten sie das bündische Prinzip entgegen, was bedeutet, daß die Korporationen nicht, wie vorgesehen, vollkommen ausgeschaltet würden, sondern in einer beratenden Kammer vertreten sein sollten. Auf welche Weise diese Kammer zustande kommen sollte, ob durch Wahl oder durch Delegation, war – wie auch die meisten anderen Einzelheiten – wenig klar, vorläufig wußte man nur, daß der nationalsozialistische »Zentralismus« von Übel war. Das waren also die grundsätzlichen Positionen der beiden großen studentischen Fraktionen, als sich im Sommer 1932 die Möglichkeit auftat, die Studentenrechtsfrage erneut in Gang zu bringen.

In vier Landeshauptstädten wollten die Nationalsozialisten ansetzen: in Braunschweig, Weimar, Schwerin und Berlin. In Braunschweig kam man freilich über Ansätze nicht hinaus, da die Situation dort völlig verfahren war. In der Studentenschaft hatte sich seit Frühjahr 1932 als Reaktion auf das Vorgehen gegen Professor Mühlenpfordt eine starke Opposition gegen den NSDStB gebildet; in der Landesregierung bremste der bürgerliche Koalitionspartner.[78] Merkbare Aktivitäten in Sachen Studentenrecht waren deshalb an der Technischen Hochschule nicht zu verzeichnen; aber dank des Rückhalts bei Minister Klagges konnte der Asta melden, er arbeite, als sei er anerkannt. Klagges hatte auch die seit 1928 gesperrten DSt-Beiträge freigegeben.[79]

Anders dagegen in Mecklenburg-Schwerin, wo der nationalsozialistische Innen-, Justiz- und Unterrichtsminister Friedrich Scharf auf Koalitionsparteien keine Rücksichten zu nehmen brauchte. Noch vor dem Zustandekommen der Regierung hatte Krüger mit dem Rostocker Medizinprofessor und MdL Hans Reiter,[80] Scharfs hochschulpolitischem Beauftragten, Kontakt aufgenommen und dessen grundsätzliche Zustimmung erhalten.[81] Daher auch das von Krüger angeforderte termingerechte Telegramm zum Studententag.[82] Bereits Anfang September war Krüger so weit, in Schwerin einen Satzungsentwurf abzuliefern.[83] Inhaltlich bot er wenig Neues: Führer- und Volksbürgerprinzip, »Erziehung der Studenten auf völkischer Grundlage«, Mitwirkung bei Berufungen und der Gestaltung des Lehr- und Forschungswesens, Ausschaltung der Verbindungen und Aufsichtsrecht der Landesregierung. Dazu kam die Regelung, daß jede studentische Vereinigung der Zustimmung des Studentenschaftsführers bei der Zulassung an der Hochschule bedurfte. Man konnte sich ausrechnen, was das bedeutete.

Angesichts des Textes wurde man im Schwerinschen Unterrichtsministerium doch etwas schwankend, vor allem das Führerprinzip hielt man für zu weitgehend, obwohl man es grundsätzlich bejahte. Reiter empfahl eine Zwischenlösung, die einen Wahlakt vorsah, aber dennoch die Ernennung des Studentenschaftsführers durch den vorgesetzten Führer sicherstellen sollte.[84] Krüger nahm die Einwände auf die leichte Schulter; er hoffte, Scharf zu schnellem Handeln bewegen zu können, was sich dann aber als gar nicht so leicht herausstellte, da die Ministerialbürokratie sich als hemmendes Moment erwies und Krüger keine Gelegenheit bekam, mit dem Minister einmal »in aller Offenheit von Pg. zu Pg.« zu sprechen.[85] In seinem Optimismus bestärkt wurde Krüger durch die einstimmige Annahme des Entwurfs noch in den Semesterferien durch den Rostocker Asta, in dem der NSDStB mit 9 Sitzen (= 60%), die Korporationen mit 3 und die Deutschnationalen zusammen mit dem Stahlhelm ebenfalls mit 3 Sitzen vertreten waren. Zwar mußte die Abstimmung wenig später wegen eines Formfehlers wiederholt werden, zwar stimmten jetzt Deutschnationale und Stahlhelm gegen den Entwurf, aber das gefährdete die Verabschiedung noch nicht ernsthaft.[86]

Das Bild wandelte sich jedoch schnell, als nämlich die Verbände merkten, was in Rostock gespielt wurde. Überdies meldeten Rektor, Universitätskonzil und zwei Gutachter erhebliche juristische Bedenken an, besonders natürlich gegen die studentische Beteiligung am Berufungsverfahren, und verweigerten die satzungsgemäß notwendige Zustimmung.[87] Nun reiste plötzlich Hilgenstock an, um den Widerstand zu organisieren. Daß er relativ spät reagierte, lag an dem Täuschungsmanöver Krügers, der noch drei Tage vor dem ersten entscheidenden Rostocker Asta-Beschluß versichert hatte, die Dinge befänden sich erst im Beratungsstadium.[88] Während Unterrichtsminister Scharf nun erst recht zögerte, – offenbar wollte er einer Regelung in Preußen nicht vorgreifen – gelang es Hilgenstock, die Korporationen, denen der Entwurf noch kaum bekannt war, auf seine Seite zu ziehen, und einen Zusammenschluß nach Art der Hopoag zustandezubringen, der innerhalb kürzester Zeit einen Wahlentscheid über Auflösung und Neuwahl des Asta durchführte. Zwar konnten Mitte November mit 903 Stimmen bei 2050 immatrikulierten Studenten die notwendigen 47½ Prozent nicht zusammengebracht werden,[89] aber die ganze Aktion war doch für die Nationalsozialisten ein deutliches und in seinem Ausmaß überraschendes Zeichen, daß ihrem Willen Grenzen gesetzt waren.

Gerhard Krüger bestürmte jetzt Scharf, das Studentenrecht in Kraft zu setzen, aber selbst Interventionen Münchner Parteistellen fruchteten nichts.[90] Im Unterrichtsministerium, wo man wohl auch wegen des Widerstands der Professorenschaft doppelt vorsichtig geworden war, wollte man in dieser Situation erst einmal den Ausgang der turnusmäßig bevorstehenden Astawahlen abwarten, und wies einen Antrag des Asta, diese

Wahlen abzusetzen, da sie mit der neuen Verfassung ohnehin überflüssig würden, zurück.[91] Die endeten dann am 30. Januar 1933, trotz intensivsten Einsatzes – neben Krüger reiste auch Goebbels nach Rostock – mit einer bösen Schlappe für den NSDStB: Von seinen 9 Sitzen verlor er 4 und besaß jetzt nur noch 33 Prozent, während die Hopoag unter der Bezeichnung Widerstandsfront 9 Sitze erobern konnte. Die ns-freundlichen Korporationen der VC, VDSt, Sängerschaft etc. mußten sich mit einem einzigen begnügen.[92] Während Hitler in Berlin zum Reichskanzler ernannt wurde, war seiner Bewegung am gleichen Tage an der Rostocker Hochschule erfolgreich Paroli geboten worden. Da aber die Widerstandsfront über keine satzungsändernde Mehrheit verfügte, bat sie Scharf lediglich, den Entwurf zu ändern. Bei der im Ministerium vorherrschenden Stimmung, besonders bei Scharfs »Objektivität«, wie Krüger sich ausdrückte,[93] war somit an eine Studentenrechtsverordnung trotz der neuen Situation in Berlin vorerst nicht zu denken.[94]

Ganz offensichtlich unterlag der NSDStB lange dem trügerischen Glauben, seine Pläne ohne größere Verzögerungen verwirklichen zu können. Nur so ist seine taktische Unbeweglichkeit zu erklären. Dabei hätte ein Blick in die Studentenzeitschriften für die Erkenntnis genügen müssen, daß der unter der Parole »Gegen den Zentralismus« laufende Widerstand der Korporationen stärker sein würde denn je zuvor, da für sie die Verhinderung des Umbaus der Studentenschaft die letzte Möglichkeit bedeutete, die dauernde Herrschaft der Nationalsozialisten zu stoppen. Zumindest aber die Vorgänge in Jena hätten dem NSDStB die Augen über die grundsätzliche Opposition öffnen müssen.

In Jena bestand der Asta aus 2 Sozialdemokraten, 7 Nationalsozialisten und 3 Stahlhelmern, wobei die beiden letztgenannten Gruppen auf der Einheitsliste Nationaler Block – Deutschland erwache gewählt worden waren. Den Vorstand bildeten 2 NSDStB- und 2 Stahlhelm-Mitglieder. Angesichts dieser recht günstigen Ausgangslage beauftragte Kreisleiter IV Walter Schöttler die Jenaer Kommilitonen, die Thüringische Staatsregierung zu bitten, eine Studentenschaftsverfassung auf der Grundlage des von der DSt für Rostock vorgelegten Entwurfs zu erlassen. Aber die Überrumplungstaktik klappte nicht. Auf der für Ende Oktober angesetzten Astasitzung waren die Sozialdemokraten gar nicht erst erschienen und die Stahlhelmer gingen bald wieder. Die dennoch behandelten und verabschiedeten Anträge wurden schon am folgenden Tag vom Rektor wieder aufgehoben – die notwendige Mehrheit war nicht zustande gekommen.[95] Es kam noch schlimmer für den Studentenbund. Sein 1. Astavorsitzender mußte eingestehen, daß er längst exmatrikuliert war, und gab Amt und Sitz auf. Nach heftigen Streitigkeiten besetzte der Stahlhelm sein ihm wegen der Einheitsliste zustehendes Mandat; damit hatte der NSDStB die absolute Mehrheit eingebüßt. Auf der nächsten Astasitzung schließlich wurde mit den sozialdemokratischen Stimmen ein Stahlhelmer Astavorsitzender (bei der Stimmengleichheit hatte die Stimme des Stahlhelm-Sitzungsleiters den Ausschlag gegeben). Damit war natürlich an eine weitere Verfolgung der Satzungsänderung nicht mehr zu denken; längst war der Stahlhelm zur Hopoag übergeschwenkt.

Wegen der Bedeutung Preußens besonders wichtig, gleichzeitig aber wegen der andersartigen politischen Konstellation um einiges komplizierter gestalteten sich die Verhandlungen um ein neues Studentenrecht in Berlin. Für den NSDStB war es natürlich nicht schwer zu durchschauen, warum der Reichskommissar (zunächst Alois Lammers, dann Kaehler) sich einer neuen Regelung gegenüber aufgeschlossen zeigte: Es lag nahe, dieses Interesse mit der Jugendpolitik der Reichsregierung in Verbindung zu bringen.[96] Allerdings war sich Krüger auch klar über die Konsequenzen: Daß man nämlich im preußischen Ministerium kaum bereit sein würde, den nationalsozialistischen Vorstellungen in vollem Ausmaß zu folgen, und daß man ohne größere Bedenken auf die in der DSt oppositionellen Verbände zurückgreifen würde, sollten sich die Nationalsozialisten als zu unnachgiebig erweisen. Wenn aber die staatliche Anerkennung unter Beibehaltung der Wahlen erfolgte und es gleichzeitig der Regierung gelänge, den studentischen Radikalismus so weit zurückzudrängen, daß die DSt vielleicht sogar für solche Verbände wieder attraktiv würde, die – wie KV, UV, HV – trotz ihres Engagements in der Hochschulpolitischen Arbeitsgemeinschaft zur Zurückhaltung neigten, dann wäre die Vorherrschaft des NSDStB ernsthaft in Frage gestellt – eine Überlegung, die Krüger freilich in ihrer vollen Konsequenz erst im Januar 1933 anstellte, zu einem Zeitpunkt also, als es nicht mehr sonderlich schwierig war, den Gang der Entwicklung zu erkennen.[97] Seine Politik kennzeichnet dagegen im Herbst 1932 eine deutliche Zwiespältigkeit. Während er auf der einen Seite seinem Bundesführer versicherte, man brauche in den Entpolitisierungsbestrebungen Berlins keine Gefahr zu sehen, vielmehr lieferten sie geeignetes Propagandamaterial,[98] im übrigen sei mit einem neuen Studentenrecht schon zu Beginn des Wintersemesters zu rechnen, wies er doch gleichzeitig auf die Bedrohlichkeit hin und suchte den Kontakt mit den Verbänden.[99]

Die Verbände, im Sommer 1932 noch im Anfangsstadium ihrer organisierten Opposition, waren sich wahrscheinlich ihrer im Grunde starken Stellung noch nicht recht bewußt; augenscheinlich überwog bei ihnen die Befürchtung, die Entwicklung könnte über sie hinweggehen. Sie willigten jedenfalls in Verhandlungen ein, ohne erkennbare Bedingungen an den NSDStB zu stellen. Im Oktober konstituierte man einen gemeinsamen Verhandlungsausschuß und veröffentlichte eine friedfertige Erklärung.[100] Damit rotierte das altbekannte Karussell der gegenseitigen Beschuldigungen von neuem. Aber trotz der üblichen nationalsozialistischen Drohungen und sogar der vorübergehenden Aufkündigung der Zusammenarbeit[101] gaben die Verbände, durch ihre Erfolge in Jena und Rostock ermutigt, diesmal nicht nach, zumal sie weite Teile der Professorenschaft hinter sich wußten, an ihrer Spitze Prof. Fritz Tillmann, den Vorsitzenden des Verbandes deutscher Hochschulen, der – laut Krüger – die preußische und die deutsche Rektorenkonferenz »völlig« beherrschte.[102]

So schnell, wie die DSt noch nach Besuchen bei Lammers und Kaehler Ende Oktober/Anfang November gehofft hatte,[103] kam das neue Studentenrecht also nicht, und mit den Wochen verging auch der Optimismus. Hatte es Krüger im Oktober noch für die beste Taktik gehalten, möglichst »scharfe« Forderungen zu stellen,[104] so war er Mitte Januar 1933 schon auf »Mindestforderungen« zurückgewichen: Führerprinzip und Kontrolle über das Studentenwerk.[105] Selbst der Versuch, die NSDAP-Landtagsfraktion, in der ja Gerd Rühle als »Fachmann« saß, gegen Kaehler einzuschalten, half nicht weiter.

Das energische Contra der Hopoag hatte seine Wirkung getan. Nicht übersehen werden darf in diesem Zusammenhang auch der in seinem Stellenwert allerdings kaum zu fixierende negative Eindruck, den im preußischen Kultusministerium die Hetze gegen den Breslauer Professor Cohn hinterließ,[106] sowie den der nationalsozialistischen Propaganda gegen die aus Spargründen beschlossene Auflösung der Technischen Hochschule Breslau und ihre Einbeziehung in die örtliche Universität, worin die Völkischen in erster Linie eine Schwächung des »bedrohten Ostens« erblickten.[107] Ein neues Studentenrecht kam also auch in Preußen vor dem 30. Januar nicht mehr zustande. Am 23. Januar schickte Kaehler der DSt den Entwurf seines Hauses, aber am 10. Februar, zu dem er die studentische Stellungnahme erwartete, war er bereits abgelöst. Von »Mindestforderungen« war nun nicht mehr die Rede.[108]

3. Der NSDStB am Ende der Weimarer Republik

Gerhard Krüger verkannte nicht die Gefahren, die in der politischen Entwicklung seit Sommer 1932 lagen, auch wenn seine Warnungen des öfteren von optimistischen Prognosen begleitet und überdeckt wurden. Aus dieser Erkenntnis heraus versuchte er, die Hochschulgruppen schon frühzeitig auf die Wahlkämpfe des Wintersemesters vorzubereiten mit Hinweisen auf stärkere Heranziehung der örtlichen Studentenzeitungen und auf notwendige Flugblätter gegen die Hopoag, gegen die Papen-Regierung und – für die katholischen Hochschulen – mit einer besonders freundlichen Wendung zur katholischen Kirche.[109] Es war ganz offensichtlich, daß sich der NSDStB in der Defensive befand. Als Konsequenz befahl Krüger, die Wahl-Listen am besten unter der Bezeichnung Nationalsozialisten laufen zu lassen, um auf diese Weise dem wiederholten

Versuch der Verbände entgegenzuwirken, einen Gegensatz zwischen Partei und Studentenbund zu konstruieren, was sich auf den Stimmzetteln niederschlagen konnte.[110] Wie sehr sich die Nationalsozialisten bedrängt fühlten, geht besonders kraß aus der Anweisung hervor, in Zukunft jede persönliche Gehässigkeit zu unterlassen, da propagandistisch damit das Gegenteil erreicht werde.[111]

Die Bedingungen hatten sich geändert, und dem NSDStB fiel es schwer, sich darauf einzustellen. Außerdem machten sich jetzt, als es auf eine straffe und konzentrierte Arbeit ankam, manche Mängel der nationalsozialistischen Überorganisation bemerkbar, die die höheren Funktionäre überlastete und ihnen keinen Spielraum für außerplanmäßige Aktivitäten ließ. Der Fall des Würzburger Hochschulgruppenführers ist zwar nicht typisch, aber doch überaus symptomatisch. Er beklagt sich über die vielen sich widersprechenden Anordnungen und fährt fort, er wolle gerne wissen, wie er alle Befehle ausführen solle, da fast alle wichtigen Funktionen in seiner Person vereinigt seien: 2. Vorsitzender der Würzburger Studentenschaft, Leiter des Wehramts und des Akademisch Wissenschaftlichen Kreisamts, Hochschulgruppenführer, St.B.-Führer und Vorsitzender des Wahlausschusses. Außerdem solle er auch noch studieren und eine Stipendienprüfung ablegen, die er schon im vergangenen Semester hätte absolvieren müssen.[112] So kann denn Krügers Feststellung, die Propagandatätigkeit des NSDStB sei schwächer als vor Jahren und unelastischer als die der Korporationen, nicht verwundern.[113]

Daß man auch bei den mit dem Studentenbund koalierenden Verbänden die Gefährlichkeit der immer aktiver werdenden Hochschulpolitischen Arbeitsgemeinschaft sah, beweist die Gründung der Mittelstelle studentischer Verbände. Hinter diesem sehr lockeren Zusammenschluß standen der VC der Turnerschaften, der Akademische Turnbund (ATB), der Rothenburger Verband (RVSV), die Sonderhäuser Sänger (SV), die Deutsche Wehrschaft und weitere kleinere Verbände, die alle seit Frühjahr 1932 die nationalsozialistisch geführte DSt stützten und nach Krügers Formulierung sich »im Gegensatz zur Hopoag völlig in diese ein [ordneten]«.[114] Doch auch die Mittelstelle betrachtete man nicht ohne Argwohn; zumindest aber gingen den NSDStB-Listen Wähler verloren. Lieber hätte man ns-freundliche Korporationen gesehen, die ohne eigene Kandidatur offen für den Nationalsozialismus Propaganda trieben.

Der dem NSDStB ungünstige Trend schlug sich bei den Studentenschaftswahlen des Wintersemesters 1932/33 schwarz auf weiß in Zahlen nieder. Die Münchner Wahlen, die den Abstimmungsreigen eröffneten und um deren propagandistische Bedeutung man wußte, ließen bereits Böses ahnen. An der Technischen Hochschule rutschte der NSDStB von 47 auf 37% und konnte jetzt noch nicht einmal mehr mit Koalitionen die absolute Mehrheit erreichen.[115] An der Universität hielt sich der Rückgang in

Grenzen (von 37 auf 33%), aber hier war der nationalsozialistische Anteil schon immer mäßig gewesen. Zwar mußte der Studentenbund nicht an allen Hochschulen Verluste hinnehmen, oft konnten die Einbußen auch durch die Mittelstelle-Listen oder durch andere Koalitionen wieder ausgeglichen werden. Doch die meisten Ergebnisse zeigen, daß der rückläufige Trend während des ganzen Semesters anhielt: so in Aachen (36 auf 27%), Bonn (26 auf 22%), Braunschweig (45 auf 35%), Darmstadt (47,5 auf 37,5%) und Leipzig (60 auf 46,6%). An der Universität Jena verlor der NSDStB einen Sitz und seinen Stahlhelm-Koalitionspartner, in Würzburg konnte er seine 40% nur halten, indem er eine Einheitsliste zusammen mit Waffenstudenten aufstellte, was bei genauerem Betrachten auch als Niederlage zu werten ist. Unverändert blieb der nationalsozialistische Stimmenanteil in Halle (50%) und Erlangen (68%), Gewinne konnten verzeichnet werden in Gießen (54 auf 75%) und Hamburg (45,5 auf 50%). Als Folge begannen auch die Stühle der nationalsozialistischen DSt-Kreisleiter zu wackeln. Im Kreis V (Westdeutschland) konnte die Wahl des Korporationskandidaten nicht verhindert werden, den Kreis III (Niedersachsen) mußte der NSDStB, nachdem er sich mit seinem Leiter Gille gründlichst diskreditiert hatte,[116] an den Weinheimer Corpsstudenten Dörrenberg abgeben, der allerdings als konziliant bekannt war, und im bayerischen Kreis schließlich hatte man Mühe, einen nationalsozialistischen Nachfolger für Kurt Ellersiek durchzusetzen.[117]

Dieser Rückschlag auf breiter Front, der den Studentenbund zwar nicht völlig unerwartet, in seinem Ausmaß aber doch überraschend traf, ist nicht monokausal zu erklären. Wie immer sind bei der Analyse eine ganze Reihe von Faktoren zu berücksichtigen, wobei es fast unmöglich erscheint, ihr jeweiliges Gewicht gegeneinander abzuwägen. Wenn aber Gerhard Krüger noch Anfang Januar 1933 meinte, man müsse den Korporationen wie vor Jahren mit politisch-weltanschaulichen Fragen entgegentreten und die Diskussion auf die hinter den Komplexen Hochschulreform und Werkjahr stehenden ideologischen Prinzipien bringen,[118] so lag er mit dieser Anweisung zwar richtig, doch mit Bestimmtheit kann man annehmen, daß damit Themen angeschnitten wurden, in denen die nationalsozialistische Schwäche besonders kraß zutage trat. Denn sofort wäre die Diskussion von der Theorie auf die Praxis gekommen – um die drehte es sich ja im vergangenen halben Jahr –, und hier kann man die These wagen, daß die verbindungsstudentische Opposition um so größer wurde, je mehr man von der Theorie zur Anwendung kam. Oder anders formuliert: Solange der Nationalsozialismus seinen Radikalismus hauptsächlich rhetorisch an den Mann brachte, glaubten weite Teile der Studentenschaft, mit ihm einig gehen zu können. Sobald aber der NSDStB daran ging, das Angekündigte auch auszuführen, erkannten viele, daß die Gemeinsamkeit in erster Linie durch die Verschwommenheit und also

111

Integrationsfähigkeit der gebräuchlichen und gemeinsamen Schlagworte herbeigeführt wurde, was zwar auch früher schon hätte bemerkt werden können, nun aber angesichts des der eigenen Person und den Korporationen drohenden Machtschwundes nicht mehr zu übersehen war. Die gemeinsame, aus antidemokratischen und antisemitischen Ressentiments resultierende ideologische Basis zeigte dann Risse, wenn die romantisch-reaktionären Gesellschaftsvorstellungen und die spezifische Ehrauffassung der völkischen Korporationsstudenten mit dem skrupellosen Machtwillen der Nationalsozialisten konfrontiert wurden, wobei allerdings gleich einschränkend davor gewarnt werden muß, den Sinneswandel mancher Studenten ausschließlich dem NSDStB selbst zuzuschreiben und außerdem in den Wahlergebnissen des Winters einen grundsätzlichen Umschwung als gesichert anzunehmen.

Zur Erläuterung soll noch einmal auf die Vorgänge in Braunschweig zurückgegriffen werden.[119] Dort war gegen Ende des Wintersemesters 1931/32 der Konflikt aus übergeordneten Gesichtspunkten abgebrochen worden; außerdem hatte bei den Wahlen die Opposition keine neuen Gewinne des NSDStB zugelassen. Im Herbst 1932 kam die Auseinandersetzung wieder zum offenen Ausbruch.[120] Anlaß war der Tod des DSt-Kreisleiters III und SA-Sturmführers Axel Schaffeld, der in der Wahlnacht des 1. August von Kommunisten erschossen wurde.[121] Nun wurde der ehemalige Hogruf Edgar Gille, der augenblicklich als Lüers Stellvertreter in der NSDStB-Kreisleitung III tätig war, wieder aktiv; er trat die Nachfolge Schaffelds an, seine Relegation vom Frühjahr war offenbar rückgängig gemacht worden. Der Asta verlangte vom Rektor, bei der traditionell am 23. November für die Weltkriegsgefallenen abgehaltenen Trauerfeier der Hochschule auch Schaffelds zu gedenken; außerdem sollte das Studentenheim in Axel-Schaffeld-Heim umbenannt werden. Während der Rektor das erste ablehnte, wurde die zweite Forderung unter bestimmten Bedingungen genehmigt.

Inzwischen hatte aber die NSDStB-Propagandaleitung an alle Hochschulgruppen die Direktive ausgegeben, als Gedenktag den 9. November zu begehen. Vor den Gefallenendenkmälern sollte ein Kranz mit der parteioffiziellen Schleife niedergelegt werden, der Hogruf hatte vor der im Dienstanzug angetretenen Hochschulgruppe über die Weltkriegstoten und die der Bewegung zu sprechen.[122] Der Braunschweiger NSDStB leistete diesem Befehl Folge, ohne sich aber, wie außerdem angeordnet, mit dem Rektor vorher abzusprechen. Der ließ den Kranz mit der Hakenkreuzschleife »Unseren toten Kameraden der NSDAP« entfernen und erlaubte schließlich die ebenfalls nicht einwandfreie Aufschrift auf schwarzem Grund »Ihren toten Kameraden, der NSDStB«. Wie schon im vergangenen Winter erschien daraufhin ein von Gille inspirierter Artikel in der Parteipresse,[123] und da der NSDStB in seiner Agitation immer schärfer wurde, antwortete der Senat mit dem Verbot des Studentenbundes und der Relegation Gilles und zwei weiterer NSDStB-Mitglieder. Hier nun schaltete sich auf Intervention Gilles Volksbildungsminister Klagges ein mit der Verfügung, Verbot und Relegationen seien aufzuheben. Die TH, die Hochschulverband und Rektorenkonferenz hinter sich wußte, protestierte gegen diesen Eingriff in ihre Selbstverwaltungsrechte, wieder war aus dem inneruniversitären ein Verfassungskonflikt geworden.[124] Mittlerweile hatte sich die Auseinandersetzung auch in der Studentenschaft ausgeweitet, als die NSDStB-Astafraktion nämlich eine kleine Machtergreifung inszenierte, indem sie den seit den vergangenen Astawahlen amtierenden Vorsitzenden Wrede, einen Burschenschafter, stürzte, und einen VCer an seine Stelle setzte, was nur durch die Uneinigkeit der Korporationen möglich wurde. Da jedoch die notwendige $2/3$ Mehrheit nicht zustande gekommen war, forderte der Rektor bei eindeutiger Stellungnahme zugunsten Wredes die Studentenschaft auf, zur Klärung der Angelegenheit unverzüglich Neuwahlen abzuhalten. Bei der nun erneut einsetzenden Agitation, die in einem Strafantrag wegen Freiheitsberaubung gegen den Rektor gipfelte (er hatte bei der vorausgegangenen Disziplinaruntersuchung die Studenten voneinander trennen lassen, um Absprachen zu verhindern), und der wiederum eingeleiteten Untersuchung kam Gilles kriminelle Vergangenheit zutage: Er war wegen Betrugs rechtskräftig verurteilt worden. Außerdem beschlagnahmte die Kriminalpolizei die Kassenbücher der Studentenschaft wegen des Verdachts von Unregelmäßigkeiten unter der Amtsführung des vergangenen nationalsozialistischen Vorstandes. Dem völlig überraschten NSDStB blieb nichts anderes übrig, als Gille den Rücktritt von seinen sämtlichen Ämtern zu befehlen; außerdem wurde er aus dem Bund ausgeschlossen.[125] Die ganzen weiteren Einzelheiten des Konflikts, der im Landtag mehr vertagt denn gelöst wurde,[126] verlohnen nicht, hier dargestellt zu werden. Wichtig ist nur, daß ein großer Teil der Studentenschaft Wrede, den Rektor und den Senat stützte. Wieder einmal kam der unermüdliche Hilgenstock angereist, organisierte Widerstand und Wahlkampf, so daß der NSDStB seine Stellung nur mit Hilfe der Mittelstelle halten konnte. Er selbst verlor bei den Wahlen zwei Sitze. Die Braunschweiger Vorfälle sind symptomatisch; das nationalsozialistische Vorgehen mußte auf verschiedenen Ebenen Widerspruch hervorrufen. Die fragwürdigen Versuche des Studentenbundes, wieder den Astavorsitz zu übernehmen, riefen die Hopoag auf den Plan; ebenso das Eingreifen des Volksbildungsministers, das den Autonomievorstellungen eklatant widersprach; schließlich erwiesen sich die skrupellose Hetze gegen die Professorenschaft und dann die Enthüllung über Gilles Vorstrafe als unvereinbar mit den korporationsstudentischen Ehr- und Moralbegriffen. Die mit Wählerstimmen bestätigte Quittung blieb nicht aus.

Braunschweig wurde noch einmal herangezogen, um zu demonstrieren, in welchem Maße das studentische Wahlverhalten als direkte Abwehrreaktion zu verstehen ist. Aber es wäre eine unzulässige Verkürzung, wollte man die Wahlergebnisse ausschließlich auf das hemmungslose Vorgehen des NSDStB allein zurückführen. Vielmehr sind zur Erklärung Faktoren hinzuzuziehen, die über die engere Studentenpolitik hinausreichen. Wie weit allerdings die Juli- und November-Reichstagswahlen – um gleich die augenfälligsten politischen Ereignisse herauszugreifen – einen Einfluß auf die Studenten ausübten, ist kaum zu beantworten. Auf jeden Fall aber ist darauf hinzuweisen, daß Reichstags- und Studentenschaftswahlen keineswegs ohne weiteres vergleichbar sind, da die Studenten bekanntlich nur einen Bevölkerungsteil repräsentieren. Die bei den Reichstagswahlen zu beobachtende Polarisierung in zwei große antiparlamentarische Blöcke konnte es bei den Studenten nicht nur deshalb nicht geben, weil auf den Hochschulen Arbeiterkinder als kommunistisches Wählerpotential kaum vorhanden waren, sondern ebenso wegen des ausgeprägten studentischen Mittelstandsbewußtseins. Wenn man den leichten Rückgang der Wahlbeteiligung mit den Verlusten der NSDAP bei den Reichstagswahlen in Verbindung setzt – freilich nur als eine von vielen Erklärungen – so ist eine Parallele zu den Studentenwahlen nicht gegeben. Schon an anderer Stelle wurde darauf hingewiesen,[127] daß ein Zusammenhang zwischen steigender Wahlbeteiligung und Vordringen des NSDStB zwar wahrscheinlich, aber nicht notwendig ist. Im Winter 1932/33 nun zeigte sich, daß das Abschneiden des NSDStB ganz unabhängig von der Zahl der Abstimmenden verlief. In Erlangen konnte der Studentenbund seinen Anteil halten, obwohl die Wahlbeteiligung etwa im Ausmaß der Reichstagswahl zurückging (RT 84 auf 80,6%, Erlangen 85 auf 80%), in Halle ebenfalls, wobei die Beteiligung leicht anstieg (74 auf 76%). In Jena und an der Universität München verlor er je einen Sitz, dort bei gleichbleibender Beteiligung, hier bei stark sinkender (93 auf 80%).[128] Auf der anderen Seite kann man Beziehungen sehen mit der Annahme – auch wenn die zeitgenössische Studentenpresse darüber keinen Aufschluß gibt –, daß die Stagnation der Partei Anfang November nicht ohne Eindruck auf die ab Mitte November wählenden Studenten geblieben sein wird, zumal der Student seit seinem vollendeten 21. Lebensjahr in seiner Heimatgemeinde stimmberechtigt war und also am politischen Leben selbst teilhatte.

Freilich ist auch bezüglich der Reichstagswahl vor allem nach der Motivation bei der Stimmabgabe und nach ihrer Übertragbarkeit auf die Hochschulsituation zu fragen. Daß das Nachlassen der wirtschaftlichen Krise zur Abwendung vom Nationalsozialismus beigetragen hat, kann nicht bezweifelt werden. Dem steht nicht entgegen, daß sich die wirtschaftliche und soziale Situation der Bevölkerung bis November 1932

realiter kaum verbessert hatte. Es ist hier auf die Rolle der Zukunftser-
wartung als sozialpsychologischer Faktor des gesellschaftlichen Verhaltens zu verweisen: Die Hoffnung auf Änderung vermochte also gegen die
nationalsozialistische Propaganda zu immunisieren.[129] Das übertrug sich
auch auf die Studentenwahlen, da erstens die stets hervorgehobene Iden-
tität von NSDStB und NSDAP vom Wähler längst verinnerlicht worden
war und zweitens ein kräftiges Aufblühen der vorerst noch »zarten
Pflanze« der wirtschaftlichen Besserung (Papen)[130] natürlich auch direkt
den Studenten in Form von verbesserten Monatswechseln, freien Arbeits-
plätzen etc. zugute kommen würde. Wobei noch nachzutragen wäre, daß
der vom Publikum nachvollzogene Identitätsanspruch von Partei und
Studentenbund wahrscheinlich auch seine Wirkung hatte bei der Übertragung des dem Straßenterror der SA entgegengebrachten Abscheus auf den
NSDStB.

Wenn also dem sich andeutenden wirtschaftlichen Aufschwung eine Bedeutung nicht abzusprechen sein dürfte, so ist diese mit Sicherheit bei der
Papen/Schleicher'schen Jugendpolitik gegeben. Während die NSDAP
lauthals die Wichtigkeit der Jugend proklamierte und ihr eine angemessene und sinnvolle Stellung im neuen Staat versprach, hatte die Regierung
bereits damit begonnen, die Jugend in den Dienst zur Errichtung der
ersehnten Volksgemeinschaft zu stellen. Man kann die Auswirkung von
Arbeitsdienst und Wehrsport sowie des von Schleicher gepflegten Kon-
taktes zur Jugend eigentlich kaum überschätzen, nachdem diese jahrelang
in schroffem Gegensatz zu den Regierungen gestanden hatte und die Behörden sie das auch hatten spüren lassen. Auch wenn man in studentischen Kreisen sich bewußt war, daß die neue Politik nicht uneigennützig war, so nahm man das doch hin – vielleicht mit leisem Mißtrauen –
und sah mehr auf die von der Regierung in Anspruch genommene Über-
parteilichkeit, die der eigenen politischen Vorstellung so sehr entsprach.

Man hält ein ganzes Bündel von Motiven in der Hand, will man den
Wahlausgang erklären. Schwierig bleibt dennoch der Versuch, dem einen
Grund mehr Gewicht beizumessen als dem anderen. So ist es auch bei dem
Eindruck, den der Bruch Gregor Strassers mit Hitler bei den nationalsozialistischen Studenten hinterließ. Daß Strasser ihnen sehr viel bedeutete,
manchen sogar mehr als selbst Hitler, ist indes ebenso offenkundig wie
die Tatsache, daß der Bruch nicht ohne Folgen für den Zusammenhalt des
Studentenbundes blieb: Einige Mitglieder taten es Strasser nach und traten aus Partei und NSDStB aus.[131]

Der nationalsozialistische Studentenbund stand also im Januar 1933 alles
andere als glänzend da. Nicht zu vergessen sei in diesem Zusammenhang
auch das Fehlschlagen der so großartig geplanten Studentenbunds-Organisation. So überrascht es denn nicht, daß Schirach seinen Bundesführer
Gerd Rühle ziemlich unvermittelt Anfang Februar entließ. Eine weitere

Zusammenarbeit sei nicht mehr möglich.[132] Irgendjemand mußte eben für die Misere zur Verantwortung gezogen werden. Tatsächlich hatte sich der von Natur aus zurückhaltende Rühle in dem knappen halben Jahr seiner Amtszeit nicht recht profilieren können. Die äußeren Umstände waren dafür auch nicht gerade günstig; das Schwergewicht der nationalsozialistischen Aktivität lag noch immer eindeutig bei der Deutschen Studentenschaft, was nicht nur mit der Agilität Krügers zu erklären ist, sondern viel mehr noch mit den Gegenständen, die zur Zeit verhandelt wurden: War die DSt, wenn auch de iure ein privater Verein, bei den Studentenrechtsverhandlungen der natürliche Gesprächspartner der Kultusministerien, so lag es auch für die Reichsregierung bei ihren Bemühungen um Arbeitsdienst und Wehrsport nahe, sich zunächst, statt an die einzelnen Verbände, an die Gesamtorganisation zu wenden. Darüber hinaus hatte Rühle kein Mittel gefunden gegen die echten Schwierigkeiten, die dem Studentenbund aus seiner Doppelfunktion als Kampfverband und als Träger der DSt erwuchsen und die sich in Arbeitsüberlastung und mangelnder Flexibilität der Funktionäre äußerten. Auf der anderen Seite konnte Rühle auch nicht seine ganze Kraft dem NSDStB zur Verfügung stellen, da er im April 1932 preußischer Landtagsabgeordneter und wenig später noch Gauverbandsführer Berlin-Brandenburg des NS-Schülerbundes geworden war. So mußten andere seine Arbeit erledigen, hauptsächlich sein Stellvertreter und Geschäftsführer Hans Hildebrandt und sein Adjutant Wilhelm Kaffl.[133]

Um Rühles Nachfolge gab es keine lange Suche; neuer Bundesführer wurde wenige Tage später Oskar Stäbel, NSDStB-Kreisführer VI, der sich in jeder Lage gut bewährt und seinem Reichsjugendführer stets zur Seite gestanden hatte. Durch seine Verbindungen zur SA und durch seine Kenntnis der Verbandsinterna schien er der geeignete Mann zu sein, den NSDStB in den kommenden Monaten wieder in gesicherte Bahnen zu lenken.[134]

[1] S. S. 1/170f.

[2] B. v. Schirach 1967, 120, 188f., 233f.; ders., 1934, 57ff.

[3] B. v. Schirach 1967, 102.

[4] Bennecke 1962, 172ff.

[5] »Verordnung des Reichspräsidenten zur Sicherung der Staatsautorität«, 13. 4. 1932. RGBl., Nr. 22, 1932 I, 175; abgedruckt in: UuF VIII, 457–60.

[6] B. v. Schirach 1934, 25f.; Brandenburg 1968, 120.

[7] Protokoll der Führerringsitzung vom 29./30. 6. 1932. RSF II p 224; B. v. Schirach, An die Mitglieder des N.S.D.St.B. Pressedienst (Ende Juli 1932); dass. VB, Nr. 194 (12. 7. 1932); »Führerringsitzung des N.S.D.St.B.« VB, Nr. 188 (6. 7. 1932).

[8] Vergl. S. 1/168 und Anhang, Kurzbiographien.

[9] W. Kaffl wird im November 1932 als Nachfolger Künsbergs NSDStB-Kreisführer VII. Zu Kaffl s. Anhang, Kurzbiographien.

[10] S. o., Kap. V, 2b.

[11] Inspekteur war zunächst Heinz Otto, dann Dipl.-Ing. Franz Röhlich, der im Dezember 1933 in das preußische Arbeitsministerium eintritt.

[12] Zu A. Feickert s. Anhang, Kurzbiographien.

[13] Rdschr. der BL des NSDStB, Nr. 4, 31. 1. 1933. RSF II 519.

[14] »Verfügung«, 16. 11. 1932. Verordnungsblatt, F. 36 (30. 11. 1932) 78.

[15] »Mitgliederstand des NSDStB«, o. D. RSF II A 17; G. Rühle an M. Nau, 7. 1. 1933. RSF II 519.

[16] »Der Kösener Kongreß am 21. und 22. Oktober in Göttingen«. DCZ, Nr. 8 (Nov. 1932) 185–91; BBl., H. 4 (Jan. 1933) 86ff.; zur Hopoag vergl. deren Rdschr. BA R 129–26; Bernhardi 1957, 209. Im übrigen ist es schwierig festzustellen, welche Verbände auf welcher Seite in der Auseinandersetzung standen, da zahlreiche Korporationen und Mitglieder sich nicht an den Verbandskurs hielten.

[17] Bracher 1964, 537.

[18] Über den Arbeitsdienst erschöpfend Köhler 1967.

[19] Köhler 1967, 24. Das folgende ebd., 61.

[20] Zit. nach Köhler 1967, 18. Das folgende ebd.

[21] Köhler 1967, 86ff.; Vogelsang 1962, 232f.

[22] »Verordnung über den Freiwilligen Arbeitsdienst vom 16. Juli 1932«. RGBl., Nr. 45, 1932 I, 352ff.; abgedruckt: UuF VIII, 555f.

[23] Köhler 1967, 178ff.; »Die Arbeitslager-Bewegung im Vormarsch«. Studentenwerk 5 (1931) 260–84; DSt AkCorr., Nr. 23 (3. 12. 1931); BBl., H. 8 (Mai 1932) 181f. In Erlangen beschloß der nationalsozialistische Asta bereits im Wintersemester 1930/31, daß jeder Student in den ersten fünf Semestern am Arbeitsdienst teilzunehmen habe. Gesunde Studenten, die sich ohne dringenden Grund dieser Pflicht entzogen, mußten pro Semester 10 RM entrichten. Franze 1971, 132. Für den Arbeitsdienst in der bündischen Jugend, Proß 1964, 305ff.; für die Burschenschaft, George 1969, 68ff.

[24] Studententag 1932, Beschluß 13. S. S. 2/38.

[25] Köhler 1967, 192. Am 7. 10. 1932 meldete die DSt AkCorr., Nr. 19, es bestünden an den einzelnen Hochschulen 28 Arbeitslager, bei denen die Studentenschaften selbst oder in Verbindung mit anderen Organisationen als Träger aufträten. Weiter hätten sie 40 Lager anderer Organisationen beschickt. Zu 2000 Studenten kämen rund 300 Abiturienten und Jungakademiker. Die Zahl der somit von der Studentenschaft Erfaßten betrage 5000 Studenten, Abiturienten und Arbeitslose.

[26] Köhler 1967, 200f.

[27] Schulthess 1932, 114–49, hier 149.

[28] Reinhold Schairer, Werkjahr und Freijahr als Ausweg aus der Lebensraum-Krise des deutschen Akademikers. Studentenwerk 5 (1931) 244–49; ders. 1932.

[29] Oberst Hierl, zit. nach Köhler 1967, 208.

[30] Protokoll der 4. Führerringsitzung vom 29. 3. 1931 und der 5. vom 2. 5. 1931. RSF II p 224; allerdings gab es auch Befürwortung.

[31] Studententag 1931, 31.

[32] 19. Rdschr. des Bundeshochschulinspekteurs, 31. 10. 1932. RSF I 02 C2.

[33] »Zwei Auffassungen über das Werkjahr«. DSt AkCorr., Nr. 20 (27. 10. 1932); vergl. ebd., Nr. 15 (13. 8. 1932), Nr. 16 (2. 9. 1932).

[34] A. Feickert, Das Werkjahr für Abiturienten. DSt AkCorr., Nr. 21 (17. 11. 1932).

[35] Gerhard Krüger, »Verständnis« für die Jugend! Pressedienst, Nr. 3 (Febr. 1932).

[36] Fritz Hilgenstock, Das Werkjahr. BBl., H. 3 (Dez. 1932) 49f.

[37] »Verbändesitzung«. DSt AkCorr., Nr. 19 (7. 10. 1932); Niederschrift der Verbändesitzung vom 3. 10. 1932. RSF I 04 p 311.

[38] »Richtlinien für die Organisation und Durchführung eines Werkjahres. Denkschrift der Deutschen Studentenschaft zur Frage des Werkjahres für Abiturienten«, 10. 10. 1932. BA R 43 I, 2086.

[39] Köhler 1967, 236.

[40] DSt AkCorr., Nr. 24 (19. 12. 1932), Ausg. B, Nr. 1 (10. 1. 1933), Ausg. B, Nr. 3 (10. 2. 1933).

[41] Köhler 1967, 237. Im Laufe des Jahres 1933 wurde der Arbeitsdienst für alle Studenten obligatorisch, die im ersten bis vierten Semester standen. Nach Ostern 1935 konnte niemand mehr das Studium beginnen, der nicht mehr zuvor ein halbes Jahr Arbeitsdienst abgeleistet hatte. Franze 1971, 187ff.

[42] Dazu, aus dem Datum verständlich, besonders deutlich Andreas Feickert, Die Erziehung des Studenten durch Arbeitsdienst und Wehrdienst. DSt AkCorr., o. D. (ca. April 1933).

[43] Dazu K. D. Bracher 1964, 423–31, 481–526; Vogelsang 1962, 156ff.

[44] Zit. nach Bracher 1964, 497.

[45] Vergl. Brandenburg 1968, 122f.; Hiltrud Bradter, Reichsausschuß der deutschen Jugendverbände (RAJ) 1919–1933. Fricke 1970 II, 481–92. Die nationalsozialistischen Jugendorganisationen gehörten dem Reichsausschuß unter der Sammelbezeichnung Deutsches Jugendwerk seit Oktober 1932 an – auch das ein Entgegenkommen Papens, da der Ausschuß vorher die Aufnahme stets abgelehnt hatte.

[46] Reinhold Schairer, Das erste Jahrzehnt des Deutschen Studentenwerks. Studentenwerk 1961, 42–62, hier 61; IfZG MA 229–5029347.

[47] K. v. Schleicher an F. v. Papen, 17. 10. 1932. BA R 43 II, 519; vergl. Vogelsang 1962, 231ff., 285ff.

[48] Köhler 1967, 221ff.

[49] Köhler 1967, 213ff. Ein beredtes Zeugnis von den Sorgen über die »Soldatenspielerei« der rechten Jugendverbände legen zwei Denkschriften ab (die allerdings im Reichsinnenministerium entstanden sind). Denkschrift des Reichsinnenministeriums »Über den Nationalsozialistischen Deutschen Studentenbund«, Aktz. IAN 2100 m/20. 8. (1930). HAStAM, NSDAP-HA 1796; in dieser Denkschrift wird auf die andere hingewiesen, die aber nicht aufgefunden werden konnte: »Wehrbewegung in der rechtsradikalen Studentenschaft«, Aktz. IAN 2100 e¹/25. 6. (1930); im Akt NSDAP-HA 1796 befinden sich einige Stellungnahmen verschiedener bayerischer Polizeidienststellen mit dem Tenor, die Gefahr sei nicht so groß wie dargestellt; dazu BA R 43 II, 519.

[50] Köhler 1967, 221ff.

[51] R. Schairer, Studentenwerk. Studentenwerk 1961, 61.

[52] 714 SA und Hitler-Jugend, 549 Stahlhelm, 25 Reichsbanner (nur in Bayern), 202 Kyffhäuserbund u. a. militärische Vereine, 148 Deutsche Turnerschaft u. ä., 46 Deutschnat. Handlungsgehilfen-Verband (DHV), 24 Reichslandbund und landwirtsch. Schulen, 133 »Bünde« u. a. Jugendorganisationen, 309 Sonstige. Vogelsang 1962, 286.

[53] Fritz Hilgenstock, Reichskuratorium für Jugendertüchtigung (R.K.f.J.). BBl., H. 2 (Nov. 1932) 30f. Diese Bedenken bestätigten sich dann auch teilweise. Wie G. Krüger durchaus glaubhaft aus dem Lager Döberitz berichtete, kam angesichts des mangelnden Engagements der ausbildenden Offiziere keine Lagergemeinschaft zustande, da sich diese nach Dienstschluß nicht mehr um die Jugendlichen kümmerten oder etwa durch getrennte Offiziers-Kasinos und Mannschafts-Küchen zwei verschiedene Klassen von Teilnehmern konstruierten. Der ganze Geist des Lagers käme in der Bemerkung des Oberregierungsrats im RMI Erbe zum Ausdruck: »Wir werden die jungen Leute solange bimsen, bis sie abends zu müde sind, um sich noch um Politik zu kümmern.« 17. Rdschr. des Bundeshochschulinspektors, 26. 10. 1932. RSF I 02 C2.

[54] S. S. 2/16.

[55] Protokoll der 6. Führerringsitzung vom 24./25. 2. 1932. RSF II p 224. Ein Jahr zuvor hatte Schirach die Teilnahme an von den studentischen Wehrämtern organisierten Wehrlagern nur dann erlaubt, wenn es keine Verbindung zum Reichswehrministerium gebe. »Es besteht die große Gefahr, daß das Reichswehr-Ministerium eines Tages erklärt, die Tätigkeit der Wehrämter sei als staatsfeindlich anzusehen oder den Bestimmungen des Versailler Vertrages widersprechend und daß damit alle an dieser Ausbildung beteiligten Nationalsozialisten und damit die NSDAP als solche beschuldigt wird.« Rdschr. Nr. 15 der RL des NSDStB, 3. 6. 1931. RSF II p 29.

[56] »Bericht des Referats für Hochschulpolitik im Monat September (1932)«. RSF I 02 C2.

[57] Rdschr. der BL des NSDStB, 31. 10. 1932. RSF II p 411.

[58] Köhler 1967, 223, weist darauf hin, daß der Öffentlichkeit vorher nichts bekannt war.

[59] Vergl. »›Reichskuratorium für Jugendertüchtigung‹. Eine Neugründung der Regierung Papen, gegen die Mißtrauen geboten ist«. VB, Nr. 260 (16. 9. 1932), mit dem Untertitel: »Eine verschleierte Konkurrenzgründung gegen die SA?« G. Rühle an W. Funk, 9. 10. 1932. IfZG MA 528–5020648.

[60] Oberster SA-Führer, Verfügung, 12. 9. 1932. RSF II p 226.

[61] Oberster SA-Führer, Verfügung, 16. 11. 1932. RSF II p 411.

[62] St.B. Anordnung Nr. 1, 12. 10. 1932. RSF II 519; Rdschr. Nr. 28 der BL des NSDStB, 17. 9. 1932. RSF II p 226; dort und in II 65 zahlreiches weiteres Material.

[63] Hopoag-Rdschr. Nr. 3 und E2, 24. 11. 1932. BA R 129–26.

[64] Das bestätigt Krüger 1969.

[65] Hogruf Leipzig an G. Krüger, 20. 6. 1932. RSF II 128; P. Gierlichs an H. Lüer, 21. 1. 1933. RSF II 147; dass., 3. 3. 1933. RSF II 143; Brief an P. Gierlichs, 19. 11. 1932. Ebd.; Bericht der Hochschulgruppe Braunschweig, 31. 1. 1933. Ebd.

[66] »Die St.B. Stürme nach dem Stand vom 5. Oktober 1932«. RSF II p 411. Der Göttinger Hogruf machte folgende Rechnung auf: Von 200 NSDStB-Mitgliedern blieben 80 in ihren alten SA-Verbänden, 60 ließen sich wegen Examensvorbereitung beurlauben; also waren für die St.B.O. nur noch 60 übrig. Hogruf Göttingen an H. Lüer, 21. 1. 1933. RSF II 147.

[67] Oberster SA-Führer, Verfügung, 27. 2. 1933. RSF II p 411.

[68] Dazu Wende 1959, 99–143. Düwell 1971, konnte nicht mehr berücksichtigt werden.

[69] Gerhard Krüger, Hochschulpolitik im Rahmen der Gesamtpolitik. Anlage zu: Studententag 1932. S. S. 2/40 u. 2/105.

[70] Vergl. Rudolf Helbig, Um ein neues Studentenrecht. BBl., H. 4 (Jan. 1933) 89.

[71] S. S. 2/41f.

[72] Kurt Maßmann, Die Aufgaben der Universität. Pressedienst, Nr. 2 (Jan. 1932); vergl. Dt. Rev., F. 11 (15. 7. 1932).

[73] »Der Hochschulautonomiebeschluß des Burschentages«. BBl., H. 10 (Mitte Juni 1929) 272f. Die Forderung nach Hochschulautonomie machte sich damals auch die DSt zu eigen. »Die Eisenacher Tagung über Hochschulreform«. BBl., H. 11 (Juli 1930) 268f.; Kersten 1931.

[74] Hans Hauske, Hochschulautonomie – unzeitgemäß? BBl., H. 1 (Okt. 1931) 11–13. Das folgende ebd.

[75] Wenig konkreter Hans Hauske, Hochschulreform. BBl., H. 1 (Okt. 1932) 17–19.

[76] Koffka, Um den Aufbau der Deutschen Studentenschaft. BBl., H. 1 (Okt. 1932) 16f. Die Vorstellungen der Hopoag sind konkretisiert in den Entwürfen einer Länderstudentenrechtsverordnung und einer Satzung für eine Einzelstudentenschaft, Anl. zum Hopoag-Rdschr. Nr. 1, 18. 10. 1932. BA R 129–26.

[77] Rudolf Helbig, Um ein neues Studentenrecht. BBl., H. 4 (Jan. 1933) 89. Vergl. die Niederschrift der Verbändesitzung vom 4. 9. 1932. BA R 129–62.

[78] S. S. 2/53ff.

[79] DSt 1930/31, 24.

[80] Zu H. Reiter vergl. Uni Rostock 1969 I, passim. 1939 wird er Präsident des Reichsgesundheitsamtes. Er ist Autor des Buches Erb- und Gesundheitspflege, Leipzig 1940.

[81] G. Krüger an G. Rühle, 12. 11. 1932. BA NS 22 vorl. 344; Gerhard Krüger, Nationalsozialistische Studentenschaft, o. D. (Januar 1933). RSF I 02 C2. Zum Rostocker Studentenrecht Carlsen 1964, 251–69; Uni Rostock 1969 I, 197–202; Korrespondenz und Flugblätter RSF II 128.

[82] G. Krüger an H. Reiter, 8. 7. 1932; Telegramm, 15. 8. 1932. BA R 129–223.

[83] »Verfassung der Rostocker Studentenschaft«, Anl. 3 zum Hopoag-Rdschr. Nr. 1, 18. 10. 1932. BA R 129–26; eine modifizierte spätere Fassung RSF II 128. »Nationalsozialistisches Studentenrecht in Mecklenburg«. Soz. Wille, Nr. 1 (Jan. 1933).

[84] H. Reiter an R. Schulze, 27. 9. 1932. RSF II 102.

[85] »Bericht des Bundeshochschulinspekteurs für die Monate Oktober-November (1932)«. RSF I 02 C2; G. Krüger an R. Rienhardt, 12. 12. 1932. BA NS 22 vorl. 344.

[86] 20. Rdschr. des Bundeshochschulinspekteurs, 25. 11. 1932. RSF I 02 C2; Pressedienst, Nr. 3 (Febr. 1932); Carlsen 1964, 257.

[87] Carlsen 1964, 258ff.

[88] Niederschrift der Verbändesitzung vom 3. 10. 1932. RSF I 04 p 311.

[89] Carlsen 1964, 263.

[90] RSF II 23; BA NS 22 vorl. 344 und 861.

[91] Carlsen 1964, 263. Das folgende ebd.

[92] DSt AkCorr., Nr. 4 (10. 2. 1933).

[93] G. Krüger an R. Heß, 7. 2. 1933. RSF I 02 C2.

[94] Noch Ende April, also nach dem Erlaß der preußischen Studentenrechtsverordnung, sah sich Krüger veranlaßt, bei Prof. Reiter drohend anzufragen, wie lange der Widerstand der mecklenburgischen Ministerialbürokratie denn noch andauere. G. Krüger an

H. Reiter, 20. 4. 1933. RSF I 02 C2. Das mecklenburgische Studentenrecht kam am 26. 4. 1933. Uni Rostock 1969 I, 272.

[95] Fließ 1959, 668ff.; »Bericht des Referats für Hochschulpolitik im Monat September (1932). RSF I 02 C2; 20. Rdschr. des Bundeshochschulinspekteurs, 25. 11. 1932. Ebd.; RSF II 128.

[96] September-Bericht. RSF I 02 C2.

[97] G. Krüger, Nationalsozialistische Studentenschaft, o. D. (Januar 1933). RSF I 02 C2.

[98] September-Bericht. RSF I 02 C2.

[99] »Bericht des Referats für Hochschulpolitik im Monat August (1932)«. RSF I 02 C2.

[100] »Um die Verfassung von Studentenschaft und Hochschule«. BBl., H. 1 (Okt. 1932); Niederschrift der Verbändesitzung vom 3. 10. 1932. RSF I 04 p 311; DSt AkCorr., Nr. 19 (7. 10. 1932).

[101] G. Krüger an F. Hilgenstock, 21. 12. 1932, sowie der anschließende Briefwechsel zwischen Krüger, Hilgenstock und U. Kersten. RSF I 04 p 311; auch BA R 129–26.

[102] »Bericht des Bundeshochschulinspekteurs für den Monat Dezember 1932«. RSF I 02 C2.

[103] DSt AkCorr., Nr. 21 (17. 11. 1932); Hopoag-Rdschr. Nr. 2, 1. 11. 1932. BA R 129–26.

[104] September-Bericht. RSF I 02 C2.

[105] G. Krüger, Studentenschaft. RSF I 02 C2.

[106] S. o., Kap. VII, 3.

[107] RSF II 23; IfZG MA 533–5051340ff.; Dezember-Bericht. RSF I 02 C2; Günter Gramm, Die »Großuniversität« Breslau. BBl., H. 5 (Febr. 1933).

[108] G. Krüger an B. Rust, 2. 2. 1933. RSF I 02 C2.

[109] »Bericht des Referats für Hochschulpolitik im Monat September (1932)«. RSF I 02 C2.

[110] 24. Rdschr. des Bundeshochschulinspekteurs, 10. 1. 1933. RSF I 02 C2.

[111] 17. Rdschr. des Bundeshochschulinspekteurs, 26. 10. 1932. RSF I 02 C2.

[112] Hogruf Würzburg an E. v. Künsberg, 4. 11. 1932. RSF IV 3.

[113] 23. Rdschr. des Bundeshochschulinspekteurs, 4. 1. 1933. RSF I 02 C2.

[114] 22. Rdschr. des Bundeshochschulinspekteurs, 18. 12. 1932. RSF I 02 C2; dazu Oktober- und November-Bericht. Ebd.; Hopoag-Rdschr. Nr. 5 (5. 1. 1933). BA R 129–26.

[115] Ausgewählte Wahlergebnisse s. Anhang.

[116] S. S. 2/53f.

[117] Oktober-November-Bericht. RSF I 02 C2. Zu K. Ellersiek s. Anhang, Kurzbiographien.

[118] 23. Rdschr. des Bundeshochschulinspekteurs, 4. 1. 1933. RSF I 02 C2.

[119] Vergl. S. 2/53ff.

[120] Die Vorgänge sind dargestellt in der Broschüre »Braunschweiger Hochschulkonflikt« 1932. Sie bildet die Grundlage der Schilderung bei Roloff 1961, 122–30. Vergl. die Berichte und Rdschr. des Bundeshochschulinspekteurs. RSF I 02 C2; »Hochschulkonflikt in Braunschweig«. BBl., H. 4 (Jan. 1933) 91; IfZG MA 533–5051273ff.

[121] »Offener Brief der DSt an den Reichsinnenminister«, 3. 8. 1932. DSt AkCorr., Nr. 15 (13. 8. 1932); VB, Nr. 216 (3. 8. 1932), Nr. 234/235 (21./22. 8. 1932); weiteres Material RSF II A 15.

[122] 1. Rdschr. des Bundespropagandaleiters, 31. 10. 1932. RSF II 519.

[123] »Ein Bubenstreich«. Angriff, Nr. 234 (11. 1. 1932).

[124] »Minister Klagges Schritt gegen die ›Vossische Zeitung‹«. VB, Nr. 335 (30. 11. 1932); »Pg. Minister Klagges gegen die Hetze der Rektorenkonferenz«. VB, Nr. 343 (8. 12. 1932).

[125] H. Lüer an die NSDStB-BL, 8. 3. 1933. RSF II 143.

[126] Roloff 1961, 127.

[127] S. S. 1/145.

[128] Für Hamburg und Gießen, wo der NSDStB Gewinne zu verzeichnen hatte, fehlen Angaben über die Wahlbeteiligung.

[129] Vergl. Davies, Eine Theorie der Revolution. Zapf 1969, 399–417.

[130] »Der Reichskanzler in Dresden«. MNN, Nr. 311 (15. 11. 1932).

[131] Banner der Freiheit 1938, 40; Trumpf 1970; Feickert 1971.

[132] B. v. Schirach an G. Rühle, 1. 2. 1933. RSF II 519.

[133] Zu Rühle s. Anhang, Kurzbiographien.

[134] Zu Stäbel s. S. 1/168 und Anhang, Kurzbiographien.

IX. Abriß der studentenpolitischen Entwicklung im Dritten Reich

Die Nationalsozialisten hatten am 30. Januar 1933 ihr Ziel erreicht; die Umgestaltung des Staates konnte beginnen.[1] Die Studentenschaft ging allerdings einigermaßen unvorbereitet ins neue Reich.[2] Massendemonstrationen wie etwa in Berlin und Breslau[3] können nicht darüber hinwegtäuschen, daß vorerst einmal alles beim alten blieb. So als wäre nichts geschehen, hielt man die noch ausstehenden Studentenschaftswahlen ab und dachte zunächst auch gar nicht daran, von nun an die Nationalsozialisten positiver zu beurteilen: Der Stimmenrückgang des NSDStB dauerte auch in den Februarwochen noch an, und sogar die DSt-Spitze war noch nicht so weit, die blamablen Ergebnisse in ihrem Nachrichtenblatt zu unterdrücken.[4]

Allmählich aber veränderten sich die Dinge. Die studentischen Verbände beeilten sich, in ihren Zeitschriften den neuen Herren Zustimmung und künftige politische Zuverlässigkeit zu bekunden; alte Zwistigkeiten sollten von nun an vergessen sein. Der Kyffhäuserverband der Vereine Deutscher Studenten (VDSt) etwa fühlte sich »in diesen Tagen in Feststimmung«[5] und die Deutsche Landsmannschaft gab ihren Segen dazu: »Gott hat unsere Zeit in die Schranken gefordert. Gesegnet die Verantwortlichen, die auf seine Seite treten.« Der »äußeren Gleichschaltung« ging somit die »Selbstgleichschaltung« voraus.[6] Für die aktiven Nationalsozialisten lautete die allgemeine Parole: »Der Staat ist erobert. Die Hochschule noch nicht! Die geistige SA rückt ein. Die Fahne hoch!«[7]

Erstes unübersehbares Indiz, daß sich dementsprechend manches wandeln würde, war die vom rasch geschaffenen Reichspropagandaministerium ausgehende »Aktion wider den undeutschen Geist«.[8] Jetzt wurde die lang angekündigte Säuberung der Hochschulen von unerwünschten Elementen endlich mit höchster Billigung durchgeführt. Die »Umwertung aller Werte« bedeutete in diesem Fall die Reinigung aller Bibliotheken – öffentlicher wie privater – von »zersetzendem Schrifttum«, das Deutschland einst weltweite Anerkennung beschafft hatte: Marx und Kästner, H. Mann und Remarque, um nur einige zu nennen. Am 10. Mai wurden ihre Werke in allen Hochschulorten auf den Scheiterhaufen geworfen.

»Zwölf Thesen gegen den undeutschen Geist der Universität«[9] veranschaulichten auf einprägsame Weise die neue Richtung. Die Aktion beschränkte sich freilich nicht auf unerwünschte Literatur. Die Breslauer Demonstration gegen Cohn und die umgehende Reaktion des Rektors Anfang Februar[10] waren nur ein Auftakt gewesen. In zahlreichen anderen Hochschulorten forderte man ultimativ die Entfernung mißliebiger Professoren; in Kiel informierte die Studentenschaft den Rektor, daß sie mit Beginn des Sommersemesters jedem jüdischen Studenten und Dozenten das Betreten der »Deutschen Hochschule« unmöglich machen werde.[11] Um genügend Material für den Kampf gegen die Professoren zur Verfügung zu haben, setzte Krüger die örtlichen Studentenschaften zur Überwachung und Beurteilung ihrer Lehrer ein, die dann gegebenenfalls boykottiert werden sollten, was wie ein »Fanal« wirken werde.[12]

Anfang Mai war die erste und heftige Periode der nationalsozialistischen Machtergreifung auch an den Hochschulen vorüber. Der preußische Kultusminister Rust untersagte alle weiteren Aktionen und forderte die Studenten zu ruhiger und ernster Arbeit auf.[13] Offenbar hatte es zu viele Beschwerden gegeben. Wie Hitler wenig später erklärte, müsse nun »der freigewordene Strom der Revolution in das sichere Bett der Evolution« hinübergeleitet werden. »Der Erringung der äußeren Macht« habe »die Erziehung der Menschen« zu folgen.[14]

Studentischer Aktivismus zum Zwecke der Gleichschaltung war freilich nicht mehr nötig, denn inzwischen lief die nationalsozialistische Gesetzgebungsmaschinerie an. Am 7. April wurde das »Gesetz zur Wiederherstellung des Berufsbeamtentums« erlassen.[15] Juden, Halb- und Vierteljuden sowie politisch unzuverlässige Personen wurden aus dem Staatsdienst entlassen; der große Exodus deutscher Wissenschaftler nahm seinen Anfang.[16] Am 25. April kam das »Gesetz gegen die Überfüllung der deutschen Schulen und Hochschulen«[7]: Eine Durchführungsbestimmung setzte den Anteil der Juden bei der Ersteinschreibung auf höchstens 1,5 Prozent fest, den Anteil an der Gesamtstudentenschaft auf höchstens 5 Prozent.[18]

Für die studentische Selbstverwaltung am wichtigsten war die Gesetzgebung über die Form der Studentenschaften. Das Reichs-»Gesetz über die Bildung von Studentenschaften an den wissenschaftlichen Hochschulen« vom 22. April schuf hierfür die Grundlage.[19] Jetzt endlich ging mit der Einführung der staatlichen Anerkennung auf der Grundlage des Volksbürgerprinzips ein langgehegter Wunsch aller völkischen Studenten in Erfüllung: Die »volleingeschriebenen Studenten deutscher Abstammung und Muttersprache« bildeten »ungeachtet ihrer Staatsangehörigkeit« die Studentenschaft, die als Glied der Hochschule mitzuwirken hatte, »daß die Studenten ihre Pflichten gegen Volk, Staat und Hochschule« erfüllten. Alles nähere sollten die Länder regeln. Preußen hatte der

Reichsregierung mit seiner Studentenrechtsverordnung vom 12. April,[20] der sich die übrigen Regierungen meist wörtlich anschlossen, schon vorgegriffen. Hier bekamen die Studenten nun auch das Führerprinzip ganz nach der Art, wie es Gerhard Krüger 1932 in Königsberg ausgeführt hatte. Als Konzession an die Verbände wurde lediglich eine von den Gruppen zu besetzende »bündische Kammer« eingebaut, die zwar an der undemokratischen Struktur nicht das geringste änderte (sie diente allein der Beratung), aber zusammen mit der Aufhebung des Mensurverbots am 26. Mai den Verbänden die Zustimmung zum neuen Staat noch erleichterte. Die Aufgaben der Studentenschaft wurden präzisiert: Neben der Wahrnehmung der studentischen Selbstverwaltung und der Mitwirkung an der Hochschulselbstverwaltung fand die »Erziehung zur Wehrhaftigkeit und zur Einordnung in die Volksgemeinschaft« besondere Betonung. »Dieses preußische Studentenrecht wird besser als eine Studentenpflicht bezeichnet«, kommentierte Joachim Haupt, der inzwischen in das preußische Kultusministerium eingetreten war und es also wissen mußte.[21] Die außeruniversitären Aufgaben der Studenten nahmen immer mehr Zeit in Anspruch. Bald wurde der Arbeitsdienst und SA-Dienst für alle Studierenden obligatorisch.

Wenn es auch 1933 zu keiner Revision der DSt-Verfassung kam, so verhinderte das nicht deren Umkonstruierung nach dem Führerprinzip. Gerhard Krüger war schon vorher mit Rusts Hilfe als »Reichskommissar für studentische Angelegenheiten« (de jure: ehrenamtlicher Hilfsreferent) mit direktem Vortragsrecht beim Minister oder Staatssekretär ins Reichsinnenministerium aufgenommen worden.[22] Aber nicht nur dadurch geriet die DSt in Abhängigkeit, sondern auch durch die unter der Ägide Schirachs vorgenommene Konstituierung der Reichsschaft der Studierenden an den deutschen Hoch- und Fachschulen, in der die Fachschulen (Deutsche Fachschulschaft) mit den Hochschulen gleichgestellt wurden: Reichsschaftsführer und damit Krügers Vorgesetzter wurde nämlich Studentenbundsführer Oskar Stäbel, der von Frick und Heß gemeinsam ernannt wurde. Damit war also das angestrebte Ziel erreicht: Die Abhängigkeit der Deutschen Studentenschaft von Staat und Partei.[23]

Auch der NSDStB stand unter mehreren Einflüssen. Offiziell war er noch immer Teil der Reichsjugendführung Schirachs. Zunehmend machte sich aber Robert Ley als Leiter der Politischen Organisation der Partei mit zahlreichen Erlassen bemerkbar. In seinem Stab wurde Stäbel am 20. April Referent für sämtliche Hochschulfragen.[24] Größer noch war der Einfluß der SA, der, nachdem die Studentenbunds-Organisation aufgelöst worden war, alle Anfangssemester des NSDStB zur Ausbildung überwiesen wurden. Stäbel hatte dagegen um so weniger einzuwenden, als er am 23. März von Röhm zum Hochschulreferenten bei der Obersten SA-Führung und gleichzeitig zum SA-Standartenführer ernannt worden war.[25] Schließlich hatte auch Rudolf Heß bei allen Studentenangelegenheiten ein gewichtiges Wort mitzusprechen.

Der Studentenbund suchte nach einem neuen Selbstverständnis. Als politischer Stoßtrupp war er überflüssig geworden; die Hochschulen waren längst erobert. Was blieb, war der alte, von Schirach zeitweise unterdrückte Anspruch, die politische Elite der Studenten zu repräsentieren, aus dem heraus jetzt die neue Aufgabe des NSDStB formuliert wurde: Die politische Ausrichtung der Studenten zu übernehmen und zu garantieren. Der Studentenbund wurde zum Wachhund der Hochschulen. In dieser Aufgabenstellung lag genügend Konfliktstoff begründet. Wie überall, so ist auch in der Studenteschaft der für das Dritte Reich typische Dualismus von Staat und Partei zu beobachten, denn nach der Aprilgesetzgebung war die DSt für die politische Erziehung der Studierenden verantwortlich. Die daraus sich ergebende Rivalität machte sich bereits bei der »Aktion wider den undeutschen Geist« bemerkbar. Krüger wie Stäbel waren gleichermaßen daran interessiert, die Sache allein ausführen zu dürfen.[26] In diesem Falle blieb Krüger zwar Sieger, aber Stäbel dachte nicht daran, grundsätzlich zurückzustecken. Für ihn mußte die Funktion des Studentenbundes als Hüter der wahren Weltanschauung auch praktische Konsequenzen zeitigen, und das um so mehr, als er sich als Reichsschaftsführer institutionell zur Kontrolle über die Studentenschaften berechtigt fühlte. (Außerdem war Krüger auch als Hochschulinspekteur des NSDStB sein Untergebener.) Anfang Juli bekräftigte er deshalb die alte Schirach-Anordnung vom September 1931, daß die DSt-Funktionäre denen des NSDStB verantwortlich seien,[27] und nicht zufällig hatte Ley im April daran erinnert, daß der Studentenbund der einzige Vertreter des Nationalsozialismus an den Hochschulen sei.[28] Worauf Stäbels Ambitionen im Grunde abzielten, zeigte ein Brief Leys, den dieser zugunsten seines Schützlings im April an Frick schrieb: auf das »Fernziel der Zusammenlegung von DSt und NSDStB« nämlich.[29]

Ein weiterer Reibungspunkt zwischen den beiden Organisationen bildete die Kontrolle über die studentischen Verbände. Natürlich waren den Nationalsozialisten die eilig formulierten Treuekundgebungen der Verbände nicht genug. Auch wenn Krüger im März versicherte, die DSt bekenne sich rückhaltlos zu den Werten des Korporationsstudententums,[30] und Stäbel sich auf einen »Friedensschluß« mit Hilgenstock einließ,[31] so hatten die Nationalsozialisten die Vergangenheit doch nicht vergessen. Früh ergriff Stäbel die Initiative. Handstreichartig ließ er am 26. April die Geschäftsstelle der Hochschulpolitischen Arbeitsgemeinschaft besetzen – kurz darauf sah sich die Hopoag zur Selbstauflösung genötigt.[32] Um die Gleichschaltung aber in geordnete Bahnen zu lenken, setzte Heß im Mai eine Verbändekommission ein mit »Beauftragten der NSDAP für die Behandlung aller die studentischen Verbände berührenden Fragen«: Krüger,

Stäbel und dessen Verbändereferenten Karl Heinz Hederich (DB). Sie sollten in den Verbänden Führersystem, »Arierparagraph« und ein politisches Erziehungsprogramm unter der Kontrolle des NSDStB durchsetzen.[33] Damit war Stäbel zwar erst einmal neutralisiert, aber nicht beiseite geschoben.

Zunächst gelang es ihm, auf dem außerordentlichen Studententag des Allgemeinen Deutschen Waffenrings den SS-Führer Fritz Langhoff als Führer durchzusetzen. Zum Leiter der Deutschen Burschenschaft avancierte SA-Führer Otto Schwab, der seine Parteimitgliedschaft erst im Januar offenbart hatte.[34] Er ordnete sofort an, alle Anfangssemester in den Verbindungshäusern zu Wohngemeinschaften zusammenzufassen. Schwabs forsches Vorgehen ließ die DB bald auseinanderbrechen. Der Kyffhäuserverband machte Gauleiter Wilhelm Kube zu seinem neuen Verbandsführer, der exklusive Miltenberger Ring den SS-Führer, Staatssekretär und Chef der Reichskanzlei Dr. Hans Heinrich Lammers und der Kösener SC das alte und verdiente Parteimitglied und MdL Max Blunck. In seinem eigenen Verband, der Deutschen Landsmannschaft, sorgte Stäbel besonders nachdrücklich für die Einsetzung Dr. Meinshausens, von Berufs wegen Berliner Stadtschulrat und bekannt als alter Mitstreiter Goebbels. Im CV schließlich avancierten nach heftigen Kämpfen MdR Forschbach zum Führer und NSDStB-Kreisführer Westdeutschland Albert Derichsweiler zum Stabsleiter. Besonders der Letztgenannte ist dafür verantwortlich, daß die katholischen Verbände im Januar 1934 ihr Konfessionsprinzip aufgaben. Der Stahlhelm-Studentenring versuchte der drohenden Auflösung zu entgehen, indem er mit dem NSDStB als gleichberechtigter Partner zu fusionieren versuchte. Aber die Koalitionsvereinbarung, die er im Juli mit Stäbel schloß, war doch nur eine bedingungslose Unterwerfung,[35] und nicht lange danach löste er sich auf. Alle politischen Hochschulgruppen sowie die jüdischen Korporationen waren längst zur Liquidierung gezwungen worden. Im Juli gab auch der Hochschulring bekannt, seine Aufgabe sei nunmehr erfüllt.

So lange es sich um rein destruktive Maßnahmen gegenüber den Verbänden handelte, arbeiteten Krüger und Stäbel weitgehend zusammen. Zu neuen Auseinandersetzungen kam es über der Frage, wie denn nun die weltanschauliche Gleichschaltung der Verbände auszusehen habe, und besonders, wer für sie verantwortlich sein sollte. Ende Juli, auf dem Studententag in Aachen, dem letzten für Jahre und getreu der Ankündigung in Königsberg straff organisierter Befehlsempfang ohne Debatten, nahm Krüger Gelegenheit, seine Vorstellungen hierüber zu präzisieren.[36] Alle Anfangssemester sollten künftighin in militärischer Zucht in Gemeinschaftshäusern zusammenwohnen, und dort auch eine intensive politische Erziehung erfahren. Für die Freistudenten würde die DSt die entsprechenden Häuser zur Verfügung stellen, die korporierten Studenten sollten in ihren Verbindungshäusern wohnen, die zu diesem Zweck unter DSt-Aufsicht kommen würden. Mit dieser Ankündigung war eine unüberhörbare Drohung verbunden: Wer seine Zustimmung verweigere, für den sei im Dritten Reich kein Platz.

Natürlich waren die Verbände aufs höchste alarmiert. Da es zudem an den Hochschulorten zu manchen Ausschreitungen kam, weil viele Nationalsozialisten die Zeit gekommen glaubten, alte Rechnungen mit ihren Gegnern zu begleichen, schalteten die Verbandsführer den einflußreichen Staatssekretär Lammers ein.[37] Stäbel wußte sich den Widerstand offensichtlich zunutze zu machen. Selbstverständlich wollte er diesem Vorstoß Krügers nicht ruhig zusehen; mit dem Verlust des Einflusses auf die Korporationen hätte er eines seiner wichtigsten Aufgabengebiete verloren. Er setzte alle Hebel in Bewegung, aus dem Reichsinnenministerium kam daraufhin der Runderlaß, die Zukunft der Korporationen sei nicht gefährdet.[38] Die Lösung war sehr einfach: Wenige Tage später wurde Krüger auf Stäbels Drängen von Frick abgesetzt und kurz darauf wegen »Unbotmäßigkeit gegen den Reichsinnenminister« sogar inhaftiert. Aber gar so einfach, wie sich Stäbel die Sache wohl vorgestellt hatte, verlief sie doch nicht. Krüger machte noch von seinem Recht als DSt-Vorsitzer Gebrauch und ernannte in Übereinstimmung mit den versammelten Kreisleitern den Kreisleiter Westdeutschland Werner Trumpf zu seinem Nachfolger. Der alarmierte umgehend Röhm und nun wurde SA-Führer Stäbel in SA-Stubenarrest gesetzt. Offenbar waren seine Beziehungen zum Stabschef doch nicht so gut, wie er selbst geglaubt haben mochte.[39]

Eine grundsätzliche Neuregelung war unaufschiebbar: Krüger mußte nun doch gehen, Stäbel wurde Reichsführer NSDStB und DSt zugleich. Damit waren die Kompetenzstreitigkeiten aus der Welt geschafft. Aber quasi als Entschädigung für die SA wurde Stäbel jetzt noch enger an sie gebunden. Hitler gründete per Verfügung das Reichs-SA-Hochschulamt (RSAH) in Berlin unter der Leitung des SA-Gruppenführers Heinrich Bennecke, Adjutant wurde Werner Trumpf, Leiter des Hochschulpolitischen Referats Reinhold Schulze, und Stäbel wurde ihnen sowohl als NSDStB-, als auch als DSt-Führer beigeordnet. Das RSAH war der Dienststelle des Chefs des Ausbildungswesens der SA (SA-Obergruppenführer Friedrich Wilhelm Krüger) angegliedert.[40]

Bald sollte sich herausstellen, daß Krügers Entlassung keineswegs eine Erleichterung für die Korporationen bedeutete, denn noch im September wurde mit ministerieller Billigung beschlossen, jeder Student habe nach Absolvierung des Werkhalbjahres entweder zwei Semester lang in Kameradschaftshäusern der Studentenschaften oder drei Semester in Wohngemeinschaften der Korporationen (unter Aufsicht der DSt) zu leben. Bereits in den Semesterferien begann die Ausbildung geeigneter Leiter.[41] Obwohl die ganze Aktion als für die Verbindungen absolut freiwillig

angekündigt wurde, zeigte sich bald erheblicher Zwang. Auch Stäbel verlor schnell von seinem Entgegenkommen, das er zunächst den Verbänden erwiesen hatte, und man hörte wieder vertraute Töne: Er werde nicht zögern, bei Widerstand schärfste Maßnahmen zu ergreifen.[42]
Offene Destruktion gab es freilich kaum. Als wesentlich unbequemer erwiesen sich dagegen diejenigen Gruppen, die zwar die Führungsrolle des NSDStB akzeptierten, aber dennoch ein Stück Eigenständigkeit zu bewahren suchten. Einige von ihnen fanden sich im September unter Lammers' Führung in der Nationalsozialistischen Gemeinschaft Corpsstudentischer Verbände (NSGCStV) zusammen.[43] Aber Stäbel wußte sich zu helfen. Im Januar ernannte ihn Frick zu seinem »Referenten für allgemeine studentische Angelegenheiten«, und umgehend erweiterte Stäbel seine Befugnisse um das Recht, die Verbandsführer einzusetzen, und verfügte, alle Korporationen seien nun den örtlichen Studentenschaften unterstellt.[44] Die Solidarität der Verbände, ohnehin brüchig genug, zerbrach schnell; die NSGCStV löste sich bald wieder auf.
Daneben begann sich die Einrichtung des SA-Hochschulamtes auszuwirken, dessen Dienststellen an allen Hochschulen errichtet wurden. Von nun an sollte jedes Anfangssemester regelmäßigen SA-Dienst ableisten; ohne entsprechende Bescheinigungen sollte ein Examen unmöglich sein. Der »SA-Mann des Geistes« wurde das offizielle Leitbild der Studierenden. Stäbels wichtigstes Ziel aber war die Institutionalisierung der Vereinigung von DSt und NSDStB, die seit September de facto gegeben war. Bei der Übertragung dieser Personalunion auch auf Ortsebene, die er im Oktober bekanntgab,[45] sollte es nicht bleiben. Doch bald schon machten sich erhebliche Schwierigkeiten bemerkbar. Bereits im Sommer zeigten sich die NSDStB-Funktionäre der Masse der »Märzgefallenen« nicht mehr gewachsen. Der Studentenbund mußte auch zahlenmäßig wieder zu einer Eliteorganisation werden, Stäbel erließ deshalb eine Mitgliedersperre.[46] Im übrigen herrschte bald ein allgemeiner Kompetenzenwirrwarr in den Studentenschaften, die sich den widersprüchlichsten Anordnungen von Ministerien, Partei, SA, NSDStB und sonstigen Dienststellen gegenübersahen.
Deshalb, und wohl auch, weil man Stäbel nicht allzuviel unumschränkte Machtfülle anzuvertrauen gedachte – das hätte dem nationalsozialistischen Herrschaftsprinzip vollkommen widersprochen –, sah die Verfassung der Deutschen Studenschaft, die Innenminister Frick zusammen mit der Verfassung der Reichsschaft der Deutschen Studierenden den Studenten Anfang Februar 1934 in einer feierlichen Zeremonie im Berliner Opernhaus übergab, ganz anders aus, als Stäbel es erhofft hatte.[47] Jetzt wurde zwar die Reichsschaft als die der DSt übergeordnete Institution staatlich sanktioniert und Stäbel blieb ihr Führer, aber die politisch viel relevantere Verschmelzung des Studentenbundes mit der Deutschen

127

Studentenschaft war nicht gekommen. Der NSDStB-Führer war lediglich im beratenden Gremium (»Arbeitskreis«) der DSt vertreten. Im Grunde bedeutete die neue Verfassung eine deutliche Absage an Stäbels Ambitionen. Hinzu kam, daß im Mai Reichsinnenminister Frick seine Hochschulabteilung an das neugegründete Reichsministerium für Wissenschaft, Erziehung und Volksbildung unter Bernhard Rust abgeben mußte und Stäbel somit eine wichtige Stütze einbüßte.[48] Die Personalunion wurde jetzt aufgehoben. Stäbels Nachfolger in der DSt wurde sein bisheriger Stellvertreter Dipl.-Ing. Heinz Zähringer; sie ernannten sich gegenseitig zu Stellvertretern. Dasselbe geschah auf Kreis- und Ortsebene. Im wesentlichsten Punkt seines Programms war Oskar Stäbel also gescheitert.

Entscheidender aber für die Situation des NSDStB als Stäbels persönliches Machtstreben wurde ein Ereignis, mit dem die Studenten so gut wie nichts zu tun hatten. Die Niederwerfung des sogenannten Röhm-Putsches hatte natürlich auch Konsequenzen für die Rolle, die die SA seit einigen Jahren in der Studentenschaft gespielt hatte und die zuletzt in der Verfassung der Deutschen Studentenschaft fixiert worden war. Obwohl die Deutsche Studenten-Zeitung eilfertig versicherte, die Studentenschaft stünde treu zu ihrem Führer,[49] nützte das dem Studentenbundsführer nichts mehr: Mit dem Dank der Partei wurde er verabschiedet. Obwohl nur bedingt der Exponent der SA, hatte er für die Entwicklung der letzten Monate zu büßen.[50]

Führer-Stellvertreter Heß übernahm nun persönlich die Leitung des Bundes und ernannte Reichsärzteführer Dr. Gerhard Wagner, ein Mitglied seines Stabes, zum Hochschulbeauftragten der Partei; er sollte den NSDStB reorganisieren.[51] Neben der Liquidierung der SA-Hochschulämter[52] und der Einschränkung des SA-Dienstes[53] wurde der Studentenbund jetzt auch aus der Reichsjugendführung herausgelöst. Stattdessen wurde er als Parteigliederung (aber nicht wie SS, SA und HJ mit selbständigem Status) der Politischen Organisation des Reichsleiters Robert Ley unterstellt; damit war die NSDStB-Führung ein Amt der PO, der Bundesführer Amtsleiter.[54] Entsprechend wurde das alte Kreissystem durch die Gliederung in Gaue ersetzt, die Gauleiter der Partei erhielten mit der Befugnis, in Übereinstimmung mit dem NSDStB-Reichsführer die Gaustudentenbundsführer einzusetzen und zu entlassen, erhebliche Kontrollbefugnisse.[55] Zum neuen Studentenbundsführer ernannte Heß schließlich den Kreisführer Westdeutschland Albert Derichsweiler, der sich bei der Gleichschaltung der katholischen Korporationen seine nationalsozialistischen Meriten verdient hatte.[56] Änderungen gab es jetzt auch in der DSt-Spitze. Zum Nachfolger Zähringers ernannte Rust Andreas Feickert, den er zugleich auch zum Reichsschaftsführer machte.[57] Um den alten Reibereien vorzubeugen, ernannten sich Derichsweiler und Feickert, den Heß aber »unbedingt ablehnte«,[58] gegenseitig zu Stellvertretern.

Heß stellte dem neuen Studentenbundsführer die Aufgabe, nach Stäbels zahlreichen Expansionsversuchen mit ihrer dauernden Konfusion aus dem NSDStB endlich die gewünschte Eliteorganisation zu formen, der nicht mehr als 5 Prozent der Gesamtstudentenschaft angehören dürften; der Studentenbund als die »Hohe Schule« der Partei sollte zu einer Art intellektueller SS erwachsen, aus der die künftige Führerschicht der Bewegung hervorgehen sollte.[59] Dem entsprach Derichsweiler mit einer rigorosen Mitgliederbeschränkung und einer Forcierung der politischen Schulung, die nun vollkommen unter den Direktiven der Politischen Organisation stand.[60] Dazu gehörte natürlich auch, daß der Anspruch auf die Überwachung der politischen Erziehungsarbeit der DSt erneut bestärkt und praktiziert wurde, zumal dem Studentenbund die politische Schulung der Studenten in der DSt-Verfassung ausdrücklich zugewiesen worden war.[61]

Obwohl Feickert diesen Anspruch nicht grundsätzlich in Frage stellte, trieb die Entwicklung doch zu neuen Kontroversen, denn wenn dem NSDStB auch die Oberaufsicht zustehen mochte, so ließ sich Feickert doch keineswegs davon abhalten, seinerseits Einfluß auf die politische Erziehung der Studentenschaft zu gewinnen, denn auch er konnte sich auf die DSt-Verfassung berufen. Dort hieß es u. a., die DSt habe die Studenten »durch die Verpflichtung zum SA-Dienst und Arbeitsdienst und durch politische Schulung zu ehrenbewußten und wehrhaften deutschen Männern und zum verantwortungsbereiten selbstlosen Dienst in Volk und Staat zu erziehen«.[62] Den nationalsozialistischen Herrschaftsprinzipien entsprechend war also in der entscheidenden Frage alles offen geblieben. Um die Erziehungsaufgabe zu realisieren, propagierte Feickert in den Richtlinien zur »Neuformung der Erziehung des akademischen Nachwuchses« die Zusammenfassung der Anfangssemester in Kameradschaftshäusern, die teils von der DSt selbst, teils unter ihrer Aufsicht von den Verbindungen organisiert werden sollten. Die Ähnlichkeit dieses »Feickert-Erlasses« mit den Vorstellungen Krügers und Stäbels ist unverkennbar, wenn nun auch die letzten Freiheiten unterbunden werden sollten, indem die Kameradschaftshäuser für alle Studenten verpflichtend gemacht, ihre Bewohner einheitliche Uniform tragen sollten und den Korporationen ein individuelles Erziehungsprogramm untersagt wurde. Der Anspruch der Verantwortlichkeit der Korporationsführer gegenüber der DSt wurde wiederholt. Das ganze war verbunden mit einer unmiß-verständlichen Warnung an resistente Korporationen.[63]

Wie schon im August 1933 im Widerstand gegen Krügers Plan kam jetzt eine Koalition von NSDStB und Verbänden zustande. Während Derichsweiler in einem scharfen Rundschreiben die Kontrolle der Kameradschaftshäuser für seinen Bund beanspruchte,[64] wurde Lammers bei Hitler vorstellig und erreichte die Zurücknahme des Feickert-Erlasses.[65] Bernhard Rust schließlich informierte seinen Studentenführer von der Meinung Hitlers, daß die DSt-Verfassung mit ihrer Mitverantwortung der Studentenschaft für die politische Erziehung überholt sei. Im Hinblick auf eine kommende Neuordnung habe Feickert »bereits jetzt die Führung und Richtungsgebung der gesamten studentischen Erziehung, insbesondere die Lösung der Kameradschaftshausfrage, dem NSDStB zu überlassen«.[66] Und kurz darauf verkündete Gerhard Wagner, Kameradschaftshäuser dürfe es lediglich auf freiwilliger Basis unter der Kontrolle des NSDStB geben, der sich allerdings jeden Eingriffs in die internen Angelegenheiten der Korporationen zu enthalten habe, soweit sich diese der allgemeinen politischen Erziehung durch den Studentenbund unterwarfen.[67] Allein schon wegen des Fehlens ausreichender Räumlichkeiten wurde von nun an das Schwergewicht auf die Zusammenfassung der Studenten in Freien Kameradschaften, Arbeitsgemeinschaften und Fachgruppen gelegt. Mit diesem Sieg freilich waren Derichsweilers Ambitionen keineswegs befriedigt, zumal die angekündigte Revision der DSt-Verfassung ausblieb. Seine Taktik gleicht aufs Haar der ein Jahr zuvor von Stäbel angewandten: Zunächst Zusammengehen mit den Verbänden zur Abwehr der DSt, dann aber Wendung gegen die Verbündeten zwecks Ausdehnung der eigenen Befugnisse.

Die Korporationen selbst kämpften zur gleichen Zeit um ihre Einheit. Auf der einen Seite standen Burschenschaften, Turnerschaften, Sängerschaften und VDSt, auf der anderen Corps, Landsmannschaften und christliche Verbände. Im Sommer 1934 brach der Allgemeine Deutsche Waffenring auseinander, zahlreiche Verbände erlitten das gleiche Schicksal. So verließen aus Opposition gegen Schwab 25 Verbindungen die Deutsche Burschenschaft und schlossen sich zur Burschenschaftlichen Arbeitsgemeinschaft (später Alte Burschenschaft) zusammen. Andere schlagende Korporationen bildeten den Völkischen Waffenring.[68] Um zu retten, was noch zu retten war, wandten sich die um Solidarität bemühten Verbandsführer wieder einmal an Lammers, in dessen Person sie die einzige Möglichkeit erblickten, mit dem Vertrauen der höchsten Staats- und Parteistellen die divergierenden Richtungen zusammenzuhalten. Im Januar 1935 kam unter seiner Regie die Gemeinschaft Studentischer Verbände (GStV) zustande, der sich bald 20 Verbände anschlossen. Damit war einerseits die weltanschauliche Zuverlässigkeit der Verbände gesichert, andererseits aber auch ein Ende der anhaltenden Querelen mit und zwischen den Verbänden in Aussicht gestellt. Die Anerkennung der GStV seitens der Partei als die einzige Vertreterin des Korporationsstudententums ließ nicht lange auf sich warten,[69] und im März 1935 grenzte Lammers in einem Vertrag mit Derichsweiler und Gerhard Wagner die gegenseitigen Kompetenzen ab: Bei grundsätzlicher Anerkennung des NSDStB als übergeordneter politischer Organisation konstatierte man die weitgehende Unabhängigkeit der GStV (mit Ausnahme der politischen Erziehung). Mit der Einrichtung örtlicher GStV-Büros wurde die Gemeinschaft zur einzigen anerkannten Repräsentantin der Verbände, deren Zuverlässigkeit durch den Eintritt ihrer Mitglieder in die Partei garantiert werden sollte. Derichsweiler wollte in Zukunft bei Entscheidungen, die die Verbände betrafen, Lammers konsultieren.[70]

Das gute Einvernehmen hielt nicht lange an. Manche offenkundig ungeahndeten Übergriffe lokaler Studentenführer weisen darauf hin, daß Derichsweiler nur auf eine günstige Gelegenheit aus war, gegen die Korporationen vorgehen zu können. Sie kam, als in Göttingen einige alkoholisierte Burschenschafter einen Maibaum demolierten,[71] eine Bagatelle, die zu einer nationalen Angelegenheit hochgespielt wurde. Der Studentenbundsführer verkündete, seine Geduld mit den Korporationen sei nun zu Ende. Erst wenn man dem NSDStB endlich größere Befugnisse über die Verbindungen einräume, würden an den Hochschulen geordnete Zustände eintreten. Gauleiter Adolf Wagner leistete Schützenhilfe.[72] Das Maß lief nach Ansicht der Nationalsozialisten über, als Aktive des exklusiven Heidelberger Corps Saxo-Borussia in einem Lokal die Übertragung einer Rundfunkrede Hitlers störten und wenige Tage später in der Öffentlichkeit ungeniert darüber diskutierten, wie man Spargel richtig esse, respektive, wie ihn wohl Hitler esse.[73] Derichsweiler kündigte nun über Radio die schärfere Überwachung der Verbände an: U. a. hätten sich ausgewählte Aktive jeder Korporation einer intensiven Schulung durch den NSDStB zu unterziehen.[74] Lammers, der wußte, was dies bedeutete, leistete erbitterten Widerstand, doch Hitler äußerte sich wieder einmal abwartend-unbestimmt, jeder verstand ihn in seinem Sinne,[75] und so zerbrach dann die GStV. Lammers trat zunächst die Flucht nach vorne an und schloß die Deutsche Burschenschaft, die, nun unter Führung des alten NSDStB-Mitgliedes Hans Glauning, seine Politik nach Kräften sabotiert hatte, und die Kösener Corps, die sich weigerten, den »Arierparagraphen« auch in ihrer Altherrenschaft ausnahmslos durchzuführen, aus der GStV aus. Kurz darauf erklärte er seinen Rücktritt, und seinem Nachfolger Dr. Michaelson blieb nur die Liquidierung der Gemeinschaft.[76]

Die große Welle der nach außen hin freiwilligen Auflösungen der Verbände setzte im September 1935 ein. Unter den ersten waren der Kösener SC, der VC der Turnerschaften, der Miltenberger Ring und die Deutsche Wehrschaft, der also die frühe Koalition mit dem NSDStB nichts genützt hatte. Die Deutsche Burschenschaft gestattete den Nationalsozialisten einen Triumph besonderer Art, als sie auf ihrem traditionellen Wartburgfest am 18. Oktober 1935 Gauleiter Adolf Wagner die Fahne der Urburschenschaft übergab und damit das Ende ihres Bestehens sinnfällig dokumentierte. »Getreu dem Vermächtnis der Urburschenschaft« bekannte sich Glauning für seinen Verband »rückhaltlos zum Geist der nationalsozialistischen Revolution«.[77] Als vorübergehende Konzession gestattete man den Burschenschaften, als politische Kameradschaften innerhalb des NSDStB weiterzubestehen. Aber das hielt nicht lange. Öffentliches Farbentragen wurde verboten, schon vorher hatte Schirach seiner HJ die Mitgliedschaft in Verbindungen untersagt, Derichsweiler ordnete dasselbe für den NSDStB an, Viktor Lutze für die SA, im Mai 1936 Heß schließlich für die gesamte Partei.[78] Die widerspenstigen Korporationen wurden ausgetrocknet. Damit hatte Derichsweiler einen weiteren entscheidenden Sieg errungen.

Die Zahl seiner Feinde aber war nicht geringer geworden, zumal auch Feickert nicht aufhörte, sich über ihn zu beklagen,[79] während sich Derichsweiler so stark fühlte, seinen Studentenbundsmitgliedern zu befehlen, ohne seine Erlaubnis kein DSt-Amt mehr anzunehmen.[80] Die Bewegungsfreiheit der Deutschen Studentenschaft wurde aber noch weiter eingeengt durch eine Entwicklung, an der Derichsweiler nur indirekt beteiligt gewesen zu sein scheint. Mit der resoluten Durchführung des Führerprinzips auch in der akademischen Hochschulselbstverwaltung, mit der Einschränkung der Senatsbefugnisse und der enormen Machterweiterung des Rektors und seiner Kontrolle durch die Gauleitungen (bei gleichzeitiger Zurückdrängung der Landesregierungen) geriet die Studentenschaft auch von dieser Seite her weiter unter den Einfluß der Partei. Indem der örtliche Studentenschaftsführer nun vom Reichswissenschaftsminister nach »Anhören« von Rektor und Gaustudentenbundsführer ernannt wurde, war der DSt-Führung die Kontrolle faktisch aus der Hand genommen. Die seit Gerhard Krüger angestrebte Aufsicht durch das Ministerium war unterhöhlt und die DSt-Führung selbst wurde fortschreitend von ihrer Basis an den Hochschulen isoliert.[81] Feickerts Rücktritt im April 1936 signalisierte somit das Scheitern seiner Pläne. (Zu seinem kommissarischen Nachfolger berief er Waldemar Müller.)

Die Nachfolgefrage war augenscheinlich nicht weniger schwierig zu lösen als in den vorhergehenden Fällen. Nun propagierte Heß die Zusammenfassung der beiden Organisationen mit Derichsweiler an der Spitze,[82] aber der hatte sich wahrscheinlich doch wohl zu viele Gegner gemacht. Das Ende auch seiner Amtszeit war gekommen. Es ist als deutliches Zeichen für die wirklichen Machtverhältnisse im Dritten Reich zu werten, daß im November 1936 mit Gustav Adolf Scheel ein SS-Obersturmbannführer Chef aller deutschen Studenten wurde.[83] Es war erreicht, was Stäbel vergebens angestrebt hatte: Mit der Zusammenfassung der Spitzen von NSDStB und DSt in der nun konstituierten Reichsstudentenführung war der Konflikt zwischen den beiden studentischen Organisationen endgültig aus der Welt geschafft.[84] Die ungestörte, durch den Kriegsausbruch allerdings wieder gefährdete nationalsozialistische Erziehung konnte beginnen:

»Deutscher Student, es ist nicht nötig, daß Du lebst, wohl aber, daß Du Deine Pflicht gegenüber Deinem Volk erfüllst.«[85]

[1] Literatur zu diesem Kapitel: Bleul/Klinnert 1967; Stitz 1970; Schneeberger 1962; Derichsweiler 1937; Kreppel 1937; Laubig 1955; Bernhardi 1957; Hartshorne 1937; Bracher/Sauer/Schulz 1962, 308–26, 565–70; Uni Rostock 1969 I, 269ff.; Franze 1971.

[2] Das stimmt mit der Feststellung Diehl-Thieles 1969, 33, überein, »daß wohl selten eine Partei so unvorbereitet zur Regierungsübernahme war wie die NSDAP im Jahre 1933«.

[3] »Große Treuekundgebung der Berliner und Breslauer Studenten«, VB, Nr. 33 (2. 2. 1933).

[4] Die Wahlergebnisse in: DSt AkCorr., Ausg. B (10. 2. 1933).

[5] Zit. nach Bleul/Klinnert 1967, 243. Das folgende ebd.

[6] Bracher, Die Gleichschaltung der deutschen Universität, in: Deutsche Universität 1966, 126–42, hier 142.

[7] Zit. nach Strätz 1968, 356.

[8] Hierüber detailliert Strätz 1968; außerdem Brenner 1963, 43–53; Wulf 1966, 45–69.

[9] Deutsche Kultur-Wacht, H. 9 (1933) 15f., abgedr.: UuF IX, 486f.

[10] S. S. 2/77.

[11] Jan E. Jansen, Hakenkreuzflagge auf dem Uni-Gebäude 1933. Studentenschaft Kiel 1965, 11–13; Erich Hoffmann, Die Christian-Albrechts-Universität in preußischer Zeit. Uni Kiel 1965, 8–115, hier 89.

[12] Dieser »Spionageerlaß« ist auszugsweise abgedr. bei Kalischer 1967, 226; dazu Strätz 1968, 355ff.; Spranger 1955, 457–73; Poliakov/Wulf 1959, 119–21; Strothmann 1960, 74–80.

[13] »Erlaß des preußischen Kultusministers an die preußischen Studentenschaften vom 2. Mai 1933«, in: Unitas, Nr. 8/9 (Mai/Juni 1933) 94; abgedr. bei Kalischer 1967, 226f. IfZG MA 228–5025025f.; Hartshorne 1937, 58f.

[14] »Amtliche Mitteilung vom 6. Juli 1933 über eine Erklärung Adolf Hitlers vor den Reichsstatthaltern zum Abschluß der Revolution«. VB, Nr. 189 (8. 7. 1933); abgedr. UuF IX, 233ff.

[15] RGBl. 1933 I, 175; auszugsweise abgedr. UuF IX, 283–87.

[16] Dazu Proß 1955; dies., Die geistige Enthauptung Deutschlands: Verluste durch Emigration. Deutsche Universität 1966, 143–55.

[17] RGBl. 1933 I, 225; abgedr. UuF IX, 456f.; vergl. Olenhusen 1966.

[18] »Erste Verordnung zur Durchführung des Gesetzes gegen die Überfüllung der deutschen Schulen und Hochschulen vom 25. April 1933«. RGBl. 1933 I, 226; abgedr. bei Haupt 1933, 11–13.

[19] RGBl. 1933 I, 215; abgedr. UuF IX, 456.

[20] Zentralblatt der Unterrichtsverwaltung in Preußen (1933) 117; abgedr. bei Haupt 1933, 17–20, und Kalischer 1967, 221–24.

[21] Haupt 1933, 21.

[22] Krüger 1969.

[23] »Die Deutsche Reichsschaft gegründet«. DStZ, Nr. 2 (Erste Juni-Ausg. 1933); Schneeberger 1962, 67f. Nach der DDZ war nun die DStZ als deren Nachfolgeorgan im alleinigen Besitz des NSDStB.

[24] »Anordnung«, 20. 4. 1933. Verordnungsblatt, F. 45 (30. 4. 1933) 97.

[25] Schlömer 1962, 30.

[26] Vergl. Strätz 1968; Rdschr. der NSDStB-BF, 11. 4. 1933. RSF II 50. Daß Krüger deshalb so sehr an der Ausführung interessiert war, weil er die Existenzberechtigung der DSt nachweisen wollte, wie Strätz nicht ganz sicher ist, besonders da Krüger Stäbels Ehrgeiz seit Jahren kannte. Festzuhalten aber ist, daß es nie um eine Zerstörung der DSt ging, sondern um den Grad ihrer Selbständigkeit. Im übrigen erschien es Krüger nach dem weiten Spielraum, den ihm der NSDStB seit seiner Amtsübernahme gelassen hatte, wohl auch als selbstverständlich, daß die DSt die Aktion ausführte.

[27] Anordnung Nr. 10 des BF, 4. 7. 1933. RSF II A 10; vergl. S. 2/36.

[28] R. Ley, Anordnung, 4. 4. 1933. RSF II 23.

[29] R. Ley an W. Frick, 20. 4. 1933. BA NS 22 vorl. 861.
[30] G. Krüger an den Studentenrechtsausschuß der Hochschulpolitischen Arbeitsgemeinschaft, 20. 3. 1933; nach Schlömer 1962, 20ff.
[31] Schlömer 1962, 28f.
[32] Schlömer 1962, 36–39.
[33] R. Heß an O. Stäbel, 5. 5. 1933. IfZG MA 528–5020839; MA 1171–5028034f.
[34] Helbig 1970.
[35] IfZG MA 1171–5027912; »Vereinbarung«. DStZ, Nr. 5 (Zweite Juli-Ausg. 1933).
[36] DSt-Nachrichtendienst, Nr. 16ff. (August 1933).
[37] Vergl. die Lammers-Korrespondenz IfZG MA 1162/7–93876ff.
[38] »Kameradschaftshäuser der deutschen Studentenschaft«, 6. 9. 1933. Ministerialblatt für die preußische innere Verwaltung I, Nr. 47 (13. 9. 1933). IfZG MA 1162/3–89873f.
[39] Trumpf 1970; Krüger 1969.
[40] Bennecke 1964, 26ff., vergl. UuF IX, 460. Die nachträgliche Darstellung Krügers 1968, der Konflikt sei ausgebrochen, weil er nach Ablauf seiner Amtsperiode als DSt-Vorsitzer im September 1933 auf dem Recht bestanden habe, einen Nachfolger zu berufen, geht sicher am Kern vorbei, denn um juristische Vorschriften haben sich die Nationalsozialisten nie sonderlich gekümmert. Zu Krüger s. Anhang, Kurzbiographien.
[41] IfZG MA 1162/3–89910–22; IfZG MA 1162/5–92770f.; Stäbel 1934.
[42] Oskar Stäbel, Der neue Weg der Deutschen Studentenschaft. DStZ, Nr. 6 (Okt.-Ausg. 1933).
[43] Vergl. IfZG MA 1162/3. Es schlossen sich hier KSC, WSC, RSC und Miltenberger Ring zusammen.
[44] DSt-Führer, Verfügung, 20. 1. 1934. DStZ, Nr. 4 (3. 2. 1934), abgedruckt bei Stitz 1970, 254f., und Schneeberger 1962, 178f.
[45] O. Stäbel, Der neue Weg . . . DStZ, Nr. 6 (Okt.-Ausg. 1933).
[46] Die Mitgliederzahl sollte 5000 nicht übersteigen und nur solche Studenten durften im NSDStB bleiben, die ihm auch schon vor dem Januar 1933 angehört hatten. »Beschränkung der Zahl im NS-Studentenbund«. DStZ, Nr. 7 (24. 2. 1934).
[47] »Die Verfassung der Deutschen Studentenschaft vom 7. Febr. 1934«, Reichsministerialblatt, Nr. 7 (16. 2. 1934); auszugsweise abgedr. in: UuF IX, 467ff.; die Frick-Rede, ebd., 464–67; zu Stäbels Vorstellungen über eine Verfassung IfZG MA 1162/3–90179f., 981727f.
[48] Stitz 1970, 314, erwähnt, Schirach habe Stimmung gegen Stäbel gemacht.
[49] Oskar Stäbel, Kameraden! DStZ, Nr. 15 (12. 7. 1934); Hans Hildebrandt, Säuberung. Ebd.
[50] »Bekanntgabe«, 18. 7. 1934. Verordnungsblatt, F. 77 (Anf. Aug. 1934) 180. Zu Stäbel s. Anhang, Kurzbiographien.
[51] Rudolf Heß, Neuordnung des NSDStB, Juli 1934. RSF II A 18; vergl. Schneeberger 1962, 235f.
[52] Sonderrdschr. St.F., 14. 8. 1934. IfZG MA 529–5021825.
[53] Mit der Einführung der allgemeinen Wehrpflicht 1935 übernahm die Reichswehr die Erziehung der Studenten »zu wehrhaften deutschen Männern«.
[54] »Anordnung«, 30. 7. 1934. Verordnungsblatt, F. 78 (Mitte Aug. 1934) 184f.
[55] St.F. Rdschr. 5/34, 28. 9. 1934. IfZG MA 528–5020713ff.
[56] Albert Derichsweiler, Mein Lebenslauf. RSF II 145; Stitz 1970, passim.
[57] »Deutschlands neuer Studentenführer«. Nachrichtendienst (23. 7. 1934); vergl. Anhang, Kurzbiographien.
[58] Nach einem Rede-Entwurf Derichsweilers, zit. bei Franze 1971, 251.
[59] R. Heß an A. Derichsweiler, 24. 7. 1934. RSF II A 17.
[60] St.F. Rdschr. 5/34, 28. 9. 1934. IfZG MA 528–5020716ff.; dazu MA 529 und 530.
[61] »2. Reichsschulungsplan vom 1. November 1934 bis 30. April 1935«. IfZG MA 528–5021542f.
[62] UuF IX, 467ff.
[63] »Die Kameradschaftserziehung der Deutschen Studentenschaft«. VB, Nr. 264 (21. 9. 1934), abgedr. bei Stitz 1970, 315f.; Andreas Feickert, Neugestaltung der studentischen Erziehung. VB, Nr. 265 (22. 9. 1934).
[64] St.F. Rdschr. Nr. 6, 6. 10. 1934. IfZG MA 529–502181ff.
[65] IfZG MA 1162/1.

66 »NS-Studentenbund alleiniger Träger der studentischen Erziehung« (B. Rust an A. Feickert, 14. 11. 1934). Deutsche Allgemeine Zeitung, Nr. 535 (15. 11. 1934), abgedr.: UuFX, 475.

67 Gerhard Wagner, Partei und studentische Erziehung. DStZ, Nr. 18 (22. 11. 1934).

68 Bernhardi 1957, 216f.

69 IfZG MA 1162/7–92725, 1162/1–87113, 1162/5–92148f.

70 »Vereinbarung«, 12. 3. 1935. IfZG MA 1162/2–88256; teilweise abgedr. bei Stitz 1970, 326.

71 »Eine Bubentat«. DStZ, Nr. 13 (23. 5. 1935).

72 »Nicht Schulung, sondern Erziehung«. DStZ, Nr. 13 (23. 5. 1935); »Letzter Appell an das Korporationsstudententum«. DStZ, Nr. 12 (16. 5. 1935).

73 Bernhardi 1957, 222; Stitz 1970, 335.

74 »Ausführungsbestimmungen zur Korporationsarbeit«. D.B., Nr. 18 (27. 6. 1935), abgedr. bei Stitz 1970, 332f. Die Bewegung war das Nachfolgeorgan der DStZ.

75 Bei einer Aussprache mit Lammers am 15. Juli 1935, an der auch Heß, Bormann, Ley, Schirach, Gerhard und Adolf Wagner teilnahmen. IfZG MA 1162/4–91109ff., MA 130–86581ff.

76 Rdschr. 24/35 der GStV, 9. 9. 1935. IfZG MA 1162/2–89214ff.

77 Zit nach Stitz 1970, 351.

78 Eilrdschr. 36/36 des NSDStB, 15. 5. 1936. IfZG MA 528–5020962f.

79 A. Feickert an das Reichserziehungsministerium, 2. 12. 1935. RSF II 29; IfZG MA 528–5021441f. Bereits im März 1935 war Feickert zum Rücktritt bereit. A. Feickert an B. Rust, 21. 3. 1935. RSF II 29.

80 Rdschr. P 1/36 des NSDStB, 2. 4. 1936. IfZG MA 530–5023259.

81 »Richtlinien zur Vereinheitlichung der Hochschulverwaltung«, 1. 4. 1935. Die Reichshochschulverwaltung I, 14f. abgedr. bei Kalischer 1967, 239f. Seier 1964. G. A. Scheel konnte 1936 die Ernennungskompetenz wieder zurückgewinnen.

82 R. Heß an B. Rust, 27. 5. 1936. RSF II 102.

83 Zu Scheel s. Anhang, Kurzbiographien. Derichsweiler betätigte sich in der Folgezeit in der Deutschen Arbeitsfront; während des Krieges ist er DAF-Hauptamtsleiter im Warthegau. Jenke 1961, 131ff.

84 »Führerwechsel im NSD-Studentenbund«. D.B., 46.F. (11. 11. 1936); Reichsstudentenführer, Chef Befehl Nr. 1, 16. 11. 1936. RSF II 86; Scheel 1938.

85 »Die Gesetze des deutschen Studenten«. D.B., 37.F. (14. 9. 1937), abgedr. bei Gamm 1964, 153.

X. Resümee

Die großtönende Propaganda des Nationalsozialistischen Deutschen Studentenbundes bereits in den ersten Monaten seines Bestehens kann nicht verhüllen, daß für überschwenglichen Optimismus zunächst wenig Anlaß bestand. So lange der NSDStB unter der Führung Wilhelm Tempels 1926–28 ein sozialrevolutionäres Programm verfocht, blieb er zur Bedeutungslosigkeit verurteilt. Die antibürgerliche, pseudo-sozialistische Ausrichtung der Gründer, die der nationalsozialistischen Linken zuzurechnen sind, hatte wenig Aussicht, in der von den elitären Korporationen beherrschten Studentenschaft Anklang größeren Ausmaßes zu finden. Indes muß die Geschichte einer parteipolitischen Studentenorganisation im Spannungsfeld allgemein politisch-gesellschaftlicher, hochschulpolitisch-studentischer und parteipolitischer Entwicklungen gesehen werden. Dementsprechend sind die Ursachen für den dann doch sehr bald erfolgten Durchbruch des NSDStB in den Jahren 1928–30 bei allen einwirkenden Komponenten zu suchen.

1928 wurde Tempel von Baldur von Schirach, dem Protegé der Münchner Parteileitung, abgelöst. Dieser Wechsel geht zwar auf interne Auseinandersetzungen über Ziel und Aufgabe des NSDStB zurück; ermöglicht und forciert aber wurde er durch die immer stärker sich abzeichnende Hinwendung der offiziellen Parteilinie zu den mittelständischen Wählerkreisen, was schließlich 1930 zum offenen Bruch mit Otto Strasser führte. Damit verbunden waren für Partei wie Studentenbund nun Koalitionen mit bürgerlichen Gruppierungen; Wahlerfolge ließen nicht auf sich warten. Der NSDStB näherte sich – programmatisch wie taktisch – den traditionellen Studentenverbänden und der Deutschen Studentenschaft mit dem Ziel, die Mehrheit in den Studentenvertretungen durch scheinbar loyale Mitarbeit zu erringen. Nicht Prinzipien galten mehr (wie bei Tempel), sondern Taktik. In der Studentenschaft selbst vollzog sich zur gleichen Zeit ein Wandel von der Beschränkung auf die Pflege der völkischen Gesinnung fort zum politischen Aktivismus; ein Prozeß, der vom sog. Becker-Konflikt 1926/27 ausgelöst und durch die bald rapide sich verschärfende Verschlechterung der wirtschaftlich-sozialen Situation des

Mittelstandes weitergetrieben wurde und der schließlich zu vielfachen Koalitionen mit den Nationalsozialisten führte. Hier werden auch die Erfolge bei Landtags- und Reichstagswahlen ihren Eindruck nicht verfehlt haben.

Daß die Studentenverbände – von unbedeutenden Ausnahmen abgesehen – dennoch stets eine gewisse Distanz zum NSDStB bewahrten, lag in ihrer Furcht vor dessen Absolutheitsanspruch begründet, wobei die Nationalsozialisten während der ganzen Jahre nicht bereit (und in der Lage) waren, Konkretes über die Rolle der Korporationen im Dritten Reich auszusagen. Diese verbindungsstudentische Zurückhaltung (bei den einzelnen Mitgliedern ohnehin weniger stark ausgeprägt als bei den Verbandsfunktionären) hatte indes sehr wenig mit einer grundsätzlichen Ablehnung der Hitler-Bewegung zu tun. Vielmehr gewinnt der Betrachter mehr als einmal den Eindruck, daß mancher Korporierte sich für einen besseren Nationalsozialisten hielt als viele NSDStB-Mitglieder, eine Auffassung, die nicht selten zu dem Versuch einer qualitativen Unterscheidung zwischen den Ideen Hitlers und ihren unzulänglichen Vertretern im Studentenbund verleitete. Ermöglicht wurde diese Einstellung, die übrigens nicht auf Studentenschaft und NSDStB beschränkt war, dadurch, daß der Student in der Regel wenig mit der Partei selbst zu tun hatte, sie aber mit Genugtuung unter Anwendung skrupellosester Methoden gegen das ihm verhaßte »System« angehen sah, währenddessen er in der hochschulpolitischen Auseinandersetzung mit denselben Methoden konfrontiert wurde und sie dort als unakademisch scharf verurteilte.

Der Anteil des Studentenbundes an seinem eigenen Erfolg sollte also nicht überschätzt werden. Bezog sich einerseits das Votum der Studentenschaft für den Nationalsozialismus zum großen Teil mehr auf die Partei, insonderheit auf die Person Hitlers, so war andererseits das hochschulpolitische Programm des NSDStB wiederum keinesfalls dessen originäres Produkt, sondern eine schlagwortkräftige Zusammenfassung aller in der Studentenschaft bereits seit Jahren gängigen Ressentiments. Hierin und in deren Übersetzung in Aktionen ist freilich die eigene Leistung des Studentenbundes zu sehen, und hier legte er auch damals durchaus Ungewöhnliches an Energie und Zeitaufwand, an Lautstärke und Rowdytum an den Tag. So geht denn also weniger die ideologische Radikalisierung der Studenten auf das Konto des NSDStB, als vielmehr deren Mobilisierung für den Kampf um eine rassenreine, völkische Hochschule in Lehre, Forschung und Studium.

Dabei war der nationalsozialistische Studentenbund längst nicht die geschlossene verschworene Gemeinschaft, als die er sich gerne sehen mochte. Die Richtungskämpfe innerhalb der NSDAP, die nur scheinbar überbrückten Gegensätze zwischen Korporations- und Freistudenten innerhalb der Studentenschaft, die Kontroverse schließlich um die Organisation der DSt spiegelten sich beinahe naturgetreu im NSDStB wider, der dazu noch ständig damit befaßt war, sein Selbstverständnis innerhalb der Gesamtbewegung zu klären. Mehr als die Auseinandersetzung zwischen der Strasser- und der Hitlerrichtung, mehr auch als die Behandlung der Korporationen und das Problem der DSt, beschäftigte gerade die geistig Regsamsten die Frage nach der Rolle der Akademiker innerhalb der Partei, über die der Zusammenhalt des Bundes deshalb zutiefst erschüttert wurde, weil von ihr ein erheblicher Teil seines politischen und taktischen Konzeptes abhing. Die NSDStB-Mitglieder wären sehr untypische Studenten gewesen, hätten sie sich nicht als künftige Führer der Gesellschaft gesehen. Ein Studentenbund als Eliteorganisation aber würde sich die »Eroberung der Hochschulen« bestenfalls als gleichwichtige Aufgabe neben der der Schulung der eigenen Mitglieder gestellt haben. Dieses Selbstverständnis indes mußte sich mit seinen Konsequenzen an dem nur mühsam kaschierten ausschließlichen Interesse der Partei an schnellen, zahlenmäßig meßbaren und propagandistisch auswertbaren Erfolgen reiben. Hitler und Schirach als einer seiner Getreuesten wollten Masse, nicht Elite; sie verlangten blinde Ergebenheit, nicht intellektuelle Einsicht.

Trotz aller Anstrengungen jedoch konnten diese Differenzen nie vollständig beigelegt werden. Daß es aber immerhin gelang, sie an den Rand zu schieben, ist vor allem dem Eingreifen Hitlers zuzuschreiben, dem ganz selbstverständlich die unumstrittene Schiedsrichterrolle eingeräumt wurde. Seine charismatische Autorität hat noch immer jede innerparteiliche Opposition rasch in sich zusammenbrechen lassen. In dieser spezifischen Führerqualität liegt es auch, daß der Studentenbund ansonsten am langen Parteizügel lief. Freilich schenkte man in der Partei den Hochschulen insgesamt recht wenig Aufmerksamkeit, da man sie im gesamtpolitischen Rahmen für unbedeutend hielt und ihre Funktion als geistige Schrittmacher gering erachtete. Folglich durfte der NSDStB Unterstützung von der Partei nur erwarten, solange sie nicht mit größeren finanziellen Aufwendungen verbunden war. Dem entsprach es, daß sich der Studentenbund innerhalb der Partei weniger durch seine hochschulpolitische Betätigung, denn durch seine Mitarbeit in den örtlichen Partei- und SA-Formationen Anerkennung zu verschaffen vermochte; das grundsätzliche nationalsozialistische Mißtrauen gegen die Intellektuellen, in Abstufungen auch im Studentenbund selbst vorhanden, wurde dadurch freilich eher bestätigt denn abgebaut. Viele NSDStB-Mitglieder standen demnach nur noch mit einem Fuß in der Hochschule, während sie mit dem anderen bereits in den Parteiorganisationen Tritt gefaßt hatten – Schirach allerdings mit seiner Stippvisite in den Münchner Hörsälen stellt wiederum eine Ausnahme dar.

So wäre es denn auch verfehlt, den NS-Studentenbund als den Hochschulen der Weimarer Republik nicht wesensgemäß, seine Mitglieder als im

Grunde genommen von außen Kommende zu charakterisieren; eine Auffassung, die dazu verführen könnte, die Gleichschaltung der deutschen Hochschulen im Jahre 1933 als das Werk vor allem universitätsfremder Mächte erklären zu wollen. Zumindest was die Studentenschaft betrifft, beweisen die Studentenwahlen – von der begeisterten Selbstgleichschaltung im Frühjahr 1933 ganz zu schweigen –, daß das nationalsozialistische Programm keineswegs mit Zwangsmaßnahmen durchgesetzt zu werden brauchte. Wenn es Widerstand gab – vor und nach 1933 –, dann weniger gegen die Hitler-Bewegung, als gegen die Methoden des NSDStB. Das bedeutet, daß eine Erklärung der nationalsozialistischen Machtergreifung im Bereich der Wissenschaftspflege zu allererst in der geistigen Verfassung des akademischen Mittelstandes zu suchen ist – eine Notwendigkeit, der diese Monographie nur bedingt Rechnung tragen konnte. Immerhin aber wurde klar, daß Nüchternheit und Rationalität in der Studentenschaft der 20er Jahre keine Chance hatten; die emotionalen Ressentiments einer bedrängten Schicht suchten nach Entladung, weshalb der NSDStB als deren Wegweiser und Initiator alsbald ohne größere Schwierigkeiten Karriere machen konnte. Als weitgehend immun erwiesen sich nur diejenigen Studenten, die entweder von den sozioökonomischen Umwälzungen weniger betroffen waren als die Mehrzahl ihrer Kommilitonen – wie viele Corpsstudenten, oder aber über ein mehr oder minder gefestigtes geistiges Rüstzeug verfügten – wie die Katholiken und die Linksdemokraten. Besonders die letztgenannten Gruppen waren es denn auch, die sich bis 1933 auf einen relativ sicheren und zahlenmäßig gleichbleibenden Anhängerkreis stützen konnten.

In welchem Ausmaß der Nationalsozialismus für viele Studenten nur Vehikel darstellte für die Flucht in eine erhoffte bessere Zukunft, wie wenig zuverlässig also auch ein nicht geringer Teil der Sympathisanten war, davon zeugt der Umschwung in der zweiten Hälfte des Jahres 1932. Gewiß haben die unverhüllten Machtallüren des NSDStB das ihre zu den Wahlniederlagen im Wintersemester 1932/33 beigetragen. Gleichermaßen ausschlaggebend für die Bedrängnis, in die der NSDStB mit einem Mal geriet, war indes die Politik der Papen und Schleicher, die als erste Weimarer Regierungen der Jugend – nicht uneigennützig – in ihren Wünschen entgegenkamen und ihr bis zu einem gewissen Grad Zustimmung abzugewinnen vermochten. Dieser völlig neuen Situation stand der NSDStB denkbar unvorbereitet gegenüber. Seine Politik der Vorurteile und Emotionen, der es mehr auf Mitläufertum ankam denn auf Überzeugung, erwies nun ihre Schwäche, kehrte sich gegen ihn selbst. Der 30. Januar kam sozusagen gerade zur rechten Zeit.

XI. Anhang

1. Ausgewählte Wahlergebnisse

In den folgenden Aufstellungen wurde versucht, politische Gruppierungen durch Zusammenfassung zu verdeutlichen. Fehler sind jedoch möglich, da nicht immer klar ist, welche politische Richtung sich hinter der jeweiligen Listenbezeichnung verbirgt.[1]

Universität Berlin

Semester	SS 27	SS 28		SS 29		WS 31/32	
Wahlbeteiligung				70%		55%	
Liste	Sitze	Sitze	Tend.	Sitze	Tend.	Sitze	Tend.
NSDStB	2	15	+	20	+	65	+
Nationale Studentinnen (Zusammenarbeit mit NSDStB)				3	+	—	
Waffenring	23	44	+	39	—	—	
Deutsche Gruppe der Korporationen	14	12	—	11	—		
Korporationen						15	+
Deutsche Finkenschaft	28	25	—	15	—	—	
DNVP und Stahlhelm						20	+
Akademische Mittelgruppe				6	+	—	
Studentinnen				6	+	—	
Revolutionäre Sozialisten	5	4	—	—			
sa.	?	100		100		100	

[1] Alle Angaben aus: AB, D.B., DSt AkCorr., Pressedienst, D.St., VB.

TH Braunschweig

Semester	SS 29		WS 30/31			WS 31/32			WS 32/33		
Wahlbeteiligung			80%			79%					
Liste	Sitze	%	Sitze	%	Tend.	Sitze	%	Tend.	Sitze	%	Tend.
NSDStB	3	15	9	45	+	9	45	0	7	35	—
Arbeitsgemeinschaft f. d. Deutsche Studentenschaft									3	15	+
Vereinigte Korporationen (31/32: Völk. Korp. u. Freist.)	9	45	8	40	—	9	45	+			—
Hochschulring									9	45	+
Dr. Müller-Henze (dem. – soz. päd. Fachschaft)	5	25			—						
Nikoschaft	3	15			—						
Sozialistische St.gruppe			3	15	+	2	10	—	1	5	—
sa.	20	100	20	100		20	100		20	100	

Freiburg

Semester	SS 28		SS 29			SS 30			SS 31			SS 32		
Wahlbeteiligung			70%											
Liste	Sitze	%	Sitze	%	Tend.	Sitze	%	Tend.	Sitze	%	Tend.	Sitze	%	Tend.
NSDStB	1	3,8	2	8	+	7	25	+	7	28	+	7	28	0
Nationale St.schaft (Großdt. St.schaft)	10	38,4	10	40	+	7	25	—	5	20	—	3	12	—
Stahlhelm												2	8	+
Katholische St.schaft	9	34,6	9	36	+	10	35,7	0	9	36	0	9	36	0
Freie Hochschulgruppe (Juden)	5	19,2	3	12	—			—						
Hochschulgr. f. Entpolitisierung (jüd. Korp.)									1	4	+	1	4	0
Sozialistische Studentengruppe	1	3,8	1	4	0	4	14,3	+	1	4	—	1	4	0
Republikaner									1	4	+	1	4	0
Rote Studenten (Kommunisten)									1	4	+	1	4	0
sa.	26	100	25	100		28	100		25	100		25	100	

TH Berlin

Semester	WS 26/27		SS 28			WS 29/30			WS 30/31			WS 32/33		
Wahlbeteiligung	59,5%		72%						62%					
Liste	Sitze	%	Sitze	%	Tend.	Sitze	%	Tend.	Sitze	%	Tend.	Sitze	%	Tend.
NSDStB			4	13,3	+	9	30	+	20	74	+	19	63,3	—
Nationale Freist.schaft (Listenverb. mit NSDStB)						1	3,3	+	1	3,7	+			—
Nationale Korporationen (Listenverb. mit NSDStB)												2	6,7	+
Völkisch-Soziale	3	8,8			—									
Großdeutscher Block	14	40			—									
Nationale Liste	11	31,4			—									
Auf nat. Boden stehende Stud.	1	2,9			—									
Studentenverband (Korp.)			19	63,3	+	15	50	—			—			
Nationaler Ring (Deutscher Studentenring = Finken u. kath. Korp.)			3	10	+	5	16,7	+			—			
Studentenblock (Studentenverband u. Studentenring)									6	22,3	+			—
Nationale Korp.-, Wehr- und Freistudenten												9	30	+
Deutsche Finkenschaft			4	13,3	+			—						
Republikanischer Block	6	17,1												
sa.	35	100	30	100		30	100		27	100		30	100	

Bonn

Liste	WS 27/28		WS 29/30			WS 30/31			WS 31/32			WS 32/33		
	Sitze	%	Sitze	%	Tend.	Sitze	%	Tend.	Sitze	%	Tend.	Sitze	%	Tend.
Wahlbeteiligung			63%			69%			75%					
NSDStB	9	39,1	5	8,2	+	15	27,8	+	19	26,4	—	14	21,8	—
Nationale Korp. (später Waffenring)			15	24,6	—	9	16,7	—	11	15,3	—	9	14	—
Nationaler Hochschulblock						5	9,2	+	6	8,4	—	3	4,7	—
Deutsche Wehrstudenten												2	3,1	+
Ring Kath. Korporationen	7[1]	43,4	18[1]	47,5	+	21	38,9	—	18[1]	44,4	+	15[1]	45,4	+
Katholische Freistudenten	3		4						10			9		
Philosophische Fakultät (Kath.)			3											
Katholische Theologen			4						4			3		
Konservative Katholiken												2		
Großdeutsche Freistudenten	1	4,4			—			—						
Deutsche Finkenschaft			4	6,5	+									
Nationale Freistudenten														
Math.-Naturwiss. Fachschaft	1	4,4			—									
Ev.-Theologische Fakultät	1	4,4			—									
Vereinigte Fachschaft			2	3,3	+									
National-christliche Studenten			4	6,5	+			—						
Evangelische Studentenschaft								—	4	5,5	—	4	6,2	+
Jüdische Studierende (später Freie Hochschulgruppe)	1	4,4			—	4	7,4	+						
Republikanischer Block			2	3,3	—			—				3	4,7	—
sa.	23	100	61	100		54	100		72	100		64	100	

[1] Listenverbindung

143

Jena

Semester	SS 28		WS 28/29			WS 29/30			WS 30/31			WS 31/32			WS 32/33		
Wahlbeteiligung	67,4%		56,6%			78%			77,6%			78%			78%		
Liste	Sitze	%	Sitze	%	Tend.	Sitze	%	Tend.	Sitze	%	Tend.	Sitze	%	Tend.	Sitze	%	Tend.
NSDStB			2	16,7	+	3	23,3	+	8[1]	66,6	+	7[1]	83,3	+	6	50	−
Stahlhelm												3	}				−
Nationale St.schaft									2	16,7	+			−			
Vertreterschaft u. Finkenschaft	8	72,7			−												
Großdeutsche St.schaft			7	58,3	+	5	45,4	−			−						
Kampfblock nat. Korp.- u. Freistudenten															5	41,7	+
Freie Hochschulliste	1	9,1	2	16,7	+			−									
Dt. Studentenverband Republik. Studenten						1	9,1	+	2	16,7	−	2	16,7	+			
Sozialdem. Studenten																	
Sozial. Einheitsliste															1	8,3	+
A.G. f. sachliche Hochschularbeit						2	18,2	+			−						
Finkenschaft, Jugendbewegung	2	18,2	1	8,3	−												
sa.	11	100	12	100		11	100		12	100		12	100		12	100	

[1] Gemeinsame Liste Deutschland erwache

144

Universität München

Semester	WS 26/27		WS 26/27			WS 27/28			WS 28/29			WS 29/30			WS 30/31			WS 31/32			WS 32/33		
Wahlbeteiligung	82%		90%			91,7%			82%			89%			91,5%			93%			80%		
Liste	Sitze	%	Sitze	%	Tend.	Sitze	%	Tend.	Sitze	%	Tend.	Sitze	%	Tend.	Sitze	%	Tend.	Sitze	%	Tend.	Sitze	%	Tend.
NSDStB			2	6,6	+	2	6,6	0	3	10	+	5	16,6	+	10	33,3	+	11	36,6	+	10	33,3	—
Nationale Studentinnen (Koalition mit NSDStB)												1	3,3	+			—						
Großdeutsche St.schaft (Waffenring)	12	40	11	36,7	—	11	36,7	0	10	33,3	—	8	26,7	—	6	20	—	6	20	0	4	13,3	—
Stahlhelm															2	6,7	+	2	6,7	—	2	6,7	+
Deutsch-nat. Kampffront																					2	6,7	+
Katholiken (Korp. u. Freistudenten) Kath. Freie Studenten	8	26,7	8	26,7	0	8	26,7	0	7	23,3	—	7	23,3	0	4[1]	23,3	0	4[1]	23,3	0	5[1]	26,7	+
Studentinnen-Gemeinschaft (Koalition mit Kath.)												1	3,3	+	3			3			3		
Freie Hochschulgr. (Soz.)	3	10	3	10	0	3	10	0	3	10	0	3	10	0	2[1]	10	0	1[1]	6,7	0	1[1]	3,3	—
Dt. Studentenverband															1			1			0		
Notgemeinschaft deutscher Finken	3	10	3	10	0	3	10	0	4	13,3	+	3	10	—	2	6,7	—						
(Nationale) Deutsche Finkenschaft	4	13,3	3	10	—	3	10	0	3	10	0	2	6,7	—									
Liste für Fachschaftsarbeit																		4	13,3	+	3	10	—
sa.	30	100	30	100		30	100		30	100		30	100		30	100		30	100		30	100	

[1] Listenverbindung

2. Tabellen

Zu den nachstehenden Tabellen ist grundsätzlich zu bemerken, daß wegen der Unzuverlässigkeit des Quellenmaterials die meisten Einzeldaten nur mit größtem Vorbehalt zu benutzen sind. Da es dem Verfasser jedoch auf die Herausarbeitung von Tendenzen und Vergleichen ankam, mögen die Angaben ihrem Zweck genügen.*

Tabelle 1: Die NSDStB-Mitglieder nach Fakultäten

Fakultät	Erlangen (WS 30/31) St.schaft abs.	%	NSDStB abs.	%	Repr.	Göttingen (SS 32) St.schaft abs.	%	NSDStB abs.	%	Repr.	Halle (WS 29/30) St.schaft abs.	%	NSDStB abs.	%	Repr.	Münster (WS 31/32) St.schaft abs.	%	NSDStB abs.	%	Repr.
theol.	461	23,7	74	36,6	+12,9	384	10,5	16	25	+14,5	287	12,8	5	12	−0,8	688	15,7	8	22,2	+6,5
iur. iur.[1]	376	19,4	15	7,5	−11,9	878	24	7	11	−13	604	26,9	22	52,4	+25,5	604	13,7	6	16,7	+3
rer.oec.[2] rer.pol.	78	4	3	1,5	−2,5	66	1,8	1	1,5	−0,2	62	2,8	2	4,8	+2	134	3	1	2,7	−0,3
hum.med.	458	23,6	53	26,2	+2,6	578	15,8									900	20,4			−20,4
med. / med.dent.	156	8	21	10,4	+2,4	171	4,7									403	9,2	4	11,2	+2
sa.	614	31,6	74	36,6	+5	749	20,4	10	15,6	−4,8	343	15,3	3	7,1	−8,2	1303	29,6	4	11,2	−18,4
phil.[3]	196	10,1	18	8,9	−1,2	509	13,9	13	20,3	+6,4	441	19,7	3	7,1	−12,6	1049	23,8	8	22,2	−1,6
rer.nat.[3]	219	11,3	18	8,9	−2,4	1076	29,3	15	23,4	−5,9	506	22,5	7	16,6	−5,9	624	14,2	9	25	+10,8
sa.	1944	100	202	100	0	3662	100	64[4]	100	0	2243	100	42	100	0	4402	100	36	100	0

* Alle Daten aus: Hochschulstatistik 1928 I ff.; Stat. Jb. f. d. Pr. Staat 1920 XVIff.; Stat.Jb. f. d. Dt. Reich 42 (1921/22) ff.; Akademisches Deutschland 1931 II; Schairer 1932; UAE; UAM; RSF.

[1] Oder Rechts- und staatswissenschaftliche oder Rechts- und wirtschaftswissenschaftliche Fakultät.
[2] In Münster Philosophisch-Naturwissenschaftliche Fakultät.
[3] In Erlangen in der Philosophischen Fakultät.
[4] Ohne Angabe: 2 = 3,1%.

Zu Tabelle 1: In Erlangen, Göttingen und Halle handelt es sich um Evangelisch-Theologische Fakultäten, in Münster sowohl um eine Evangelisch-, als auch um eine Katholisch-Theologische Fakultät. In diesem Falle ließ sich eine Differenzierung nach Protestanten und Katholiken nicht durchführen; es ist jedoch anzunehmen, daß die meisten nationalsozialistischen Theologiestudenten der Evangelischen Fakultät zuzurechnen sind. Zu bemerken ist weiter, daß in Münster kein einziger Humanmediziner dem Studentenbund angehört. Diese Beobachtung läßt sich auch in anderen Semestern machen.

Die Berufsaussichten für die einzelnen Fakultäten stellen sich wie folgt dar: evangelische und katholische Theologen: günstig bis ungünstig; Juristen: ungünstig; Wirtschaftswissenschaftler: ungünstig; Humanmediziner: schlecht bis sehr schlecht; Zahnmediziner: schlecht; Geisteswissenschaftler: schlecht; Naturwissenschaftler: ungünstig bis sehr schlecht.

Tabelle 2: Die NSDStB-Mitglieder nach Semesterzahl

	SS 1932					WS 1931/32				
	preußische Universitäten		NSDStB Göttingen			bayerische Universitäten		NSDStB Würzburg		
Sem.	abs.	%	abs.	%	Repr.	abs.	%	abs.	%	Repr.
1.	9000	16,5	10	15,6	—0,9	320	2,3			— 2,3
2.	1700	3,1			—3,1	3258	23,4	32	32,7	+ 9,3
3.	9430	17,3	14	21,9	+4,6	423	3,0	1	1,0	— 2,0
4.	1892	3,5	1	1,6	—1,9	2914	20,9	12	12,2	— 8,7
5.	9707	17,8	12	18,8	+1,0	381	2,7			— 2,7
1.–5.	31729	58,2	37	57,7	—0,5	7296	52,3	45	45,9	— 6,4
6.	2173	4,0	2	3,1	—0,9	2417	17,3	11	11,2	— 6,1
7.	9035	16,6	10	15,6	—1,0	356	2,6	1	1,0	— 1,6
8.	1875	3,4	2	3,1	—0,3	1770	12,7	6	6,1	— 6,6
9.	4755	8,7	6	9,4	+0,7	250	1,8			— 1,8
10.	999	1,8			—1,8	962	6,9	8	8,2	+ 1,3
11.	1996	3,7	2	3,1	—0,6	164	1,2	1	1,0	— 0,2
darüber	1808	3,3			—3,3	689	4,9	3	3,1	— 1,8
o. Ang.	164	0,3	5	7,8	+7,5	22	0,2	23	23,5	+23,3
sa.	54534	100	64	100	0	13926	100	98	100	0

Tabelle 3: Die NSDStB-Funktionäre nach Studienerfolg

ins- gesamt	Examen		Promotion außer med.		kein Examen		Studiengang nicht fest- stellbar	
	abs.	%	abs.	%	abs.	%	abs.	%
52	19	36,5	11	21,1	1	2,0	32	61,5

Zu Tabelle 3: Es wurden alle NSDStB-Mitglieder erfaßt, die folgende Ämter bekleideten: NSDStB-Reichsleiter und -Kreisleiter; DSt-Vorsitzer, -Ältester, -Kreisleiter. Ein Teil der Erfaßten legte das Examen erst nach dem Januar 1933 ab. Es ist zwar möglich, daß zu dieser Zeit bekannten Nationalsozialisten das Examen erleichtert wurde, doch dürfte das wohl nicht die Regel gewesen sein. Die Erfassung aller Mitglieder, z. B. einer Hochschulgruppe, war nicht möglich. Es kann aber davon ausgegangen werden, daß wissenschaftlich desinteressierte Aktivisten eher zu Funktionärsposten drängten als »normale« Mitglieder. Somit stellt die vorgenommene Auswahl keine Verzerrung zur »positiven« Seite des NSDStB hin dar.

Tabelle 4: Die NSDStB-Mitglieder nach Korporationszugehörigkeit

	Studentenschaft[1]			NSDStB			
	St.schaft	Korp. i. d. St.schaft		NSDStB	Korp. im NSDStB		
	abs.	abs.	%	abs.	abs.	%	Repr.
Erlangen (WS 27/28)	1924	1042	54,1	33	25	75,7	+21,6
Erlangen (WS 29/30)	1924	1042	54,1	100	68	68,0	+13,9
Erlangen (SS 31)	1924	1042	54,1	104	72	69,2	+15,1
Berlin (Uni, TH, TiHo, LaHo, HH, SS 32)	21173	8470	40,0	366	64	17,5	−22,5
Göttingen (SS 32)	3800	2469	65,0	64	22	34,4	−30,6
Würzburg (WS 31/32)	2888	2236	77,4	87	53	61,0	−16,4

[1] Ohne fremdsprachige Ausländer. Die Angaben für die Studentenschaft und für die Korporierten in der Studentenschaft beziehen sich auf das WS 1930/31. Dabei wurde davon ausgegangen, daß sich der Anteil der Korporationsstudenten an der Gesamtstudentenschaft sowie die Relationen zwischen den einzelnen Verbänden von 1928 bis 1932 nicht grundlegend geändert haben.

Tabelle 5: Die NSDStB-Mitglieder nach Korporationsverbänden

	Erlangen					Göttingen					Hannover (TH + TiHo)					Würzburg				
Verband	St.schaft (WS 30/31) abs.	% der Korp.	NSDStB (SS 31) abs.	% der Korp.	Repr.	St.schaft (WS 30/31) abs.	% der Korp.	NSDStB (SS 32) abs.	% der Korp.	Repr.	St.schaft (WS 30/31) abs.	% der Korp.	NSDStB (SS 32) abs.	% der Korp.	Repr.	St.schaft (WS 30/31) abs.	% der Korp.	NSDStB (WS 31/32) abs.	% der Korp.	Repr.
DB	171	16,4	30	41,7	+ 25,3	404	16,4	1	4,5	− 11,9	420	18,5	26	39,4	+ 20,9	359	16,0	5	9,4	− 6,6
DL	44	4,2	3	4,2	0	385	15,6			− 15,6	130	5,7	9	13,6	+ 7,9	137	6,1	1	1,9	− 4,2
VC	45	4,3	3	4,2	− 0,1	337	13,6	2	9,1	− 4,5	261	11,5	4	6,0	− 5,5	93	4,1	5	9,4	+ 5,3
KSC	231	22,2	10	13,8	− 8,4	302	12,2			− 12,2						339	15,2	7	13,2	− 2,0
WSC											317	14,0	5	7,6	− 6,4					
NSC						208	8,4			− 8,4										
RSC											151	6,7	5	7,6	+ 0,9	51	2,3	6	11,3	+ 8,0
DS						92	3,7			− 3,7	37	1,6			− 1,6					
ATB	40	3,8	1	1,4	− 2,4	42	1,7	3	13,6	+ 11,5	91	4,0	1	1,5	− 2,5	22	1,0	4	7,5	+ 6,5
VDSt	19	1,8	1	1,4	− 0,4	125	5,1	2	9,1	+ 4,0	130	5,7	4	6,0	+ 0,3	119	5,3	6	11,3	+ 6,0
SV	85	8,2	1	1,4	− 6,8	68	2,8	5	22,7	+ 19,9	23	1,0			− 1,0					
ADB						47	1,9			− 1,9			2	3,0	+ 3,0					
WB	47	4,5	4	5,5	+ 1,0	70	2,8	1	4,5	+ 1,7	17	0,7			− 0,7	28	1,2	1	1,9	+ 0,7
SB	120	11,5	6	8,3	− 3,2	73	3,0	5	22,7	+ 19,7						448	20,0	1	1,9	− 18,1
CV	45	4,3			− 4,3	72	2,9			− 2,9	136	6,0			− 6,0	348	15,6	1	1,9	− 13,7
KV	40	3,8			− 3,8	60	2,4			− 2,4	151	6,7			− 3,7	87	3,9			− 3,9
UV						63	2,5			− 2,5	35	1,5			− 1,5					
sonstige	155	14,9	13	18,0	+ 3,1	120	4,9	3	13,6	+ 8,7	365	16,1	8	12,1	− 4,0	205	9,2	16	30,2	+ 21,0
sa.	1042	100	72	100	0	2468	100	22	100	0	2264	100	66	100	0	2236	100	53	100	0

Tabelle 6: Die Studierenden pro Hochschullehrer an Universitäten

	Universitäten insgesamt			Universität Berlin		
Semester	Hochschul-lehrer[1]	Studierende	Stud. pro H.lehrer	Hochschul-lehrer[1]	Studierende	Stud. pro H.lehrer
SS 1921	4380	87315	20	556	11807	21,2
SS 1923	4440	85394	19,2	562	12622	22,5
SS 1924	4613	68114	14,8	596	9950	16,7
SS 1929	5599	93090	16,6	718	12309	17,1
SS 1931	5933	103912	17,5	746	13536	18,1

[1] Hochschullehrer = ordentliche, außerordentliche und Honorarprofessoren, Privatdozenten, Dozenten, Lehrbeauftragte, Technische und sonstige Lehrer.

Tabelle 7: Die Ausgaben Preußens für
Universitäten und Technische Hochschulen

Jahr	Ausgaben in Mill. DM		Ausg. f. Unis u. TH in % der Gesamtausg.
	insgesamt	für Universitäten und Techn. Hochschulen	
1913/14[1]	5427,44	29,78[2]	0,55
1918	22265,39	28,95[2]	0,13
1919	61408,17	47,11[2]	0,08
1920	51419,22	107,95[2]	0,21
1921[3]	16861,20	175,52	1,04
1922[3]	40055,89	317,76	0,79
1923	?	?	?
1924	3207,58	53,19	1,66
1925	4043,71	62,85	1,55
1926	5028,81	66,68	1,33
1927	4791,17	73,83	1,54
1928	5301,17	87,27	1,65
1929	5077,79	82,97	1,63
1930	5175,28	78,78	1,52
1931	4447,70	70,19	1,58
1932[3]	3046,07	60,89	2,00

[1] Jahresdurchschnitt.
[2] Universitäten und Technisches Unterrichtswesen.
[3] Laut Haushaltsplan.

3. Dokumente

Verfassung des
National-Sozialistischen Deutschen Studentenbundes

Die Sektionen (Hochschulgruppen) bestehen an den deutschen und österreichischen Hochschulen. Der (Sektions-)Hochschulgruppenführer haftet für die Hochschulgruppe. Daraus ergibt sich, daß die einzelnen Gruppenmitglieder den Weisungen des Gruppenführers Folge zu leisten haben. Die innere Arbeit der Gruppe bestimmt der Gruppenführer im Einverständnis mit den Gruppenmitgliedern. Der Gruppenführer ist dem Reichsleiter für seine Gruppe verantwortlich. Insbesondere hat der Gruppenführer Anfang, Mitte und Ende des Semesters eine Mitgliederliste in Abschrift dem Reichsleiter zu übermitteln (zur Führung einer Kartei des N.S.D.St.B.) und die Aufnahme- und Semestergebühren an das Postscheckkonto des N.S.D.St.B. abzuführen. Er hat die Verantwortung insbes. für die Propagandaarbeit an der Hochschule zumal am Semesterbeginn. Der Reichsleiter ist dem Parteiführer verantwortlich für die gesamte Arbeit und Fortschritte des N.S.D.St.B. Ihm haften somit die Gruppenführer. Er hat eine Kartei zu führen und Sorge zu tragen, daß zu Anfang des Semesters die Gruppenführer umgehend Benachrichtigung über universitätswechselnde Mitglieder bekommen. Er vermittelt insbesondere die Redner für öffentliche Studenten-Massenversammlungen. Er bestimmt die einzelnen Gruppenführer und seinen Stellvertreter, der für ihn i.V. zeichnet. Die Verantwortung trägt trotzdem auch dann der Reichsleiter weiter. Der Reichsleiter schlägt bei seiner Exmatrikulation dem Parteiführer seinen Nachfolger vor. Der Reichsleiter kann vom Parteiführer wegen wichtiger Gründe insbes. Unfähigkeit schon vorher entlassen werden. Dann geht das Vorschlagsrecht auf die Gruppenführer über. Der Gruppenführer kann vom Reichsleiter unter denselben Umständen entlassen werden, wie der Reichsleiter vom Parteiführer. Das Vorschlagsrecht hat dann die gesamte Gruppe. Der Reichsleiter führt zugleich den Schriftwechsel, der stellvertr. Reichsleiter die Kasse. Bei evtl. Unstimmigkeiten der Leiter untereinander treten die Maßregeln in Kraft, die für solche Fälle in der Partei ergriffen werden.

W.T.

(o. D. [1926]. RSF II 20.)

Satzungen des nationalsozialistischen Deutschen Studentenbundes, Sitz München, Schellingstr. 50

§ 1 Mitglied des Nationalsozialistischen Deutschen Studentenbundes, Gruppe Darmstadt, kann jeder Student werden, der
a) an der Hochschule Darmstadt ordentlich immatrikuliert ist,
b) sich zum Nationalsozialismus Adolf Hitlers bekennt.
Juden und Judenstämmlinge können nicht Mitglieder werden. Die Mitgliedschaft endigt mit der Exmatrikulation, gegebenenfalls auch mit dem Ausschluß aus der Nationalsozialistischen Deutschen Arbeiter Partei.

§ 2 Die Aufgabe des Bundes besteht in der Vertretung und Verbreitung der Ziele der N.S.D.A.P. an den Deutschen Hochschulen. Im einzelnen kann daher auf das Programm der N.S.D.A.P. verwiesen werden, mit dem der Bund sich grundsätzlich in allem identifiziert.
Zur Erreichung der gestellten Aufgabe dienen dem Bunde an jeder Hochschule jeweils von der betr. Sektion zu bestimmende Wege akademischen Kampfes und Meinungsaustausches. Nach außen hin hat der N.S.D.St.B. immer und überall mit der Tat zu bekunden, daß Arbeiter und Studenten untrennbar zusammengehören, da ein einiges Volk Vorbedingung zum Wiederaufstieg Deutschlands ist.

Somit ist es auch Aufgabe jedes nat. soz. Studenten, unsoziale Zustände aufzudecken, wo immer sie gefunden werden.

§ 3 Die Zusammensetzung und Arbeit des Bundes trägt grundsätzlich nur politischen Charakter. Der einer studentischen Korporation wird hiermit für seine Arbeit abgelehnt, und es bleibt sonach dem einzelnen Mitgliede überlassen sich außerhalb des Bundes hochschulpolitisch zu betätigen, insbesondere einer Korporation anzugehören.

§ 4 Die Anmeldung hat bei dem jeweiligen Führer persönlich zu erfolgen. Die Aufnahmegebühr beträgt M –.50 der Beitrag pro Semester M 1.–.

(o. D. [ca. Sommer 1926]. RSF II 20.)

Die Satzungen des N.S.D.St.B.

Aufgabe

Der Nationalsozialistische Deutsche Studentenbund ist eine Vereinigung von Studenten nationalsozialistischer Weltanschauung. Seine Aufgaben sind:
a) *wissenschaftliche* (Bearbeitung von Spezialfragen des Nationalsozialismus),
b) *propagandistische* (Verbreitung nationalsozialistischer Gedankengänge auf der Hochschule),
c) *erzieherische* (Heranbildung des Führernachwuchses für die N.S.D.A.P.).

Ziel

Der N.S.D.St.B. kämpft für das Dritte Reich sozialer Gerechtigkeit und nationaler Freiheit. Seine Ziele sind identisch mit denen der N.S.D.A.P.

Führung

Die Leitung des Bundes liegt in den Händen des von Adolf Hitler ernannten Reichsführers. Jeder Hochschulgruppenführer ist dem Reichsführer für die ihm anvertraute Gruppe verantwortlich. Der Hochschulgruppenführer bedarf der Bestätigung des Reichsführers, seine Abberufung bedarf keiner Begründung.

Mitgliedschaft

Die Mitgliedschaft zum N.S.D.St.B. kann nur von Studenten und Studentinnen arischer Abstammung erworben werden. Der Hochschulgruppenführer kann die Aufnahme ablehnen, ohne dies zu begründen. Auch zum Ausschluß ist der Hochschulgruppenführer berechtigt, jedoch besitzt dieser nur dann Gültigkeit, wenn er durch den Reichsführer bestätigt wird.

(B. v. Schirach 1929, 10f.)

Die Satzungen der ANSt.

Aufgabe:
Die Arbeitsgemeinschaft nationalsozialistischer Studentinnen ist eine Vereinigung von Studentinnen nationalsozialistischer Weltanschauung. Ihre Aufgaben sind:
a) kulturpolitische (Bearbeitung von Spezialfragen hinsichtlich des politischen Wirkens der Frau);
b) propagandistische (Verbreitung nationalsozialistischer Gedankengänge auf der Hochschule);
c) erzieherische (Staatspolitische Schulung in der Arbeitsgemeinschaft mit dem NSDStB.).

Ziel:
Die ANSt. kämpft für das dritte Reich sozialer Gerechtigkeit und nationaler Freiheit. Sie tut das eingedenk der Worte Adolf Hitlers, der in der nationalsozia-

listischen Hochschulbewegung nicht nur eine Organisation zur Verbreitung nationalsozialistischer Weltanschauung auf den Hochschulen, sondern auch die Führerschulen der nationalsozialistischen Bewegung sieht. Ihre Ziele sind identisch mit denen der NSDAP.

Führung:

Die Leitung der Arbeitsgemeinschaft liegt in den Händen der vom Reichsführer des NSDStB. ernannten Reichsleiterin. Jede Hochschulgruppenleiterin ist der Reichsleiterin für die ihr anvertraute Gruppe verantwortlich. Die Hochschulgruppenleiterin bedarf der Bestätigung der Reichsleiterin, durch die auch ihre Abberufung erfolgt.

Mitgliedschaft:

Die Mitgliedschaft der ANSt. kann nur von Studentinnen arischer Abstammung erworben werden. Die Hochschulgruppenleiterin kann die Aufnahme ablehnen. Auch zum Ausschluß ist die Hochschulgruppenleiterin berechtigt. Jedoch besitzt dieser nur dann Gültigkeit, wenn er durch die Reichsleitung bestätigt wird. (D.B., F. 27 [4. 11. 1930].)

Ehrenordnung des Nationalsozialistischen Deutschen Studentenbundes

1. »Wahre deine eigene Ehre ebenso, wie du die Ehre anderer achtest.«
Eine grundlose Beleidigung kann zwar deine innere Ehre nicht verletzen, trittst du aber nicht selber unerbittlich für ihre Unantastbarkeit ein, so forderst du die Vermutung heraus, daß dir die Empfindungen für deine Ehre und damit auch diese selber fehle.

2. Achte daher auch jedes anderen Ehre ebenso peinlich. Bedenke, daß die Verletzung fremder Ehre durch dich Genugtuung erheischt. Verweigerung dieser Genugtuung zeigt dem Ehrliebenden, daß dir mit dem Sinn für Fremder Ehre auch die eigene fehlt.

3. Ungesühnte Hinnahme einer Ehrverletzung und Verweigerung der Genugtuung für eine solche durch dich erweisen dich zugleich als Feigling.
Für Feiglinge ist im NSDStB. kein Raum.

4. Der NSDStB. als politischer Verband vereinigt in seinen Reihen Anhänger wie Gegner der Anschauung, daß der Austrag mit der Waffe das einzige Mittel zur Wahrung der Ehre des Einzelnen sei. Er nimmt daher zur Frage, auf welche Weise Genugtuung gegeben und gefordert werden soll, keine Stellung; er verlangt nur – dies aber ohne Einschränkung – daß jeder seiner Kameraden eigener Anschauung gemäß für seine eigene Ehre, wie für eine begangene Ehrverletzung bedingungslos eintritt. Darum verlangt der Hochschulgruf. von jedem eintretenden Kameraden eine entsprechende Erklärung; diese wird schriftlich in zwei geschlossenen Briefumschlägen niedergelegt (1 Exemplar für den HGruf. und 1 für RL.). Die Stellung des Kameraden zur Satisfaktion ist eine eindeutige und unabänderliche. Eine Änderung in dieser Auffassung ist nur ausnahmsweise mit Genehmigung des Reichsführers nach ausführlicher Darlegung der sittlichen Gründe möglich. Der NSDStB. steht auf dem Standpunkt der »Verbrieften Satisfaktion«.
Er ordnet daher folgendes an:

5. Ehrenhändel von Kameraden mit Studenten oder Alt-Akademikern und mit Angehörigen von Offiziersverbänden sind grundsätzlich in akademischer Weise zu regeln. Eine Anrufung der Gerichte darf nur dann stattfinden, wenn der Reichsführer des NSDStB. dieses nach Darlegung des Sachverhaltes durch den Hochschulgruppenführer anordnet.

6. Wird ein Kamerad durch einen anderen Studenten (Alt-Akademiker usw.)

beleidigt, so hat er diesen zur Zurücknahme der Beleidigung auf der Stelle auf-zufordern. Wird das verweigert, so fordert er von dem Beleidiger, ohne seiner-seits mit Beleidigungen zu antworten, Namen und Anschrift und gibt ihm gleich-zeitig seine eigene Anschrift an.

Das gleiche gilt umgekehrt, wenn ein Kamerad sich nach pflichtgemäßer Über-legung außerstande sieht, eine als Beleidigung aufgefaßte Äußerung zurückzu-nehmen.

Nach diesem »Kartenwechsel« und nach Erfragung (als Beleidigter) bzw. An-gabe (als Beleidiger) einer Sprechzeit verläßt der Kamerad sofort den Gegner bzw. die Gesellschaft, in der sich dieser befindet, und meidet ihn weiterhin völlig bis zur Erledigung des Ehrenhandels.

Ist der Gegner der Beleidiger und weigert er sich, die Beleidigung zurückzuneh-men und seine Karte zu übergeben, so wird gegen ihn nach Punkt 5, Satz 2 oder Punkt 15 verfahren.

7. Der Betroffene hat bei Vermeidung des Ausschlusses dem Hochschulgruf. in-nerhalb 24 Stunden Kenntnis von dem unter 6 genannten Vorfall zu geben.

8. Punkt 7 gilt auch für solche Kameraden, welche als Verbindungsstudenten die Erledigung einer Ehrenangelegenheit im übrigen durch ihre oder eine ihnen nahe-stehende Verbindung betreiben, ferner für alle Kameraden, welche als Freistu-denten den Austrag mit der Waffe beabsichtigen, wozu sie der Waffenhilfe einer schlagenden Verbindung bedürfen. Sie haben weiterhin dem Hochschulgruf. von der Art der Erledigung des Ehrenhandels Kenntnis zu geben.

Findet ein Austrag mit der Waffe statt, so ist der Hochschulgruf. von Zeit und Ort des Waffenganges in Kenntnis zu setzen. Der Hochschulgruf. wohnt mit mindestens einem weiteren Kameraden (u. Umst. d. Ehrenwart) dem Waffengang bei. Er ist berechtigt und verpflichtet, den fechtenden Kameraden, wenn dieser durch grob ehrenrühriges Verhalten sich des NSDStB. unwürdig zeigt – nicht aber schon bei lediglich »ungenügendem« Fechten im waffenstudentischen Sinne! – aus dem NSDStB. auszuschließen.

Der Ausschluß ist ferner dann auszusprechen, wenn der Ehrenhandel eines Ka-meraden dadurch beendet wird, daß er von einem studentischen Ehrengericht wegen ehrlosen Verhaltens für satisfaktionsunfähig erklärt bzw. in Verruf getan wird.

9. Kameraden, welche Ehrenangelegenheiten grundsätzlich nicht mit der Waffe austragen, übergeben dem Hochschulgruf. mit ihrer Meldung gemäß Punkt 7 die Karte bzw. Anschrift des Gegners. Damit übernimmt die Hochschulgruppe ihre Vertretung.

10. Der Hochschulgruf. ist grundsätzlich auch Ehrenwart seiner Gruppe, er soll jedoch, wenn es im Interesse der Sache liegt, mit Beginn des Semesters mit dem Amt des Ehrenwartes einen älteren Kameraden betreuen, der in Ehrenangelegen-heiten Erfahrung besitzt.

11. Der in einen Ehrenhandel verwickelte Kamerad nennt – wenn er der Beleidi-ger ist – dem ihn aufsuchenden Vertreter (Kartellträger) des Gegners, ohne mit ihm zur Sache zu verhandeln, die Anschrift des Ehrenwartes, der die weitere Verhandlung für ihn führt.

Für den beleidigten Kameraden sucht der Ehrenwart den Gegner zu der von ihm angegebenen Zeit auf, fordert ihn noch einmal kurz zur Zurücknahme der Belei-digung auf und ersucht im Weigerungsfalle um Benennung eines Vertreters zur weiteren Verhandlung.

12. Gehört der in einen Ehrenhandel verwickelte Kamerad einem Verbande an (Korporation), der sich zum Erlanger-Verbände-Abkommen bekennt, so hat die Regelung des Ehrenhandels seine Korporation zu übernehmen.

Mit dem Vertreter des Gegners leitet der Ehrenwart die Einberufung eines Ehrengerichts innerhalb dreimal 24 Stunden in die Wege.

Das Ehrengericht entscheidet in einer Besetzung von fünf Ehrenrichtern. Hierzu bestimmt jede Partei zwei Ehrenrichter, die Partei des Beleidigten außerdem den Vorsitzenden ...

Das Ehrengericht kann erkennen:

1. Daß keine Beleidigung vorliegt;
2. daß die Beleidigung zurückzunehmen sei;
3. daß die Beleidigung unter Äußerung des Bedauerns zurückzunehmen sei.

Der Spruch wird den Gegnern verkündet. Eine angeordnete Zurücknahme findet sofort vor dem Gericht statt. Damit ist der Ehrenhandel definitiv erledigt.

13. Ergibt die Verhandlung des Ehrengerichtes Umstände, welche die Ehrenhaftigkeit des beteiligten Kameraden belasten, so wird dieser nach Erledigung des Ehrenhandels aus dem NSDStB. ausgeschlossen.

14. Ist der gegnerische Beleidiger trotz Ladung unentschuldigt 20 Minuten nach Beginn der Sitzung des Ehrengerichtes nicht erschienen, so brechen die Vertreter des NSDStB. die Sitzung ab.

15. Gegner, welche sich auf diese Weise oder bereits durch Verweigerung ihres Namens (Punkt 6) oder durch die Weigerung, dem Spruche des Ehrengerichtes Folge zu leisten, der schuldigen Genugtuung entziehen, werden von der örtlichen Hochschulgruppe des NSDStB. in Verruf gesteckt. Die Verrufserklärung wird an zwei Tagen am Brett der Hochschulgruppe angeschlagen ...

16. Im Falle von Beleidigungen zwischen zwei Kameraden einer Hochschulgruppe haben beide Gegner innerhalb 24 Stunden dem Hochschulgruf. schriftlichen Sachverhalt darzulegen. Er entscheidet, indem er dem Beleidiger – bei wechselseitigen Beleidigungen auch dem anderen Teile – den Befehl zur Zurücknahme der Beleidigungen erteilt. Diese Entscheidung ist endgültig. Einen Austrag von persönlichen Beleidigungen mit der Waffe gibt es innerhalb des N.S.D.St.B. nicht.

Hält der Beleidigte dennoch einen solchen für erforderlich, so ist Voraussetzung für das Weitere sein Austritt aus dem Bunde ...

München, den 1. Juli 1930.

gez. *Baldur von Schirach,*
Reichsführer.

(D.B., F. 10 [8. 7. 1930].)

Vereinbarung
(»Erfurter Abkommen«)

(zwischen den im Allgemeinen Deutschen Waffenring zusammengeschlossenen Verbänden und dem NSDStB, abgeschlossen auf dem Waffenstudententag am 24./25. 1. 1931 in Erfurt)

Zur Fortführung und Förderung der Hochschulpolitik innerhalb der D.St. und zur weiteren Festigung des Hochschulfriedens zwischen den im Rahmen der D.St. tätigen hochschulpolitischen Gruppen beschließen die unterzeichneten Verbände einerseits und die Reichsleitung des NSDStB. andrerseits, in Zukunft im Sinne folgender Vereinbarungen wirken zu wollen.

1. Beide Gruppen verzichten, bei Astawahlen irgendeinen Zwang auf ihre Mitglieder im Sinne der Wahl bestimmter hochschulpolitischer Listen auszuüben.
2. Beide Gruppen verpflichten sich, während des Wahlkampfes unnötige Schärfen und jede besondere Tendenz gegeneinander zu vermeiden.
3. Ohne einseitige Ausnützung des Wahlausfalles im einzelnen berücksichtigen

die Gruppen bei der Verteilung der Ämter einander im gegenseitigen Einvernehmen, mindestens im Verhältnis der erzielten Sitze in der Kammer.

4. Zur Vermeidung einer unfruchtbaren Gegnerschaft in der Durchführung der Hochschulpolitik sind die Führer der örtlichen Astagruppen der unterzeichneten Gruppen gehalten, vor entscheidenden Astasitzungen oder sonstigen wesentlichen Maßnahmen zusammenzutreten, um in gegenseitiger Fühlungnahme möglichst ein gemeinsames Vorgehen festzulegen. Die unterzeichneten Gruppen sind sich klar, daß die Notwendigkeit solcher Vereinbarungen eine gegenseitige Berücksichtigung besonderer Wünsche einschließt.

5. Zwecks Festlegung gemeinsamer hochschulpolitischer Richtlinien im ganzen und zum Zweck der Schlichtung örtlich entstandener Zwistigkeiten zwischen beiden Gruppen bilden die unterzeichneten Verbände einen Verhandlungsausschuß, der mit der Reichsleitung des NSDStB. alle erforderlichen Besprechungen führt ...

6. Die Reichsleitung des NSDStB. erklärt, daß sie den Bestand der unterzeichneten Verbände als für das deutsche Hochschulleben wesentlich anerkennt und demgemäß unangetastet lassen wird. Im einzelnen wird vereinbart:

a) Aktive Angehörige der unterzeichneten Verbände gelten grundsätzlich von allen Veranstaltungen des NSDStB. beurlaubt für den Fall, daß sie infolge Verpflichtungen ihrer Korporation unabkömmlich sind. Dasselbe gilt für die inaktiven Angehörigen der unterzeichneten Verbände, jedoch mit der Einschränkung, daß die unterzeichneten Verbände ihren inaktiven Mitgliedern die Erfüllung ihrer Verpflichtungen gegenüber dem NSDStB. nach Möglichkeit erleichtern. Jedoch sind die Korporationen gehalten, in besonders wesentlichen Fällen ihren aktiven und inaktiven Mitgliedern die Teilnahme an Veranstaltungen des NSDStB. zu ermöglichen.

b) Der NSDStB. verpflichtet sich, von sich aus keine unmittelbare oder mittelbare Empfehlung bestimmter Korporationen als dem Studentenbund besonders angenehm vorzunehmen oder zuzulassen.

c) Der NSDStB. erkennt die von den unterzeichneten Verbänden rechtmäßig ausgesprochenen Verrufe als für sich verbindlich an in der Form, daß derartige im Verruf befindliche Akademiker von der Mitgliedschaft im NSDStB. ausgeschlossen sind.

d) Bei allen Hochschulfeiern, bei denen die Frage der Mitwirkung der Korporationen zu entscheiden ist (Chargieren usw.), überläßt der NSDStB. die endgültige Entscheidung den zuständigen Vertretungen der unterzeichneten Korporationsverbände.

7. In Berücksichtigung der vom NSDStB. geschaffenen Ehrenordnung erklären die unterzeichneten Verbände ihre Bereitwilligkeit, die auf Grund ihrer Erklärung festgelegte Einstellung der nichtinkorporierten Mitglieder des NSDStB. zur Genugtuungsfrage anzuerkennen; demgemäß werden Ehrenhändel zwischen Mitgliedern der unterzeichneten Verbände einerseits und nichtinkorporierten Mitgliedern des NSDStB. andererseits in der Form erledigt, daß für den Fall der Anerkennung der Waffengenugtuung nach der ADW-Ehrenordnung Stück 31 – im Falle der Ablehnung der Waffengenugtuung nach der Ehrenordnung der EVA verfahren wird. In diesem Falle haben die Mitglieder des NSDStB. bei einer dem EVA angeschlossenen Korporation Ehrenschutz nachzusuchen.

Im einzelnen wird vereinbart:

a) Die Hochschulgruppen des NSDStB. lehnen ab, sich irgendwelche Merkmale von Verbindungen zu geben (Chargen, eigene Waffen usw.).

b) Die Hochschulgruppen des NSDStB. verpflichten sich, ihre Mitglieder zum Austragen von Ehrenhändeln mit Mitgliedern der unterzeichneten Verbände den vereinbarten Ehrenschutz bzw. Waffenschutz bei den jeweils in Frage kommenden Korporationen nachzusuchen.

c) Die Verbände verpflichten sich, den Hochschulgruppenführern des NSDStB. von Verfehlungen nichtinkorporierter Mitglieder dieser Hochschulgruppen durch Mitteilung des Tatbestandes lt. Stück 6 der ADW Ehrenordnung Kenntnis zu geben, soweit solche Verfehlungen im Ehrengerichtsverfahren bekannt werden sollen.

d) Der NSDStB. enthält sich jeder Verrufserklärung gegenüber Angehörigen der unterzeichneten Verbände.

e) Die unterzeichneten Verbände verpflichten sich, beim Austrag von Zweikämpfen mit Angehörigen des NSDStB. bis zu 4 Vertretern des NSDStB. zuzulassen, die von dem Hochschulgruppenführer zu bezeichnen sind und persönlich auf dem Boden der Waffengenugtuung stehen müssen.

Dieses Abkommen gilt vom Tage der Unterzeichnung an bis zum 1. Oktober 1931 bei sechswöchiger Kündigungsfrist; andernfalls verlängert es sich bis zum 1. Oktober 1934 bei einer Kündigungsfrist von 6 Monaten; von da ab stillschweigend je um weitere 3 Jahre bei derselben Kündigungsfrist.

(RSF II p 227; abgedr. bei E. H. Eberhard, Das studentische Verbindungswesen im WS 1930/31. VCR, H. 2 [1. 5. 1931] 34ff.)

4. Kurzbiographien

Ernst Anrich

Geb. 1906 in Straßburg, Vater Professor in Tübingen. Historische Promotion in Bonn, dort anschließend Assistentur. Gildenmeister der Hochschulgilde Ernst Wurche. Mitglied des NSDStB seit 1928, der NSDAP seit 1930. Oktober 1931 NSDStB-Schulungsleiter. März 1931 Ausschluß aus Partei und Studentenbund. Obwohl Anrich politisch als einwandfrei galt und er eng mit SS und RSH zusammenarbeitete, schließlich als Unterführer vorläufig in die SA aufgenommen wurde, scheiterten seine zahlreichen Gesuche um Wiederaufnahme in die Partei an den Quertreibereien Schirachs. Seinen beruflichen Werdegang konnte dieser indes nicht behindern. 1938 wurde Anrich Extraordinarius in Bonn, 1939 Ordinarius in Hamburg, 1940 wurde er als Beauftragter des Reichsdozentenführers nach Straßburg geschickt, um dort den Aufbau der »Reichsuniversität« in die Hand zu nehmen. Heiber 1966, 541f.; Bund und Wissenschaft, H. 7 (1933/34), Abs. in RSF II A 17; Feickert 1971.

Artur von Behr

1926–28 Führer der NSDStB-Hochschulgruppe Berlin. Geschäftsführer und Anzeigenverwalter der Nationalsozialistischen Hochschulbriefe. Wurde 1928 zum Kassenwart und Schriftführer degradiert, als er für drei Wochen ins Gefängnis mußte. Im 2. Weltkrieg als Stellvertreter des Stabsführers Utikal beim »Einsatzstab« Rosenbergs in Frankreich zur »Erfassung herrenlosen jüdischen Kulturbesitzes in den besetzten Gebieten« tätig. IMT 1947 IX, 605.

Kurt Ellersiek

NSDStB-Mitglied, 1931/32 DSt-Kreisleiter VII (Bayern), 1933 Ältester der DSt. 1937 wurde er als SS-Sturmbannführer Leiter des Rasseamtes im Rasse- und Siedlungshauptamt (RSH) der SS in Berlin. 1938 SS-Obersturmbannführer.

Andreas Feickert

Geb. am 7. 7. 1910 in Hamburg. Studierte in Hamburg und Berlin Geschichte und Volkswirtschaft. 1931 wurde er Hochschulgruppenführer in Hamburg, wo er bereits studentische Arbeitslager organisiert hatte. 1932 DSt-Amtsleiter für Arbeitsdienst und Referent für Arbeitsdienst in der NSDStB-Bundesführung. 1934–36 Reichsführer der DSt. Feickert 1971.

Ludwig Franz Gengler

Geschichtsstudent, Mitglied der Erlanger CV-Verbindung Gothia, aus der er aus politischen Gründen austrat. Mitgründer und Vorsitzender der Erlanger Nationalsozialistischen Studentengruppe 1923; 1923/25 Asta-Vorsitzender. 1926 Schriftleiter beim Völkischen Beobachter. 1929–31 ehrenamtlicher Stadtrat in Nürnberg. Er sprach verschiedentlich vor dem NSDStB und wurde mehrmals wegen antisemitischer Hetze verurteilt. VB, Nr. 2 (3. 1. 1930), Nr. 3 (4. 1. 1930). 1932 Promotion bei Otto Brandt über Die deutschen Monarchisten 1919 bis 1925. Franze 1971, 66, 76ff.

Hans Glauning

Geb. 1906, Pg. Nr. 20 061. Glauning war mit Tempel eng befreundet, stammte wie dieser aus Plauen, beide studierten zunächst in Leipzig Jura. Glauning wechselte dann nach Marburg, wurde in der Burschenschaft Germania aktiv und gründete die NSDStB-Hochschulgruppe (1926), deren Führung er übernahm. 1927 leitete er die Leipziger Hochschulgruppe, im selben Jahr wurde er Tempels Stellvertreter als NSDStB-Reichsleiter. Rücktritt 1928. Nach 1933 war er maßgeblich an der Gleichschaltung der Deutschen Burschenschaft beteiligt. 1934 wurde er unter Otto Schwab stellvertretender Bundesführer der DB, Pfingsten 1935 Bundesführer. Sein bürgerlicher Beruf war Rechtsanwalt, außerdem war er in Hans Fritsches Rundfunk-Propagandaabteilung tätig, später im Reichserziehungsministerium. 1938 SS-Hauptsturmführer, Inhaber des Goldenen Ehrenzeichens der NSDAP, des SS-Ehrendolches und Mitglied der Organisation Lebensborn.

Friedrich Haselmayr

Geb. 1879; nahm als Oberleutnant am November-Putsch 1923 teil, gründete 1925 eine Arbeitsgemeinschaft für wehrgeistige Forschung e. V.; 1928 aus der Reichswehr entlassen. Kurz darauf Eintritt in NSDAP und NSDStB, wurde 1928/29 in den Asta der Universität München gewählt, gründete 1930 die Arbeitsgemeinschaft für deutsche Wehrverstärkung; seit 1932 Hauptamtsleiter in Epps Wehrpolitischem Amt der NSDAP. Als VB-Leitartikler in wehrpolitischen Fragen und gegen Abrüstungsbemühungen genoß er einen guten Ruf innerhalb der Partei. 1935 von Frank in den Sachverständigenbeirat des Instituts für Geschichte des neuen Deutschland berufen; 1939 SA-Gruppenführer, 1943 Generalleutnant z. V. Heiber 1966, 25, 105, 266; Hofmann 1961, 203; Röhm 1928, 226.

Joachim Haupt

Geb. 1900 in Königsberg. Dr. Maßgebliches Mitglied der norddeutschen Nationalsozialisten in den Anfangsjahren der Bewegung. 1926–28 NSDStB-Hochschulgruppenführer Kiel. 1927 DSt-Kreisleiter II (Norddeutschland). Haupt wurde 1931 als Studienassessor in Plön wegen nationalsozialistischer Betätigung entlassen. VB, Nr. 44 (13. 2. 1931); D.B., F. 7 (7. 2. 1931). 1929 wurde er als möglicher Führer eines Bundes des Jung-Nationalsozialismus genannt. Brandenburg 1968, 36f. 1933 wurde er Ministerialrat im preußischen Kultusministerium, wo er wesentlich an der Ausarbeitung des Studentenrechts beteiligt war. 1934 als Ministerialrat im Reichserziehungsministerium Inspekteur der Landesverwaltung der Nationalpolitischen Erziehungsanstalten; gleichzeitig Leiter der (relativ unbedeutenden) Fachschaft 1 (Hochschullehrer) des NS-Lehrerbundes. Auf Betreiben Schirachs und unter Zuhilfenahme des § 175 StGB mußte er das Ministerium jedoch bald wieder verlassen. Wer ist's 1935; Krebs 1959; Eilers 1963, 42, 130f.; Ueberhorst 1969; Jochmann 1963; Schildt 1964.

Hans Hildebrandt (Hikad)

Mitglied der NSDStB-Hochschulgruppe Bonn. 1930 Hochschulgruppenführer München, 1931 Hochschulgruppenführer Bonn, 1932 NSDStB-Bundesgeschäftsführer, -Bundesführerstellvertreter und -Bundespropagandaleiter. 1935 1. Obmann der Fachgruppe Studentenzeitschriften im Reichsverband der deutschen Zeitschriftenverleger. Hikad 1933; »Der Weg zum Wir. Die Geschichte einer Entwicklung«. DStZ, Nr. 8 (26. 2. 1935) – D.B., Nr. 34 (19. 8. 1936).

Wilhelm Kaffl

1932/33 NSDStB-Kreisführer VII (Bayern), NSDStB-Bundesführer-Adjutant. 1937 Promotion in München über Die Pressefreiheit im nationalsozialistischen Staat. Im gleichen Jahr Leiter des Amtes für Presse und Propaganda in der Reichsstudentenführung und Leiter der Fachgruppe Studentenzeitungen im Reichsverband der deutschen Zeitschriftenverleger (als Nachfolger Hildebrandts).

Willi Körber (Quex)

Geb. 1911 in Springe (Hannover) als Beamtensohn. Bereits als Schüler Eintritt in die Partei. 1930 Schriftleiter der Bewegung, Referent für Presse- und Propaganda in der Reichsleitung des NSDStB, 1931 dort auch Geschäftsführer. 1931 Leiter der Presse- und Propagandaabteilung der Reichsjugendführung, nach 1933 dort außerdem Leiter der Abteilung SP (Schulung und Kulturarbeit). Führerlexikon 1934/35; B. v. Schirach 1933, 136f.

Gerhard Krüger

Geb. am 6. 12. 1908 in Danzig. Nach Mitgliedschaft im Bund Oberland noch als Primaner Eintritt in die SA; Pg. seit 1928; aufgrund seiner niedrigen Mitgliedsnummer später Träger des Goldenen Parteiabzeichens. Studium in Greifswald, dort in der Burschenschaft Arminia (ADB) 1927–29 aktiv, im WS 1928/29 Erstchargierter. Austritt gemeinsam mit dem größten Teil der Aktivitas wegen eines Konflikts mit dem Altherrenbund. 1933 nach dem Wiedereintritt Bundesführer des ADB, in welcher Eigenschaft er ihn in die Deutsche Burschenschaft überführte. Im November 1927 Mitbegründer der Hochschulgruppe Greifswald, deren Führer er im Mai 1928 wurde. Wegen der beachtlichen Wahlerfolge faßte ihn Schirach für die Reichsleitung ins Auge; Krüger aber ging 1929 nach Leipzig und reorganisierte die dortige Hochschulgruppe, wobei er engen Kontakt zu SA und Partei hielt. In der SA brachte er es bis 1934 zum Standartenführer als Mitglied des SA-Kulturkreises.
Im Herbst 1930 NSDStB-Kreisleiter IV, im Dezember 1930 DSt-Kreisleiter IV, im Sommer 1931 Hochschulpolitischer Referent in der NSDStB-Reichsleitung und Politischer Referent der DSt. Im Dezember 1931 Wahl zum 1. Vorsitzer der DSt, im September 1933 Absetzung durch Reichsinnenminister Frick.
Promotion 1934 bei Hans Freyer über Student und Revolution. Ein Beitrag zur

Soziologie der revolutionären Bewegungen (Koreferat Erich Brandenburg). Dann Eintritt in die Reichspressestelle der NSDAP, dort bald Ernennung zum Reichsamtsleiter, mit demselben Rang ab 1935 Leiter der wissenschaftlichen Abteilung der Parteiamtlichen Prüfungskommission, wo er die Reichsstelle für das Schul- und Unterrichtsschrifttum aufbaute. Gleichzeitig war Krüger Cheflektor im Leipziger Verlag Bibliographisches Institut. Daneben zahlreiche Veröffentlichungen u. a. in der HZ, in Vergangenheit und Gegenwart. Die Philosophische Fakultät Straßburg (Dekan: Ernst Anrich) berief ihn auf den zweiten Lehrstuhl für Neuere Geschichte mit dem Votum Hermann Heimpels u. a. Vor Amtsantritt jedoch Annahme des Rufs auf den Lehrstuhl für Großdeutsche und Reichsgeschichte in Posen. Wegen Einberufung zur Wehrmacht aber trat er auch dieses Amt nicht an. Vorübergehende Tätigkeit im Auswärtigen Amt als Vortragender Legationsrat. Krüger 1969.

Horst Krutschinna

Geb. 1909 in Ostpreußen. In Königsberg studierte er Geschichte, Deutsch und Philosophie. Früh Eintritt in die SA, 1930 Vorsitzender der Königsberger Studentenschaft, Herbst 1930 NSDStB-Kreisleiter I, Sommer 1931 DSt-Kreisleiter I.
Später Persönlicher Adjutant des Reichsjugendführers Schirach, dann Personalchef in einem großen Stahlwerk. Nach dem Krieg kam er durch einen Arbeitsunfall ums Leben. B. v. Schirach 1933, 139f.; ders. 1967, 228ff.

Eberhard von Künsberg

Geb. 2. 9. 1909. Januar 1931 bis November 1932 NSDStB-Kreisleiter VII. Künsberg war SS-Mitglied Nr. 1552, 1937 war er SS-Obersturmführer bei der SS-Hauptreitschule München; er besaß den SS-Ehrendegen und den Totenkopfring und war Mitglied der Organisation Lebensborn. 1940 ging er als Legationssekretär im Auftrag des Außenministeriums anläßlich des »Sonderkommandos zur Sicherung des jüdischen Kulturbesitzes« nach Frankreich. In ähnlicher Funktion machte er auch den Rußland-Feldzug mit. Poliakov/Wulf 1956, 123ff., 232ff.; Krüger 1969.

Johann von Leers

Geb. 1902. Sein juristisches Studium in Kiel, Berlin und Rostock schloß er mit der Promotion ab. Da sein Interesse Slawistik und Japanologie galt, trat er in den Auswärtigen Dienst ein, wurde dort aber wegen seiner NSDAP-Mitgliedschaft wieder entlassen. Er erwarb dann die SA- und NSDStB-Mitgliedschaft, wurde NSDAP-Gauredner in Berlin, 1931 Schulungsleiter des NSDStB-Kreises X und Leiter der Unterabteilung Theater und Musik in der Abt. Rasse und Kultur der Organisationsabteilung II der NSDAP-Reichsleitung. Dann Schulungsleiter in der NSDStB-Reichsleitung, später Hauptschriftleiter von Wille und Weg (der Reichspropagandaleitung) und seit Mai 1933 Leiter der Abteilung für Außenpolitik und Auslandskunde an der Deutschen Hochschule für Politik. Später wurde er Professor in Jena. Der SS-Obersturmführer schrieb mehrere Bücher, u. a. Juden sehen dich an, Berlin 1933, in dem er Konrad Adenauer als Blutjuden bezeichnete (S. 10). Heiber 1966, 546, 742f.; Wulf 1966, 73; Führerlexikon 1934/35; B. v. Schirach 1933, 142f.

Walter Lienau

Geb. 1906 in Hamburg als Sohn des Nervenarztes und späteren Hamburger DNVP-Landesvorsitzenden (1918–31) Dr. Arnold Lienau. Eintritt in die NSDAP ca. 1925. Agrarwissenschaftliches Studium in München, zeitweilig im

Corps Isaria aktiv. 1929 Hochschulgruppenführer an der TH München, Vertreter der TH München auf dem Studententag in Hannover, Mai 1930 DSt-Kreisleiter VII, Herbst 1930 NSDStB-Kreisleiter VII, dann Hochschulpolitischer Referent in der NSDStB-Reichsleitung. Auf dem Studententag in Graz Juli 1931 Wahl zum 1. DSt-Vorsitzer, Rücktritt im Dezember 1931; Wahl zum DSt-Ältesten, Rücktritt im Januar 1932. Nach dem Diplomexamen zog er sich auf den väterlichen Peiner Hof in Peine zurück. Bei Kriegsausbruch meldete er sich freiwillig, diente bei der SS-Leibstandarte und fiel bei den Kämpfen während des Einmarsches in Griechenland. B. v. Schirach 1967, 99; Krüger 1967; Helbig 1970.[1]

Karl Motz

Geb. 1901 in Langula (Thüringen). NSDStB-Mitglied, 1930 Vorsitzender des im Sommer 1930 vom Rektor aufgelösten Asta der TH München. 1931 Dipl.-Ing., im selben Jahr NSDAP-Reichsredner und Mitarbeiter Darrés in der Abteilung Landwirtschaft der Reichsparteileitung als Leiter der Unterabteilung Ostland. 1933 mit dem Titel Regierungsrat Leiter der Abteilung Werbung im Stabsamt des Reichsbauernführers Darré. Schöpfer der Filme Blut und Boden und Altgermanische Bauernkultur. Führerlexikon 1934/35; Hildebrand 1969, 218.

Helmut Podlich

Stammte aus Werdau/Sachsen, Jura-Studium in München. Mit Wilhelm Tempel Gründer des NSDStB, bis 1927 Kassenwart. 1935 Oberregierungsrat in Dresden. RSF II a 474.

Gerd Rühle

Geb 23. 3. 1905 bei Stuttgart, 1924–28 juristisches Studium in München, Halle, Frankfurt/M, NSDAP-Mitgliedsnummer 694 (!), während der Verbotszeit 1923/24 Notbund Halle, 1924/25 Bund Oberland, außerdem SA und stellvertr. Ortsgruppenleiter Halle. Seit 1926 im NSDStB Frankfurt/M, 1927/28 1. Vorsitzender der Frankfurter Studentenschaft, 1928/30 Leiter der Rechtsabteilung der Gauleitung Hessen-Nassau-Süd, 1930 Entlassung aus dem Justizdienst aus politischen Gründen, 1930/31 kommissarischer Kreisleiter Groß-Frankfurt. Herbst 1930 NSDStB-Kreisleiter V, Frühjahr 1931 NSDStB-Schulungsleiter, Sommer 1931 NSDStB-Kreisleiter X, März 1932 Ältester der DSt, Mai 1932 Mitglied des preußischen Landtags, Juli 1932 NSDStB-Bundesführer, Februar 1933 Abberufung durch Schirach. Februar bis März 1933 Stabsleiter des Politischen Amtes der NSDAP, März 1933 MdR. Juli 1933 bis 1935 als Regierungsrat persönlicher Referent des brandenburgischen Oberpräsidenten (und Gauleiters) Wilhelm Kube, 1935 bis 1939 Landrat in Calau. Seit 1934 Leiter der Rechtsabteilung der NSDAP-Reichsleitung, seit Juni 1933 Reichsgruppenleiter der Referendare. SS-Mitglied Nr. 290, im Krieg SS-Standartenführer; seit 1939 Gesandter und Leiter der Rundfunkpolitischen Abteilung im Auswärtigen Amt. Rühle veröffentlichte mehrere Bücher, als wichtigstes Das Dritte Reich. Das erste Jahr. Berlin 1934, dem er fünf Fortsetzungen folgen ließ.
Führerlexikon 1934/35; Stockhorst 1967; »Gerd Rühle«. Dt. Rev., Nr. 11 (15. 7. 1932); G. Rühle, Mein Lebenslauf, o. D. RSF II A 15.

Gustav Adolf Scheel

Geb. 22. 11. 1907 in Rosenberg/Bayern. Medizin-Studium und Promotion. NSDStB-Mitglied seit 1930, 1931/32 als Heidelberger Studentenschaftsvor-

---

[1] Wichtige Hinweise verdanke ich Herrn Reinhard Behrens, Hamburg.

sitzender maßgeblich an der Kampagne gegen E. J. Gumbel beteiligt. 1934 wurde er DSt-Kreisführer, dann Gaustudentenbundsführer. Nach anfänglicher Mitgliedschaft in der SA avancierte er in SS und SD, 1936 war er Führer des SD-Oberabschnitts Süd-West, nach Kriegsausbruch SS-Gruppenführer. 1936 bis 1945 Reichsstudentenführer, nach Kriegsbeginn kurze Zeit Wehrdienst, 1941 bis Kriegsende Gauleiter von Salzburg. »Dr. Scheel zum Reichsstudentenführer ernannt«. Archiv (Nov. 1936) 1171.

Baldur von Schirach

s. Register

Hans R. Schoelkopf

Diplomlandwirt. 1928/29 NSDStB-Reichsgeschäftsführer, 1930/31 Hochschulgruppenführer Rostock, ab August 1931 Schriftleiter der Deutschen Zukunft.

Reinhold Schulze

Herbst 1930 NSDStB-Kreisleiter II, Sommer 1931 DSt-Kreisleiter II. SA-Sturmbannführer. Ingenieur-Diplomexamen; der Plan, beim Rostocker Agrarwissenschaftler und Statistiker Hans-Jürgen Seraphim zu promovieren, scheiterte, da Schulze im November 1932 MdR wurde. September 1933 Leiter des DSt-Amtes für Grenz- und Außenpolitik. RSF II 102.

Friedrich Oskar Stäbel

Geb. 1901 in Süddeutschland (Wintersdorf) als Bauernsohn. 1917 meldete er sich freiwillig, wurde zum Unteroffizier befördert und mit Eisernem Kreuz und Badischem Verdienstkreuz ausgezeichnet. Seit 1919 Mitglied der verschiedensten Freikorps, u. a. auch des von Roßbach. Wegen politischer Betätigung für 10 Monate inhaftiert. Seit 1924 Studium als Werkstudent in Karlsruhe, daneben in NSDAP und SA aktiv mit gutem Kontakt zu Röhm. 1930 NSDAP-Bezirksleiter Karlsruhe, gleichzeitig wählte man ihn in den Stadtrat; im folgenden Jahr Promotion zum Dr.-Ing. 1930 NSDStB-Hochschulgruppenführer Karlsruhe, Herbst 1930 NSDStB-Kreisleiter VI; 1931 NSDStB-Verbände-Referent. Februar 1933 NSDStB-Bundesführer, seit Juni 1933 auch Führer der Deutschen Reichsschaft und ab September 1933 DSt-Reichsführer. Im Mai 1934 Rücktritt vom DSt-Amt, im Juli 1934 von allen Studentenschafts-Ämtern. Später Direktor des Vereins Deutscher Ingenieure.

Führerlexikon 1934/35; B. v. Schirach 1933, 212ff.; Nationalsozialistische Studenten-Korrespondenz (20. 8. 1933); Schneeberger 1962, 38f.

Werner Studentkowski

Geb. 1903. Gründer der NSDStB-Hochschulgruppe Leipzig, 1927 NSDAP-Gaugeschäftsführer Berlin. Wurde 1930 in den sächsischen Landtag, 1933 in den Reichstag gewählt. 1933–34 Leiter des Seminars für politische Erziehung an der Universität Leipzig, gleichzeitig Gauschulungsleiter Sachsen; 1934–38 Oberregierungsrat, dann bis 1941 Regierungsdirektor im sächsischen Volksbildungsministerium (Leiter der Hochschulabteilung und des Amtes für Erwachsenenbildung). 1941 Reichsamtsleiter in der Reichspropagandaleitung der NSDAP. Stockhorst 1967.

Reinhold Sunkel

Eng mit Joachim Haupt befreundet, war Sunkel einer der führenden Männer der Nationalsozialistischen Arbeitsgemeinschaft in den Anfangsjahren der Bewegung.

1927/28 Mitglied der NSDStB-Hochschulgruppe Kiel, wechselte er später nach Erlangen, wo er schnell als rechtsradikaler Agitator bekannt wurde. 1930/31 war er der maßgebliche Frondeur gegen Schirach. Im Herbst 1930 zunächst zum Kreisleiter X, zum NSDStB-Organisationsleiter und zu Schirachs Stellvertreter ernannt, wurde er bereits im Frühjahr 1931 aller dieser Ämter wieder enthoben. Seit dieser Zeit NSDAP-Ortsgruppenleiter Kiel. 1932 Mitglied des preußischen Landtags, wurde er 1933 Adjutant des Reichskommissars Rust, in dessen Ministerium er als Ministerialdirektor Chef des Ministeramtes wurde. Zusammen mit Haupt zog er die Nationalpolitischen Erziehungsanstalten auf, konnte aber aufgrund des alten Konflikts mit Schirach nicht weiter avancieren. Bei der Kurlandbesetzung 1944 beging er Selbstmord.
Heiber 1966, 37, 258, 833; Ueberhorst 1969; Wer ist's 1935; Trumpf 1970; Jochmann 1963.

Wilhelm Tempel

Geb. 4. 6. 1905 in Lößnitz/Erzgebirge. In Plauen traf er mit Kurt Gruber zusammen, der 1926 erster Reichsführer der Hitler-Jugend wurde. Zu diesem Kreis gehörte auch Tempels späterer Stellvertreter Hans Glauning, mit dem er in Leipzig und möglicherweise in Marburg Jura studierte. Kennzeichnend für alle war ein ausgesprochen sozialrevolutionärer Einschlag, der wohl zum Teil durch die Eindrücke des Plauener Industriereviers bedingt war. Mit Helmut Podlich gründete Tempel im Frühjahr 1926 den NSDStB, dessen Reichsleiter er bis 1928 war. Nach juristischem Examen und Promotion wurde er Assessor in Plauen, nach 1933 war er Reichsführer eines Nationalsozialistisch-faschistischen Kulturverbandes, nach 1936 wirkte er als Rechtsanwalt und Vizevorsteher des Ratsherrenkollegiums in Leipzig.
Brandenburg 1968, 25ff.; Visier, Nr. 6 (6. 2. 1936); Bennecke 1970.

1. Ungedruckte Quellen

RSF	Archiv der ehem. Reichsstudentenführung Würzburg.[1]
ABStMfUK	Archiv des bayerischen Staatsministeriums für Unterricht und Kultus.
StB	Stadtarchiv Braunschweig.
BA	Bundesarchiv Koblenz.
HAStAM	Bayerisches Hauptstaatsarchiv München.[2]
IfZG	Institut für Zeitgeschichte München.[3]
GStAM	Geheimes Staatsarchiv München.
UAE	Universitätsarchiv Erlangen.
UAM	Universitätsarchiv Münster.

2. Quellenpublikationen, Dokumentationen, Nachschlagwerke etc.

Amtsblatt BStMfUK	Amtsblatt des bayerischen Staatsministeriums für Unterricht und Kultus.
KuV 1931	Günther Dehn (Hg.), Kirche und Völkerversöhnung. Dokumente zum Hallischen Universitätskonflikt. Berlin o. J. (1931).
Deuerlein 1962	Ernst Deuerlein (Hg.), Der Hitlerputsch. Bayerische Dokumente zum 9. November 1923. Stuttgart 1962.
Kabinett Müller II 1970	Karl Dietrich Erdmann/Wolfgang Mommsen (Hg.), Akten der Reichskanzlei. Das Kabinett Müller II. Boppard/Rhein 1970 II.

---

[1] Das RSF führt in seinen Signaturen griechische Buchstaben. Ich habe α = a, $\hat{\varphi}$ = p gesetzt.

[2] Es wurden hauptsächlich Akten aus dem NSDAP-Hauptarchiv (Teil II) benutzt, die vor einiger Zeit aus den USA wieder nach Deutschland zurückkamen (Teil I in das BA). Sie sind verzeichnet in NSDAP Hauptarchiv. Guide to the Hoover Institution Microfilm Collection, compiled by Grete Heinz and Agnes F. Petersen. Stanford University 1964.

[3] Es wurden Mikro-Filme benutzt, die verzeichnet sind in den Guides to German Records Microfilmed at Alexandria, Va. Washington. 1958ff. III, XX. Das IfZG gebraucht jedoch hauseigene Signaturen. Inzwischen wurden die Akten aus den USA in das Bundesarchiv gebracht, dort neu geordnet und signiert.

Fricke 1968/70	Dieter Fricke (Hg.), Die bürgerlichen Parteien in Deutschland. Handbuch der Geschichte der bürgerlichen Parteien und anderer bürgerlicher Interessenorganisationen vom Vormärz bis zum Jahre 1945. Leipzig 1968 I, 1970 II.
Führerlexikon 1934/35	Das Deutsche Führerlexikon 1934/35. Berlin o. J. (1934).
Gamm 1964	Hans-Jochen Gamm, Führung und Verführung. Pädagogik des Nationalsozialismus. München 1964.
Grimme 1967	Adolf Grimme, Briefe. Hrsg. von Dieter Sauberzweig. Heidelberg 1967.
Gumbel 1924 c)	Emil J. Gumbel (Hg.), Denkschrift des Reichsjustizministers zu »Vier Jahre politischer Mord«. Berlin 1924.
Haupt 1933	Joachim Haupt, Neuordnung im Schulwesen und Hochschulwesen. Berlin 1933.
»Braunschweiger Studentenkonflikt« 1932	Hochschulring der Braunschweiger Studentenschaft und »Braunschweiger Studentenkonflikt«. o. O., o. J. (Braunschweig 1932).
Hochschulstatistik	Deutsche Hochschulstatistik. Hrsg. von den Hochschulverwaltungen. Sommerhalbjahr 1928ff., Berlin 1928ff.
Hoffmann 1965	Walther G. Hoffmann, Das Wachstum der deutschen Wirtschaft seit der Mitte des 19. Jahrhunderts. Berlin, Heidelberg, New York 1965.
NS Jahrbuch 1930	Nationalsozialistisches Jahrbuch 1930. München o. J.
Stat. Jb. f. d. Dt. Reich	Statistisches Jahrbuch für das Deutsche Reich. Hrsg. vom Statistischen Reichsamt 42ff. (1921/22ff.) Berlin 1922ff.
Stat. Jb. f. d. Pr. Staat	Statistisches Jahrbuch für den Preußischen Staat. Hrsg. vom Preußischen Statistischen Landesamt. Berlin 1920ff. XVIff. (Ab 1921 XVII: Statistisches Jahrbuch für den Freistaat Preußen.)
Jochmann 1963	Werner Jochmann (Hg.), Nationalsozialismus und Revolution. Ursprung und Geschichte der NSDAP in Hamburg 1922-1933. Dokumente. Frankfurt/M 1963.
Kalischer 1967	Wolfgang Kalischer (Hg.), Die Universität und ihre Studentenschaft. Universitas magistrorum et scholarium. Versuch einer Dokumentation aus Gesetzen, Erlassen, Beschlüssen, Schriften und Briefen. Essen 1967.
Keesing 1933	Keesings Archiv der Gegenwart 3 (1933). Wien o. J.
Deutsche Auskunftei 1931	Kreis der Freunde und Förderer der Deutschen Auskunftei (Hg.), Der jüdische Einfluß auf den Deutschen Hohen Schulen. Ein familienkundlicher Nachweis über die jüdischen und verjudeten Universitäts- und Hochschulprofessoren. VI: Universität Breslau. 1. Teil. o. O. 1931.
Messer 1926	August Messer, Der Fall Lessing. Bielefeld 1926.
Müller 1965	Hans Müller (Hg.), Katholische Kirche und Nationalsozialismus. München 1965.
Nawiasky 1932	Hans Nawiasky, Die Münchner Universitätskrawalle. München 1932.

Poliakov/Wulf 1956	Leon Poliakov/Joseph Wulf, Das Dritte Reich und seine Diener. Dokumente. Berlin 1956.
Poliakov/Wulf 1959	Leon Poliakov/Joseph Wulf, Das Dritte Reich und seine Denker. Dokumente. Berlin 1959.
IMT 1947f.	Der Prozeß gegen die Hauptkriegsverbrecher vor dem Internationalen Militärgerichtshof. Nürnberg 1947 IX, 1948 XIX.
Roth 1934/35	Bert Roth (Hg.), Kampf. Lebensdokumente deutscher Jugend von 1914–1934. Leipzig 1934/35.
Rüstungsausgleich 1931	Wir fordern Rüstungsausgleich. Eine wehrpolitische Schulungswoche der Deutschen Studentenschaft. Berlin 1931.
Satzung 1932	Satzung für die Studierenden an den bayerischen Universitäten. München 1932.
Stockhorst 1967	Erich Stockhorst, Fünftausend Köpfe. Wer war was im Dritten Reich. o. O. 1967.
Studenten im Kampf 1938	Studenten im Kampf. Beiträge zur Geschichte des NSDStB. München 1938.
Studententag 1928	Deutsche Studentenschaft. Bericht des 11. Deutschen Studententages zu Danzig 1928. Berlin 1928.
DSt 1930/31	Deutsche Studentenschaft, Bericht über das Jahr 1930/31. o. O., o. J. (Berlin 1931).
Studententag 1931	Deutsche Studentenschaft, Bericht über den 14. Deutschen Studententag zu Graz. Bericht über das Amtsjahr 1931/32. o. O., o. J. (Berlin 1932).
Studententag 1932	Deutsche Studentenschaft, Bericht des 15. Deutschen Studententages Königsberg 1932. Berlin 1932.
Schneeberger 1962	Guido Schneeberger, Nachlese zu Heidegger. Dokumente zu seinem Leben und Denken. Bern 1962.
Schulthess 1932	Schulthess' Europäischer Geschichtskalender 73 (1932). München 1933.
Tyrell 1969	Albrecht Tyrell (Hg.), Führer befiehl ... Selbstzeugnisse aus der Kampfzeit der NSDAP. Dokumentation und Analyse. Düsseldorf 1969.
Ueberhorst 1969	Horst Ueberhorst (Hg.), Elite für die Diktatur. Die Nationalpolitischen Erziehungsanstalten 1933–1945. Düsseldorf 1969.
UuF	Ursachen und Folgen. Vom deutschen Zusammenbruch 1918 und 1945 bis zur staatlichen Neuordnung Deutschlands in der Gegenwart. Berlin o. J.
Badischer Landtag 1931	Verhandlungen des Badischen Landtags. IV. Landtagsperiode, 2. Sitzungsperiode, Protokollheft, Bd. II, H. 564a. Karlsruhe 1931.
Wulf 1963 a)	Joseph Wulf, Die Bildenden Künste im Dritten Reich. Eine Dokumentation. Gütersloh 1963.
Wulf 1963 b)	Joseph Wulf, Musik im Dritten Reich. Eine Dokumentation. Gütersloh 1963.
Wulf 1964	Joseph Wulf, Theater und Film im Dritten Reich. Eine Dokumentation. Gütersloh 1964.
Wulf 1966	Joseph Wulf, Literatur und Dichtung im Dritten Reich. Eine Dokumentation. Reinbek b. Hamburg 1966.

Ac.	Academia
Aktion	Die sozialistische Aktion
Angriff	Der Angriff
AB	Akademischer Beobachter
Archiv	Das Archiv
Korresp.	Asta-Korrespondenz
D.B.	Die Bewegung
Ak.Bl.	Akademische Blätter
BBl.	Burschenschaftliche Blätter
DCZ	Deutsche Corps-Zeitung
DSt AkCorr.	D.St. Akademische Correspondenz
Hilfe	Die Hilfe
NSH	Nationalsozialistische Hochschulbriefe
Hochschule	Die Hochschule
BHZ	Bayerische Hochschulzeitung
DHZ	Deutsche Hochschul-Zeitung
Fränk. Kurier	Fränkischer Kurier
AM	Akademische Monatsblätter
Monatshefte	Nationalsozialistische Monatshefte
MNN	Münchner Neueste Nachrichten
Nachrichtenblatt	Nachrichtenblatt der Deutschen Studentenschaft
MP	Münchner Post
Pressedienst	Pressedienst des NSDStB
Reichswart	Der Reichswart
Dt. Rev.	Deutsche Revolution
JR	Der junge Revolutionär
DAR	Deutsche Akademische Rundschau
SAR	Sozialistisch-Akademische Rundschau
Stahlhelm-Student	Der Stahlhelm-Student
Student	Der Student. Akademische Halbmonatsschrift für völkisch-soziale Erneuerung
D.St.	Der Student. Deutsche Akademische Stimmen. Deutsche Akademische Rundschau
DDS	Der deutsche Student
Studentenwerk	Studentenwerk
DStZ	Deutsche Studenten-Zeitung
Erl. Tagbl.	Erlanger Tagblatt
Tagebuch	Das Tagebuch
Leipz. Tagesztg.	Leipziger Tageszeitung
LZ	Landsmannschafter-Zeitung
ATB	Akademische Turnbunds-Blätter
HUZ	Hallische Universitätszeitung
VCR	VC-Rundschau
Visier	Offenes Visier
VB	Völkischer Beobachter
Vorwärts	Vorwärts
Voss. Ztg.	Vossische Zeitung
Weltbühne	Die Weltbühne
WuM	Wille und Macht
Soz. Wille	Sozialistischer Wille in Politik, Wissenschaft und Hochschule
WB	Wingolfsblätter

FZ	Frankfurter Zeitung
DDZ	Die Deutsche Zukunft
Verordnungsblatt	Verordnungsblatt der Reichsleitung der Nationalsozialistischen Deutschen Arbeiter-Partei

4. Schriftliche und mündliche Mitteilungen

Bennecke 1970	Dr. Heinrich Bennecke, mündl. 16. 1. 1970, 30. 1. 1970.
Feickert 1971	Dr. Andreas Feickert, schriftl. 9. 1. 1971.
Helbig 1970	Dipl.-Ing. Rudolf Helbig, schriftl. 6. 1. 1970, mündl. 28. 5. 1970.
Krüger 1969	Dr. Gerhard Krüger, schriftl. 27. 3. 1969.
Trumpf 1970	Werner Trumpf, schriftl. 14. 9. 1970, mündl. 26. 9. 1970.

5. Literatur

Abelein 1968	Manfred Abelein, Die Kulturpolitik des Deutschen Reiches und der Bundesrepublik Deutschland. Ihre verfassungsgeschichtliche Entwicklung und ihre verfassungsrechtlichen Probleme. Köln, Opladen 1968.
Achner 1931	Leonhard Achner, Der Arbeitsmarkt der geistigen Berufe. Allgemeines Statistisches Archiv 21 (1931) 481–95.
Adorno u. a. 1968	Theodor W. Adorno/Bruno Bettelheim/Else Frenkel-Brunswik/Norbert Gutermann/Morris Janowitz/Daniel J. Levinson/R. Nevitt Sanford, Der autoritäre Charakter. Studien über Autorität und Vorurteil. 2 Bde., Amsterdam 1968.
Studentenschaft Kiel 1965	Allgemeiner Studentenausschuß und Arbeitsgemeinschaft für aktive Hochschulpolitik (Hg.), 300 Jahre Studentenschaft der Christina Albertina Kiel. o. O., o. J. (Kiel 1965).
Arendt 1962	Hannah Arendt, Elemente und Ursprünge totaler Herrschaft. Frankfurt/M 1962.
Argus 1930	Argus (d. i. Fritz Hilgenstock), Faschismus, Sozialismus, Nationalismus. Tatsachen über die Nationalsozialistische Deutsche Arbeiter-Partei. Berlin o. J. (1930).
Asta Hamburg 1969	Asta der Universität in Hamburg, 50 Jahre Hamburger Universität. Hamburg 1969.
van Aubel 1920	Peter van Aubel, Das erste Jahr Deutsche Studentenschaft 1919–1920. Göttingen 1920.
Berghahn 1968	Volker R. Berghahn, Der Stahlhelm. Bund der Frontsoldaten 1928–1935. Düsseldorf 1968.
Bennecke 1962	Heinrich Bennecke, Hitler und die SA. München, Wien 1962.
Bennecke 1964	Heinrich Bennecke, Die Reichswehr und der »Röhmputsch«. München, Wien 1964.
Bennecke 1968	Heinrich Bennecke, Wirtschaftliche Depression und politischer Radikalismus. Die Lehre von Weimar. München, Wien 1968.
Bergsträsser 1954	Arnold Bergsträsser, Rückblick auf die Generation von 1914. Robert Tillmanns (Hg), Ordnung als Ziel. Beiträge zur Zeitgeschichte (Festschrift für Peter van Aubel). Stuttgart, Köln, 1954, 7–19.
Bernhardi 1957	Horst Bernhardi, Die Göttinger Burschenschaft 1933 bis 45. Darstellungen und Quellen zur Geschichte der deut-

	schen Einheitsbewegung im neunzehnten und zwanzigsten Jahrhundert. Heidelberg 1957 I, 205–47.
Bizer 1957	Ernst Bizer, Der »Fall Dehn«. Wilhelm Schneemelcher (Hg.), Festschrift für Günther Dehn. Neukirchen, Kreis Moers 1957, 239–61.
Bleuel/Klinnert 1967	Hans Peter Bleuel/Ernst Klinnert, Deutsche Studenten auf dem Weg ins Dritte Reich. Ideologien, Programme, Aktionen 1918–1935. Gütersloh 1967.
Bleuel 1968	Hans Peter Bleuel, Deutschlands Bekenner. Professoren zwischen Kaiserreich und Diktatur. Bern, München, Wien 1968.
Boehm 1958	Laetitia Boehm, Von den Anfängen des akademischen Frauenstudiums in Deutschland. HJb. 77 (1958) 298–327.
Bohrmann 1972	Hans Bohrmann, Strukturwandel der deutschen Studentenpresse. Studentenpolitik und Studentenzeitschriften 1848–1970. München-Pullach 1972.
Bracher 1964	Karl Dietrich Bracher, Die Auflösung der Weimarer Republik. Eine Studie zum Problem des Machtverfalls in der Demokratie. Villingen ⁴1964.
Bracher 1969	Karl Dietrich Bracher, Die deutsche Diktatur. Entstehung, Struktur, Folgen des Nationalsozialismus. Köln, Berlin 1969.
Bracher/Sauer/Schulz 1962	Karl Dietrich Bracher/Wolfgang Sauer/Gerhard Schulz, Die nationalsozialistische Machtergreifung. Studien zur Errichtung des totalitären Herrschaftssystems in Deutschland 1933/34. Köln, Opladen ²1962.
Brandenburg 1968	Hans-Christian Brandenburg, Die Geschichte der HJ. Wege und Irrwege einer Generation. Köln 1968.
Braubach 1961	Max Braubach, Neue Veröffentlichungen zur Wissenschaftsgeschichte. HJb. 81 (1961) 264–94.
Braubach 1966	Max Braubach, Neue Veröffentlichungen zur Geschichte der Universitäten. HJb. 86 (1966) 138–56.
Braun 1940	Otto Braun, Von Weimar zu Hitler. New York 1940.
Brenner 1963	Hildegard Brenner, Die Kulturpolitik des Nationalsozialismus. Reinbek b. Hamburg 1963.
Broszat 1960	Martin Broszat, Der Nationalsozialismus. Weltanschauung, Programm und Wirklichkeit. Stuttgart 1960.
Broszat 1969	Martin Broszat, Der Staat Hitlers. München 1969.
Buchheim 1953	Hans Buchheim, Glaubenskrise im Dritten Reich. Drei Kapitel nationalsozialistischer Religionspolitik. Stuttgart 1953.
Buchheim 1951	Karl Buchheim, Leidensgeschichte des zivilen Geistes – oder die Demokratie in Deutschland. München 1951.
Busch 1959	Alexander Busch, Die Geschichte des Privatdozenten. Stuttgart 1959.
Bußmann 1960	Walter Bußmann, Politische Ideologien zwischen Monarchie und Weimarer Republik. HZ 190 (1960) 55–77.
Carlsen 1964	Ruth Carlsen, Der Kampf um die Verfassung der Rostocker Studentenschaft 1932/33. Wissenschaftliche Zeitschrift der Universität Rostock, Gesellschafts- und Sprachwiss. Reihe XIII (1964) 251–69.

Dahrendorf 1971 — Ralf Dahrendorf, Gesellschaft und Demokratie in Deutschland. München 1971.

Davies 1969 — James C. Davies, Eine Theorie der Revolution. Wolfgang Zapf (Hg.), Theorie des sozialen Wandels. Köln, Berlin 1969, 399–417.

Dehn 1962 — Günther Dehn, Die alte Zeit. Die vorigen Jahre. Lebenserinnerungen. München 1962.

Derichsweiler 1937 — Albert Derichsweiler, Die rechtsgeschichtliche Entwicklung des deutschen Studententums von seinen Anfängen bis zur Gegenwart. Diss. Münster 1937.

Deuerlein 1927 — Ernst Deuerlein, Geschichte der Universität Erlangen in zeitlicher Übersicht. Erlangen 1927.

Deuerlein 1963 — Ernst Deuerlein, Der deutsche Katholizismus 1933. Innsbruck 1963.

Diehl-Thiele 1969 — Peter Diehl-Thiele, Partei und Staat im Dritten Reich. Untersuchung zum Verhältnis von NSDAP und allgemeiner innerer Staatsverwaltung 1933–1945. München 1969.

Diehl-Thiele 1972 — Peter Diehl-Thiele, Revolte gegen die Republik. Politische Aktionen an den deutschen Universitäten während der letzten Jahre der Weimarer Republik. Frankfurter Allgemeine Zeitung, Nr. 126 (3. 7. 1972).

Dietrich — P. Dietrich, Die Deutsche Landsmannschaft. Ein Beitrag zur geschichtlichen Entwicklung. Stuttgart o. J.

Akademisches Deutschland 1930/31 — Michael Doeberl/Otto Scheel/Wilhelm Schlink/Hans Sperl/Eduard Spranger/Hans Bitter/Paul Frank (Hg.), Das akademische Deutschland. Berlin 1930 III, 1931 II.

Droßbach/Hauske 1932 — Max Droßbach/Hans Hauske (Hg.), Handbuch für den Deutschen Burschenschafter. Berlin ⁶1932.

Düning 1936 — Hans-Joachim Düning, Der SA-Student im Kampf um die Hochschule (1925–1935). Weimar 1936.

Düwell 1971 — Kurt Düwell, Staat und Wissenschaft in der Weimarer Epoche. HZ, Beiheft 1 (1971) 31–74.

Eilers 1963 — Rolf Eilers, Die nationalsozialistische Schulpolitik. Köln, Opladen 1963.

Eschenburg 1963 — Theodor Eschenburg, Staat und Politik in Deutschland. München 1963.

Eschenburg 1964 — Theodor Eschenburg, Carl Sonnenschein. Ders., Die improvisierte Demokratie. Gesammelte Aufsätze zur Weimarer Republik. München ²1964, 110–42.

Espe 1933 — Walter Maria Espe, Das Buch der NSDAP. Werden, Kampf und Ziel der NSDAP. Berlin 1933.

Eulenburg 1924 — Franz Eulenburg, Die sozialen Wirkungen der Währungsverhältnisse. Jahrbücher für Nationalökonomie und Statistik 122 (1924) 748–94.

Eyck 1962 — Erich Eyck, Geschichte der Weimarer Republik. Erlenbach-Zürich, Stuttgart ⁴1962 I, ³1962 II.

Facius/Booms/Boberach 1968 — Friedrich Facius/Hans Booms/Heinz Boberach, Das Bundesarchiv und seine Bestände. Frankfurt/M ²1968.

Feder 1930 — Gottfried Feder, Das Programm der NSDAP und seine weltanschaulichen Grundlagen. München ²⁵⁻⁴⁰1930.

Feickert 1934	Andreas Feickert, Studenten greifen an. Nationalsozialistische Hochschulrevolution. Hamburg 1934.
Fest 1969	Joachim C. Fest, Das Gesicht des Dritten Reiches. Profile einer totalitären Herrschaft. Frankfurt/M, Berlin 1969.
Uni Greifswald 1956	Festschrift zur 500-Jahr-Feier der Universität Greifswald. 2 Bde., Greifswald, Magdeburg 1956.
Finke 19(3	Lutz E. Finke, Gestatte mir Hochachtungsschluck. Hamburg 1963.
Fließ 1959	Gerhard Fließ, Die politische Entwicklung der Jenaer Studentenschaft vom November 1918 bis zum Januar 1933. Diss. Jena 1959 (maschr.).
Uni Berlin 1961	Forschen und Wirken. Festschrift zur 150-Jahr-Feier der Humboldt-Universität zu Berlin 1810–1960. Berlin 1961 I.
Frank 1937	Walter Frank, Historie und Leben. Hamburg 1937.
Franz 1949	Ludwig Franz, Der politische Kampf an den Münchner Hochschulen von 1929–1933 im Spiegel der Presse. Diss. München 1949 (maschr.).
Franze 1971	Manfred Franze, Die Erlanger Studentenschaft von 1918 bis 1945. Diss. Erlangen-Nürnberg 1971 (maschr.). (Jetzt Würzburg 1972 [Darstellungen aus der fränkischen Geschichte 30].)
Franz-Willing 1962	Georg Franz-Willing, Die Hitlerbewegung. Der Ursprung 1919–1922. Hamburg, Berlin 1962.
Fuchs 1935	Gustav Fuchs, Die Bonner Universität in der Besatzungszeit. Ein Abwehrkampf. Bonn 1935.
Gay 1970	Peter Gay, Die Republik der Außenseiter. Geist und Kultur in der Weimarer Zeit: 1918–1933. Frankfurt/M 1970.
Geiger 1949	Theodor Geiger, Aufgabe und Stellung der Intelligenz in der Gesellschaft. Stuttgart 1949.
Geiger 1967	Theodor Geiger, Die soziale Schichtung des deutschen Volkes. Stuttgart 1932, Neudruck Darmstadt 1967.
Geistesleben 1965	Deutsches Geistesleben und Nationalsozialismus. Eine Vortragsreihe der Universität Tübingen. Tübingen 1965.
George 1969	Klaus George, Die Deutsche Burschenschaft in der Weimarer Republik. Zulassungsarbeit Berlin 1969 (maschr.).
Uni Jena 1958/62	Geschichte der Universität Jena 1548/58–1958. Jena 1958 I, 1962 II.
Uni Kiel 1965	Geschichte der Christian-Albrechts-Universität Kiel 1665–1965, Neumünster 1965 I, Teil 2.
Uni Rostock 1969	Geschichte der Universität Rostock 1419–1969. Festschrift zur Fünfhundertfünfzig-Jahr-Feier der Universität. I: Die Universität von 1419–1945; II: Die Universität 1945–1969. Berlin 1969.
Goebbels 1934	Josef Goebbels, Vom Kaiserhof zur Reichskanzlei. Berlin 1934.
Görlitz/Quint 1952	Walter Görlitz/Herbert Quint, Adolf Hitler. Eine Biographie. Stuttgart 1952.
Gordon 1971	Harold J. Gordon jr., Hitlerputsch 1923. Machtkampf in Bayern 1923–1924. Frankfurt/M 1971.

171

Grebing 1970 — Helga Grebing, Geschichte der deutschen Arbeiterbewegung. Ein Überblick. München 1970.

Grimme 1961 — Adolf Grimme (Hg.), Kulturverwaltung der zwanziger Jahre. Stuttgart 1961.

Gumbel 1924 a) — Emil J. Gumbel, Vier Jahre politischer Mord. Berlin 1924.

Gumbel 1924 b) — Emil J. Gumbel, Verschwörer. Beiträge zur Geschichte und Soziologie der nationalistischen Geheimbünde seit 1918. Wien 1924.

Gumbel 1925 — Emil J. Gumbel, Deutschlands geheime Rüstungen. Weißbuch über die Schwarze Reichswehr. Wien, Berlin 1925.

Habermas 1969 — Jürgen Habermas, Protestbewegung und Hochschulreform. Frankfurt/M 1969.

Uni Hamburg 1970 — Universität Hamburg 1919–1969. Hamburg 1970.

DL-Handbuch 1932 — Handbuch der Deutschen Landsmannschaft. Hamburg, Stuttgart ¹²1932.

Hannover 1966 — Heinrich Hannover/Elisabeth Hannover-Drück, Politische Justiz 1918–1933. Frankfurt/M 1966.

Hartshorne 1937 — Edward Y. Hartshorne, The German Universities and National Socialism. Cambridge 1937.

Heiber 1966 — Helmut Heiber, Walter Frank und sein Reichsinstitut für Geschichte des neuen Deutschland. Stuttgart 1966.

Heiden 1932 — Konrad Heiden, Geschichte des Nationalsozialismus. Die Karriere einer Idee. Berlin 1932.

Helbig 1955 — Rudolf Helbig, Die Burschenschaft von 1919 bis 1933. o. O., o. J. (Referat, gehalten auf der Burschenschaftlichen Woche 1955, als Manuskript vervielfältigt).

Hellpach 1948/49 — Willy Hellpach, Wirken in Wirren, Hamburg 1948 I, 1949 II.

Heuß 1968 — Theodor Heuß, Hitlers Weg. Tübingen 1932; neu hrsg. und mit einer Einleitung versehen von Eberhard Jäckel. Tübingen 1968.

Hikad 1933 — Hikad (d. i. Hans Hildebrandt), Studenten im Braunhemd. Berlin 1933.

Hildebrand 1969 — Klaus Hildebrand, Vom Reich zum Weltreich. Hitler, NSDAP und koloniale Frage 1919–1945. München 1969.

Hirche 1969 — Walter Hirche, Quellenlage und Forschungsstand zur Geschichte der Studentenschaft in der Weimarer Republik. Zulassungsarbeit Heidelberg 1969 (maschr.).

Hitler 1942 — Adolf Hitler, Mein Kampf. Zwei Bände in einem Band. München ⁷¹¹⁻⁷¹⁵1942.

Hofer 1964 — Walther Hofer (Hg.), Wissenschaft im totalen Staat. München 1964.

Hofmann 1961 — Hanns Hubert Hofmann, Der Hitlerputsch. Krisenjahre deutscher Geschichte 1920–1924. München 1961.

Höhne 1936 — Ernst Höhne, Die Bubenreuther. Geschichte einer deutschen Burschenschaft. Erlangen 1936.

Hoppmann 1931 — Karl Hoppmann, Über den Stand der Verjudung der akademischen Berufe. Berlin 1931.

Horn 1972 — Wolfgang Horn, Führerideologie und Parteiorganisation in der NSDAP. Düsseldorf 1972.

Jakubowicz 1929	Heinrich Jakubowicz, Die politische Entwicklung der deutschen Studentenschaft. Sozialistische Bildung. Monatsschrift des Reichsausschusses für Sozialistische Bildungsarbeit, Berlin, H. 12 (Dez. 1929) 353–57.
Jaspers 1957	Karl Jaspers, Philosophische Autobiographie. Paul A. Schilpp (Hg.), Karl Jaspers. Stuttgart 1957, 1–79.
Jenke 1961	Manfred Jenke, Verschwörung von Rechts. Berlin 1961.
Kaltefleiter 1968	Werner Kaltefleiter, Wirtschaft und Politik in Deutschland. Konjunktur als Bestimmungsfaktor des Parteiensystems. Köln, Opladen 1968.
Uni Leipzig 1959	Karl-Marx-Universität Leipzig 1409–1959. Beiträge zur Universitätsgeschichte. Leipzig 1959 II.
Uni Leipzig 1961	Karl-Marx-Universität Leipzig. Bibliographie zur Universitätsgeschichte 1409–1959. Leipzig 1961.
Kater 1971	Michael H. Kater, Zur Soziologie der frühen NSDAP. VjhZG 19 (1971) 124–59.
Kater 1972	Michael H. Kater, Krisis des Frauenstudiums in der Weimarer Republik. VSWG 59 (1972) 207–55.
Kersten 1931	Ulrich Kersten, Deutsches Studentenrecht. Berlin 1931.
Keßler 1933	Gerhard Keßler, Kampf und Aufbau. Junge deutsche Politik. Leipzig 1933.
Killy 1970	Walther Killy, Leichenrede auf eine Fakultät. Die Zeit, Nr. 26 (26. 6. 1970).
Kisch 1961	Guido Kisch, Die Universität und die Juden. Tübingen 1961.
von Klemperer 1962	Klemens von Klemperer, Konservative Bewegungen. Zwischen Kaiserreich und Nationalsozialismus. München, Wien o. J. (1962).
Klose 1967	Werner Klose, Freiheit schreibt auf eure Fahnen. 800 Jahre deutsche Studenten. Oldenburg, Hamburg 1967.
Köhler 1967	Henning Köhler, Arbeitsdienst in Deutschland. Pläne und Verwirklichungsformen bis zur Arbeitsdienstpflicht im Jahre 1935. Berlin 1967.
Könnemann 1971	Erwin Könnemann, Einwohnerwehren und Zeitfreiwilligenverbände. Ihre Funktion beim Aufbau eines neuen imperialistischen Militärsystems (November 1918 bis 1920). Berlin 1971.
Krebs 1959	Albert Krebs, Tendenzen und Gestalten der NSDAP. Erinnerungen an die Frühzeit der Partei. Stuttgart 1959.
Kreppel 1937	Otto Kreppel, Nationalsozialistisches Studententum und Studentenrecht. Königsberg 1937.
Kreutzberger 1972	Wolfgang Kreutzberger, Studenten und Politik 1918–1933. Der Fall Freiburg im Breisgau. Göttingen 1972.
Krieck 1932	Ernst Krieck, Nationalpolitische Erziehung. Leipzig 1932.
Krüger 1934	Gerhard Krüger, Student und Revolution. Ein Beitrag zur Soziologie der revolutionären Bewegung. Diss. Leipzig 1934 (Berlin 1934).
Krüger 1967/68	Gerhard Krüger, Memoiren im Schnellverfahren. BBl., H. 12 (Dez. 1967) 224–26, H. 1/2 (Jan./Febr. 1968) 17–20.

Kühnl 1966	Reinhard Kühnl, Die nationalsozialistische Linke 1925–1930. Meisenheim/Glan 1966.
Kurucz 1967	Jenö Kurucz, Struktur und Funktion der Intelligenz während der Weimarer Republik. o. O. 1967.
Laubig 1955	Manfred Laubig, Die studentische Selbstverwaltung in Deutschland. Geschichte ihrer Ideen und Institutionen. Diss. Tübingen 1955 (maschr.).
Leisen 1964	Adolf Leisen, Die Ausbreitung des völkischen Gedankens in der Studentenschaft der Weimarer Republik. Diss. Heidelberg 1964.
Lepsius 1966	Rainer M. Lepsius, Extremer Nationalismus. Strukturbedingungen vor der nationalsozialistischen Machtergreifung. Stuttgart 1966.
Lerner 1951	David Lerner, The Nazi Elite. Stanford 1951.
Lessing 1962	Theodor Lessing, Geschichte als Sinngebung des Sinnlosen. Hamburg 1962.
Lessing 1969	Theodor Lessing, Einmal und nie wieder. Prag1935; unveränderter Nachdruck Gütersloh 1969.
Litt 1961	Theodor Litt, Hochschule und öffentliches Leben in der Republik. Adolf Grimme (Hg.), Kulturverwaltung der zwanziger Jahre. Stuttgart 1961, 49–59.
Uni München 1972	Ludwig-Maximilians-Universität Ingolstadt, Landshut, München, 1472–1972. Hrsg. von Laetitia Boehm und Johannes Spörl. Berlin 1972.
Mannheim 1958	Karl Mannheim, Mensch und Gesellschaft im Zeitalter des Umbaus. Darmstadt 1958.
Maser 1965	Werner Maser, Die Frühgeschichte der NSDAP. Hitlers Weg bis 1924. Frankfurt/M, Bonn 1965.
Meinecke 1958	Friedrich Meinecke, Politische Reden und Schriften. Hrsg. von Georg Kotowski, Darmstadt 1958.
Michaelis 1932	Wilhelm Michaelis (Hg.), Handbuch des Schwarzburgbundes. Leipzig 1932.
Michels 1934	Robert Michels, Umschichtungen in den herrschenden Klassen nach dem Kriege. Stuttgart, Berlin 1934.
Mitgau 1922	J. H. Mitgau, Wirtschaftliche Selbsthilfebestrebungen in der deutschen Studentenschaft nach dem Kriege. Diss. Heidelberg 1922 (maschr.).
Mitgau 1927	J. H. Mitgau, Studentische Demokratie. Beiträge zur neueren Geschichte der Heidelberger Studentenschaft. Heidelberg 1927.
Mohler 1950	Armin Mohler, Die konservative Revolution in Deutschland 1918–1932. Grundriß ihrer Weltanschauungen. Stuttgart 1950 (2. erweiterte Aufl. Darmstadt 1972).
Morsey 1960	Rudolf Morsey, Hitler als braunschweigischer Regierungsrat. VjhZG 8 (1960) 419–48.
Mosse 1965	Werner E. Mosse (Hg.), Entscheidungsjahr 1932. Zur Judenfrage in der Endphase der Weimarer Republik. Tübingen 1965.
TH München 1968	Technische Hochschule München 1868–1968. o. O., o. J. (München 1968).
Deutsche Universität 1966	Nationalsozialismus und deutsche Universität. Universitätstage 1966, Berlin 1966.

Neß 1939	Adolf Neß, Großdeutsch und wehrhaft. Wollen und Wirken der Deutschen Burschenschaft 1918–1938. Berlin 1939.
Nipperdey 1961	Thomas Nipperdey, Die deutsche Studentenschaft in den ersten Jahren der Weimarer Republik. Adolf Grimme (Hg.), Kulturverwaltung der zwanziger Jahre. Stuttgart 1961, 19–48.
Nitsch u. a. 1965	Wolfgang Nitsch/Uta Gerhardt/Klaus Offe/Ulrich K. Preuß, Hochschule in der Demokratie. Kritische Beiträge zu Erbschaft und Reform der deutschen Universität. Neuwied, Berlin 1965.
Nolte 1965	Ernst Nolte, Zur Typologie des Verhaltens der Hochschullehrer im Dritten Reich. Aus Politik und Zeitgeschichte. Beilage zur Wochenzeitung Das Parlament, B 46/65 (17. 11. 1965).
Nolte 1967	Ernst Nolte, Die deutsche Universität und der Nationalsozialismus. NPL 12 (1967) 236–39.
Auf- und Abstieg 1930	(J. Nothaas), Sozialer Auf- und Abstieg im Deutschen Volk. Statistische Methoden und Ergebnisse. München 1930 (Beiträge zur Statistik Bayerns 117).
Nyomarkay 1967	Joseph Nyomarkay, Charism and Factionalism in the Nazi Party. Minneapolis 1967.
von Olenhusen 1966	Albrecht Götz von Olenhusen, Die »nichtarischen« Studenten an den deutschen Hochschulen. Zur nationalsozialistischen Rassenpolitik 1933–1945. VjhZG 14 (1966) 175–206.
Paetel 1965	Karl O. Paetel, Versuchung oder Chance? Zur Geschichte des deutschen Nationalbolschewismus. Göttingen 1965.
Paucker 1969	Arnold Paucker, Der jüdische Abwehrkampf gegen Antisemitismus und Nationalsozialismus in den letzten Jahren der Weimarer Republik. Hamburg [2]1969.
Paulsen 1902	Friedrich Paulsen, Die Universitäten und das Universitätsstudium. Berlin 1902.
Petry 1959	Deutsche Forschungen nach dem Zweiten Weltkriege zur Geschichte der Universitäten. VSWG 46 (1959) 145–203.
Plessner 1966	Helmuth Plessner, Die verspätete Nation. Über die politische Verführbarkeit bürgerlichen Geistes. Stuttgart, Berlin, Köln, Mainz [4]1966.
Popp 1955	E. Popp, Zur Geschichte des Königsberger Studententums 1900–1945. Würzburg 1955.
Prochownik 1925	Marthe Eva Prochownik, Die wirtschaftliche Lage der geistigen Arbeiter Deutschlands. Berlin 1925.
Proß 1964	Harry Proß, Jugend, Eros, Politik. Die Geschichte der deutschen Jugendverbände. Bern, München, Wien 1964.
Proß 1955	Helge Proß, Die deutsche akademische Emigration nach den Vereinigten Staaten 1933–1941. Berlin 1955.
Quetsch 1960	Cäcilie Quetsch, Die zahlenmäßige Entwicklung des Hochschulbesuches in den letzten fünfzig Jahren. Berlin, Göttingen, Heidelberg 1960.
Raabe 1961	Felix Raabe, Die bündische Jugend. Stuttgart 1961.

Richter 1958	Werner Richter, Wissenschaft und Geist in der Weimarer Republik. Köln, Opladen 1958.
Ringer 1969	Fritz K. Ringer (Ed.), The German Inflation of 1923. New York, London, Toronto 1969.
Röhm 1928	Ernst Röhm, Die Geschichte eines Hochverräters. München 1928.
Roloff 1961	Ernst-August Roloff, Bürgertum und Nationalsozialismus 1930–1933. Braunschweigs Weg ins Dritte Reich. Hannover 1961.
Roloff 1964	Braunschweig und der Staat von Weimar. Braunschweig 1964.
Rönk 1937	Hugo Rönk, Wir erobern der Bewegung die Hochschule. 200 Jahre Universität Göttingen 1737–1937. Niedersächsische Hochschulzeitung. Göttingen 1937, 28–31.
Rosenberg 1935	Alfred Rosenberg, Der Mythus des 20. Jahrhunderts. Eine Wertung der seelisch-geistigen Gestaltungskräfte unserer Zeit. München [63–65]1935.
Rühle 1934ff.	Gerd Rühle, Das Dritte Reich. Dokumentarische Darstellung des Aufbaues der Nation. 6 Bde. u. Ergänzungsband, Berlin 1934–39.
Saller 1961	Karl Saller, Die Rassenlehre des Nationalsozialismus in Wissenschaft und Propaganda. Darmstadt 1961.
Schäfer 1957	Wolfgang Schäfer, NSDAP. Entwicklung und Struktur der Staatspartei des Dritten Reiches. Hannover, Frankfurt/M 1957.
Schairer 1932	Reinhold Schairer, Die akademische Berufsnot. Tatsachen und Auswege. Jena o. J. (1932).
Scheel 1938	Gustav Adolf Scheel, Die Reichsstudentenführung. Arbeit und Organisation des deutschen Studententums. Berlin 1938.
Schildt 1964	Gerhard Schildt, Die Arbeitsgemeinschaft Nord-West. Untersuchungen zur Geschichte der NSDAP 1925/26. Diss. Freiburg/Brsg. 1964.
B. v. Schirach 1929	Baldur von Schirach, Wille und Weg des Nationalsozialistischen Deutschen Studentenbundes. München 1929.
B. v. Schirach 1933	Baldur von Schirach, Die Pioniere des Dritten Reiches. Essen o. J. (1933).
B. v. Schirach 1934	Baldur von Schirach, Die Hitlerjugend. Idee und Gestalt. Berlin 1934.
B. v. Schirach 1967	Baldur von Schirach, Ich glaubte an Hitler. Hamburg 1967.
H. v. Schirach 1956	Henriette von Schirach, Der Preis der Herrlichkeit. Wiesbaden 1956.
Schlömer 1962	Hans Schlömer, Die allgemeine Entwicklung der Studentenschaft im Frühjahr 1933. o. O., o. J. (Würzburg ca. 1962, maschr.).
Schmitt 1931	Carl Schmitt, Der Hüter der Verfassung. Tübingen 1931.
Schön 1972	Eberhart Schön, Die Entstehung des Nationalsozialismus in Hessen. Meisenheim/Glan 1972.
Schoenbaum 1965	David Schoenbaum, Ein Wahlkreis wählt »verkehrt«.

	Erwin K. Scheuch/Rudolf Wildenmann (Hg.), Zur Soziologie der Wahl. Köln, Opladen 1965.
Schreiber 1923	Georg Schreiber, Die Not der deutschen Wissenschaft und der geistigen Arbeiter. Leipzig 1923.
Schüddekopf 1960	Otto-Ernst Schüddekopf, Linke Leute von rechts. Die nationalrevolutionären Minderheiten und der Kommunismus in der Weimarer Republik. Stuttgart 1960.
Schulze/Ssymank 1932	Friedrich Schulze/Paul Ssymank, Das deutsche Studententum von den ältesten Zeiten bis zur Gegenwart 1931. München ⁴1932.
Schwabe 1969	Klaus Schwabe, Wissenschaft und Kriegsmoral. Die deutschen Hochschullehrer und die politischen Grundfragen des Ersten Weltkrieges. Göttingen 1969.
Schwarz 1971	Jürgen Schwarz, Studenten in der Weimarer Republik. Die deutsche Studentenschaft in der Zeit von 1918 bis 1923 und ihre Stellung zur Politik. Berlin 1971.
Schwarz 1962	Richard Schwarz, Bibliographie der wissenschaftlichen Literatur zur Hochschulproblematik. Ders. (Hg.), Universität und moderne Welt. Ein internationales Symposium. Berlin 1962, 621–62.
Schwerbrock 1968	Wolfgang Schwerbrock, Proteste der Jugend. Schüler, Studenten und ihre Presse. Düsseldorf, Wien 1968.
Seemann 1964	Ulrich Seemann, Bemerkungen zur Haltung der deutschen Intelligenz gegenüber den politischen Grundfragen der deutschen Nation während der Zeit der Weimarer Republik. Wiss. Zeitschrift der Universität Rostock, Gesellschafts- und Sprachwiss. Reihe XIII, 1964, 379–94.
Seier 1964	Helmut Seier, Der Rektor als Führer. Zur Hochschulpolitik des Reichserziehungsministeriums 1934–1945. VjhZG 12 (1964) 105–46.
Seiffert 1969	Helmut Seiffert, Hochschule im revolutionären Zeitalter. Zum politischen Konflikt an der westdeutschen Hochschule. NPL 14 (1969) 11–32.
Sellmeyer 1937	P. Sellmeyer, Die Entwicklungsgeschichte der Jugendzeitschrift und ihre Gestaltung in der sozialdemokratischen, kommunistischen und nationalsozialistischen Jugendbewegung. Diss. Heidelberg 1937 (Würzburg 1937).
Sontheimer 1962	Kurt Sontheimer, Antidemokratisches Denken in der Weimarer Republik. Die politischen Ideen des deutschen Nationalismus zwischen 1918 und 1933. München ⁴1962.
Spranger 1955	Eduard Spranger, Mein Konflikt mit der nationalsozialistischen Regierung 1933. Universitas 10 (1955) 457–73.
Stäbel 1934	Oskar Stäbel, Wille und Weg der Deutschen Studentenschaft. Breslau 1934.
Stadtler 1929	Eduard Stadtler, Student, Volk und Stahlhelmbewegung. Berlin 1929.
Steffani 1960	Winfried Steffani, Die Untersuchungsausschüsse des Preußischen Landtages zur Zeit der Weimarer Republik. Ein Beitrag zur Entwicklung, Funktion und politischen Bedeutung parlamentarischer Untersuchungsausschüsse. Düsseldorf 1960.

Steiger/Straube 1960	Günter Steiger/Manfred Straube, Forschungen und Publikationen seit 1945 zur Geschichte der deutschen Universitäten und Hochschulen auf dem Territorium der DDR. Historische Forschungen in der DDR. Analysen und Berichte. ZfG (Sonderheft) VIII (1960) 563–99.
Stitz 1970	Peter Stitz, Der CV 1919–1938. Der hochschulpolitische Weg des Cartellverbandes der katholischen deutschen Studentenverbindungen (CV) vom Ende des 1. Weltkrieges bis zur Vernichtung durch den Nationalsozialismus. München 1970.
Strätz 1967	Hans-Wolfgang Strätz, Archiv der ehemaligen Reichsstudentenführung in Würzburg. VjhZG 15 (1967) 106f.
Strätz 1968	Hans-Wolfgang Strätz, Die studentische »Aktion wider den undeutschen Geist« im Frühjahr 1933. VjhZG 16 (1968) 347–72.
Straube/Fläschendräger 1970	Manfred Straube/Werner Fläschendräger, Forschungen zur Geschichte der Universitäten, Hochschulen und Akademien der DDR. Historische Forschungen in der DDR 1960–1970. Analysen und Berichte. ZfG (Sonderband) XVIII (1970) 187–209.
Strothmann 1960	Dietrich Strothmann, Nationalsozialistische Literaturpolitik. Bonn 1960.
Studentengewerkschaft Bonn 1968	Studentengewerkschaft Bonn (Hg.), 150 Jahre Klassenuniversität. Reaktionäre Herrschaft und demokratischer Widerstand am Beispiel der Universität Bonn. Bonn 1968.
Studentenwerk 1961	Deutsches Studentenwerk 1921–1961. Festschrift zum vierzigjährigen Bestehen. Bonn 1961.
Thieme 1963	Karl Thieme (Hg.), Judenfeindschaft. Darstellung und Analyse. Frankfurt/M 1963.
Thimme 1969	Anneliese Thimme, Flucht in den Mythos. Die Deutschnationale Volkspartei und die Niederlage von 1918. Göttingen 1969.
Töpner 1970	Kurt Töpner, Gelehrte Politiker und politisierende Gelehrte. Die Revolution von 1918 im Urteil deutscher Hochschullehrer. Göttingen 1970.
Troeltsch 1924	Ernst Troeltsch, Spektator-Briefe. Aufsätze über die deutsche Revolution und die Weltpolitik 1918/22. Tübingen 1924.
Universität im Dritten Reich 1966	Die deutsche Universität im Dritten Reich. Eine Vortragsreihe der Universität München. München 1966.
Erlanger Verbindungen 1936	Die ehemaligen Erlanger Verbindungen, Die Entwicklung der Erlanger Verbindungen in den letzten Monaten bis zu deren Auflösungen am 31. 1. 1936. Erlangen 1936.
Vogelsang 1962	Thilo Vogelsang, Reichswehr, Staat und NSDAP. Beiträge zur deutschen Geschichte 1930–32. Stuttgart 1962.
Volkmann 1925	Hellmut Volkmann, Die Deutsche Studentenschaft in ihrer Entwicklung seit 1919. Leipzig 1925.
Weber 1968	Max Weber, Soziologie, Weltgeschichtliche Analysen,

	Politik. Hrsg. von Johannes Winckelmann. Stuttgart 1968.
Wende 1959	Erich Wende, C. H. Becker. Mensch und Politiker. Stuttgart 1959.
Werner 1967	Karl-Friedrich Werner, Das NS-Geschichtsbild und die deutsche Geschichtswissenschaft. Stuttgart 1967.
Wippermann 1969	Klaus W. Wippermann, Die Hochschulpolitik in der Weimarer Republik. Pol. Studien 20 (1969) 143–58.
Banner der Freiheit 1938	Wir tragen das Banner der Freiheit. 10 Jahre Kampf um eine Hochschule. Bonn 1938.
von Wolmar 1943	Wolfgang Wolfram von Wolmar, Prag und das Reich. 600 Jahre Kampf deutscher Studenten. Dresden 1943.
Zahlen zur Geldentwertung 1925	Zahlen zur Geldentwertung in Deutschland 1914 bis 1923. Bearbeitet im Statistischen Reichsamt. Berlin 1925 (Sonderheft 1 zu Wirtschaft und Statistik).
Zapf 1965	Wolfgang Zapf, Wandlungen der deutschen Elite. Ein Zirkulationsmodell deutscher Führungsgruppen 1919–1961. München 1965.
Zorn 1964	Wolfgang Zorn, Hohe Schule und höhere Schule in der deutschen Sozialgeschichte der Neuzeit. Konrad Repgen (Hg.), Spiegel der Geschichte (Festgabe für Max Braubach). Münster 1964, 321–39.
Zorn 1965	Wolfgang Zorn, Die politische Entwicklung des deutschen Studententums 1918–1931. Darstellungen und Quellen zur Geschichte der deutschen Einheitsbewegung im neunzehnten und zwanzigsten Jahrhundert. Heidelberg 1965 V, 223–307.
VfS 163	Die Zukunft der Sozialpolitik. Die Not der geistigen Arbeiter. Jubiläumstagung des Vereins für Sozialpolitik in Eisenach 1922. München, Leipzig 1923 (Schriften des Vereins für Sozialpolitik 163).

Personen- und Sachregister

187

115, 118, 139
Parteien 1: 9, 31f., 52, 58, 114, 131, 134, 150; 2: 21, 51
Pazifismus 1: 94f.; 2: 63, 65f.
Philosophie 2: 52
Piechowski, Paul 2: 66
Plauen 2: 158, 163
Plenge, Johann 2: 79
Pleyer, Franz Kleophas 1: 26f., 33f.
Podlich, Helmut 1: 36ff., 57, 75; 2: 161
Pohl, Hans 1: 178
Politisches Kolleg (Berlin) 1: 33
Preetorius, Emil 1: 88
Pressedienst des NSDStB 1: 179
Preußen
– Landtag 1: 30f.; 2: 67, 109
– Regierung 1: 47, 52–55, 97f.; 2: 73
– – Kultusministerium 1: 22, 47, 50, 52–55, 97, 102; 2: 17, 65ff., 73f., 76f., 86f., 108f., 122f., 163
Preußische Kirchenzeitung 2: 72
Professoren 1: 9ff., 22, 25, 30, 48, 53; 2: 9, 40, 52f., 56, 61, 77–81, 85, 109, 122
– Braunschweig 2: 112f.
– Breslau 2: 74–76
– Erlangen 1: 28
– Greifswald 2: 10
– Heidelberg 2: 58f.
– Halle 2: 65ff., 69ff., 72f.
– Kiel 2: 122
– Rostock 2: 106

Radbruch, Gustav 2: 79, 82
Ranft 2: 86
Raschert, Walter 2: 12, 46
»Rassenfrage« 1: 24, 43, 80, 123, 125, 133
Rassenkunde 1: 45, 133; 2: 13
Rassenreinheit der Hochschulen 1: 50, 89–93, 132; 2: 52, 59, 121f., 137
Rathenau, Walter 2: 10
Reformationskirche (Berlin) 2: 63
Reich
– Reichsregierung 1: 20, 45, 97; 2: 10f., 88f., 92f., 94–98, 101, 108f., 115
– – Reichsarbeitsministerium 1: 117
– – Reichsfinanzministerium 2: 97
– – Reichsinnenministerium 2: 37, 51, 97, 123, 126, 128
– – Reichsjustizministerium 2: 82
– – Reichskanzlei 1: 30; 2: 125
– – Reichspropagandaministerium 2: 121
– – Reichswehrministerium 1: 95, 109; 2: 37, 98
– – Reichswissenschaftsministerium 2: 128, 132
– Reichspräsident 1: 97, 99ff.; 2: 30, 99
– Reichspräsidentenwahlen 1: 50, 101, 138; 2: 54, 89

– Reichstag 1: 99, 123
– Reichstagswahlen 1: 29, 60, 138; 2: 55, 89, 114
– Reichsverfassung 1: 98
– Reichswehr 1: 25f., 96; 2: 38, 57, 99, 118, 134
Reichenau, Franz von 1: 34; 2: 61
Reichsanstalt für Arbeitsvermittlung und Arbeitslosenversicherung 2: 93f.
Reichsausschuß der deutschen Jugendverbände 2: 99, 118
Reichsausschuß für das Volksbegehren gegen den Young-Plan 1: 98f., 110
Reichsbund demokratischer Studenten 1: 121
Reichsbund für Arbeitsdienst 2: 95
Reichsgründungsfeiern 1: 101, 111; 2: 60, 85
Reichsinstitut für Geschichte des neuen Deutschland 1: 34, 86, 108; 2: 158
Reichskommissar für den freiwilligen Arbeitsdienst 2: 97
Reichskriegsflagge 1: 108
Reichskuratorium für Jugendertüchtigung 2: 99f.
Reichsschaft der Studierenden an den deutschen Hoch- und Fachschulen 2: 123f., 127f.
Reichsstudentenführung 2: 132, 159
Reichsverband der Deutschen Industrie 2: 38
Der Reichswart 1: 51
Reinhardt, Fritz 1: 85
Reinighaus 2: 45
Reiter, Hans 2: 105f., 119
Religiöse Sozialisten 2: 66, 84
Remarque, Erich Maria 1: 149, 221
Remmele, Adam 1: 30; 2: 59ff.
Renteln, Adrian von 1: 108, 158, 170, 178; 2: 89
Renz, Otto s. Lorenz, Ottokar
Republikanischer Block
– Berlin 2: 142
– Bonn 2: 11, 143
Republikanischer Studentenbund (Erlangen) 1: 100; 2: 8
Republikanische Studenten (Jena) 2: 9, 144,
Republikanisches Studentenkartell (München) 2: 11
Reventlow, Ernst Graf von 1: 34, 44, 51, 70, 84, 102, 106, 172
Revolution 1: 44, 76, 79, 140
Revolutionäre Nationalsozialisten (Erlangen) 1: 164
Revolutionäre Sozialisten 1: 90; 2: 140
Rheinland-Räumung 1: 110
Ring akademischer Freischaren 1: 149
Ring Katholischer Deutscher Burschenschaften (RKDB) 1: 125